全国扶贫教育培训教材（第一批）

贫困村精准扶贫
实施指南

——精准扶贫村级实施的程序与方法

全国扶贫宣传教育中心　组织编写

左　停　主　编

中国农业出版社
北京

编委会

指导组（按姓氏笔画排序）

王晓毅　左　停　向德平　庄天慧　孙兆霞

李小云　汪三贵　沈　红　张　琦　陆汉文

卓　翔　罗　丹　夏　英　雷　明　谭诗斌

编委会

主　任：黄承伟

副主任：刘晓山

成　员：骆艾荣　刘少锋　尹建华　伍小华　刘思圻

张显峰　王海涛

编辑工作组

骆艾荣　刘少锋　阎　艳　袁　泉　李　胜

高雪涛

2018 年 2 月 12 日，习近平总书记在四川成都主持召开"打好精准脱贫攻坚战"座谈会，对贯彻好党的十九大精神，全面打好精准脱贫攻坚战做出新部署时强调："要突出抓好各级扶贫干部学习培训。对县级以上领导干部，重点是提高思想认识，引导树立正确政绩观，掌握精准脱贫方法论，培养研究攻坚问题、解决攻坚难题能力。对基层干部，重点是提高实际能力，培育懂扶贫、会帮扶、作风硬的扶贫干部队伍。"总书记关于做好干部学习培训工作的重要论述，是习近平总书记关于扶贫工作的重要论述的重要内容，为做好新时代脱贫攻坚干部培训工作指明了方向，提供了指引。

党的十八大以来，以习近平同志为核心的党中央把脱贫攻坚摆在治国理政突出位置，全面打响脱贫攻坚战。新时代脱贫攻坚的精准扶贫精准脱贫基本方略，是对传统扶贫开发方式的根本性变革，对广大干部群众的扶贫实践提出了新的要求，也对以提高扶贫干部工作水平为主要目标的扶贫教育培训提出了新的努力方向。全国扶贫宣传教育中心深入学习贯彻习近平新时代中国特色社会主义思想和党的十九大精神，以习近平总书记关于扶贫工作的重要论述为根本遵循，认真研判扶贫培训需求，积极推进扶贫教育培训教材建设。

2017 年，全国扶贫宣传教育中心两次召开扶贫教育培训教材体系建设研讨会，评估脱贫攻坚培训内容及需求，对教材主题、形式、内容等进行研讨，确定第一批理论类、政策类、实务类、案例类和专题类 5 类 8 本教材的编写方案及编写大纲，邀请十多位长期研究中国扶贫问题并有丰富积累的教授担纲编写。历时一年多，在国务院扶贫办领导支持下，在扶贫办政策法规司及其他各司各单位指导帮助下，第一批全国扶贫教育培训教材于 2018 年初编写完成，中国农业出版社承担了出版发行工作。第一批全国扶贫教育培训教材共八册，分别是：《中国扶贫理论的形成与发展》《脱贫攻坚战略与政策体系》《精准扶贫精准脱贫方略》《产业扶贫脱贫概览》《资产收益扶贫的实践探索》《贫困村精准扶贫实施指南》《贫困村创业致富带头人培育工程优秀案例选编》和《脱贫攻坚理论实践创新研究》。

《中国扶贫理论的形成与发展》对贫困进行概述，系统阐述了贫困的产生、测量、分析的维度，重点论述了中国特色扶贫理论的背景、中国特色扶贫理论的构建，以及习近平总书记关于扶贫工作的重要论述。

《脱贫攻坚战略与政策体系》从横向和纵向两个维度对脱贫攻坚战略和政策体系进行叙述和讨论，阐述发展生产脱贫、转移就业脱贫、资产收益扶贫、易地搬迁脱贫、生态扶贫、教育扶贫、健康扶贫、社会保障扶贫以及解决特殊类型贫困问题，组织社会动员和社会参与，为脱贫攻坚提供保障等方面的政策措施。

《精准扶贫精准脱贫方略——基层干部读本》阐释了精准扶贫精准脱贫与全面建成小康社会之间的内在联系与重大意义、脱贫攻坚的目标与任务，深刻剖析了五大发展理念、六个精准与精准扶贫精准脱贫的辩证关系，分析了脱贫攻坚需要处理好的重大关系。

《产业扶贫脱贫概览》对产业扶贫进行了阐述和讲解，对我国产业扶贫及其历程进行了梳理，对扶贫产业选择的方法和未来发展的趋势进行了介绍，还对扶贫产业的风险及其防范进行了重点说明。

《资产收益扶贫的实践探索》在对各地资产收益扶贫项目进行实地调研、总结和提炼的基础上，从理论层面出发，对资产收益扶贫项目的运行机制和发展方向进行深入探索。

《贫困村精准扶贫实施指南——精准扶贫村级实施的程序与方法》包括四个方面的内容：精准扶贫的基本工作程序、村组层次扶贫方案的备选清单、国家打赢脱贫攻坚战相关政策选编、社区贫困的调研与分析方法。

《贫困村创业致富带头人培育工程优秀案例选编》从全国征集的

贫困村创业致富带头人培育工程案例中优选了 10 个案例进行讲解，并对具体的做法、效果、机制、政策等方面进行了重点论述。

《脱贫攻坚理论实践创新研究》以党的十八大为时间节点，充分反映了近五年来扶贫领域理论与实践的新思路和新发展，系统梳理了脱贫攻坚各领域政策体系、体制机制和实践经验。

2018 年 6 月 15 日，中共中央、国务院印发《关于打赢脱贫攻坚战三年行动的指导意见》要求"实施全国脱贫攻坚全面培训"。我们认为，这八本教材以习近平总书记关于扶贫工作的重要论述为根本遵循，紧紧围绕脱贫攻坚重要问题和关键议题展开，具有基础性、开拓性、可操作性等特点，希望能够为全国脱贫攻坚"大培训"提供参考和借鉴，助力打赢脱贫攻坚战。

全国扶贫宣传教育中心

2018 年 7 月

CONTENTS **目 录**

序

第一部分　精准扶贫的基本工作程序

一、工作团队组建

专门的工作团队（以下简称"团队"）应该由来自多学科和多元背景的人员组成。组建工作团队是有效开展精准扶贫工作的第一步，也是极为关键的一步。一般而言，团队成员需要包含以下人员：

1. 团队成员组成

（1）农村经济领域的相关人员：主要负责对村庄的经济进行把脉，并协助制订村庄长远的经济发展计划。

（2）农村发展与管理领域的相关人员：主要负责对国家和省（市、县）的扶贫政策进行解读，协助村庄做好村庄道路规划、公共基础设施建设等。

（3）农业技术推广（种植和养殖等）相关人员：结合村庄具体情况邀请农业种植、养殖和生产等领域的专家，负责指导村庄的农业生产发展。

（4）农村文化和乡村旅游领域的相关人员：协助村庄进行乡村旅游发展规划和遗产保护工作，同时结合村庄实际开展文化扶贫。

（5）县扶贫开发领导小组办公室（简称"扶贫办"）工作人员：熟悉乡村的工作流程，同时又是政府工作人员，可以很好地实现资源链接，为乡村争取到更多的扶贫资源。

（6）第一书记与驻村工作队：作为国家行政力量嵌入贫困村的帮扶主体，在精准扶贫中发挥着非常重要的作用，这些作用主要体现为协调、沟通相关帮扶单位进行扶贫资源的争取。

（7）村党支部书记和村民委员会主任：作为村庄发展规划的具体负责人和实施者，将其吸纳入工作团队有利于村庄扶贫工作的有效开展。

（8）乡村能人和村民代表：乡村能人一般在村庄具有一定的权威，乡村能人的参与更利于村庄发展规划的推进；而村民代表的加入可体现村民自治的民主原则。

（9）村庄妇女代表：之所以要将妇女纳入工作团队中，是要考虑妇女这一群体发展的特殊需求，重视和保障村庄女性的发展权益，体现性别与发展的公平性。

（10）其他认为需要参加的人员。

2. 注意事项

（1）以上各个领域的专家原则上要求每一个领域至少有一位专家参与，必须保证涵盖到各个领域。

（2）以上团队成员都必须以平等的地位和态度开展工作，不能存在性别歧视和阶层歧视，并重视妇女的发展需求与权益。

（3）团队成员之间应该互相尊重、互相学习，以团队的方式开展工作，这本身就是一个相互学习的过程。团队成员需要具备团队合作精神和开放包容的心态。

（4）团队成员需要掌握乡村工作技巧和沟通交流的方式，以便有效在乡村开展扶贫工作。

二、重要政策的梳理

（一）明晰政策的概念，学会辨别社会政策与其他政府文件的差别

政策梳理是反贫困目标体系和实施精准扶贫战略指导实践的直接环节。精准扶贫战略的开展和目标的实现，是以与其相匹配的政策措施为保证和手段的，同时，还需用责任制度及法规体系予以强化。因此，在开展精准扶贫工作之前，必须对国家的扶贫政策、当地省（市、县）扶贫政策和各个相关部门的扶贫政策进行梳理，并了解这些政策的主要内容。但是，在对扶贫政策进行梳理之前，必须了解和掌握政策的概念，弄清楚政策指的是什么，学会辨别社会政策与普通政府公文的区别，这样才能更好地对政策进行梳理。

1. 社会政策的概念 社会政策是指政府或其他组织在一定社会价值的指导下，为了达到其社会目标而采取的各种福利性社会服务行动的总和。

2. 梳理扶贫政策前的准备工作

（1）成立扶贫政策梳理工作小组。由农村发展与管理领域（或熟悉公共政策）的专家担任工作小组组长，原则上每一个领域的专家都应该参与进来。

（2）制定工作日程。根据村庄的具体情况和任务的紧急情况，制定详细的工作日程，合理安排工作时间，高效完成工作任务。

（3）分配工作任务。由工作小组组长掌控工作节奏，其他团队成员共同商议，按照每个人的专长分配工作任务，不同领域的专家带领村民代表梳理不同领域的扶贫政策，并交由专门的人员进行汇总。

（4）准备必要的工具和资料。建议使用研讨展示板，还要购买一些牛皮纸、大白纸、记号笔、图钉和胶带等。

（5）团队成员认为有必要准备的其他资料和工具等。

3. **区别政策文件与政府公文**　政策文件指的是国家政权机关、政党组织和其他社会政治集团为了实现自己所代表的阶级、阶层的利益与意志等，以权威形式标准化地规定在一段时间内应该达到的奋斗目标、应遵循的行动原则和应完成的明确任务，以及为此而实行的工作方式、采取的一般步骤和具体措施的文件，包括每年的中央1号文件和涉及具体措施的文件，如《国务院关于进一步健全特困人员救助供养制度的意见》等；而政府公文一般不包含上述内容。政策文件是国家对个人或集体行为的一种明文规定，是公开于世的；而政府文件是国家各职能部门内部文件，不会完全公开。

（二）准确把握政策的层次与领域，以便全面梳理各个层次和领域的扶贫政策

1. **准确把握社会政策的层次**　由于政策制定的主体（政府或其他公共权威机构）和目标对象是分不同层次的，所以政策体系也分为不同的层次和领域。因此，在对政策进行梳理之前就必须了解社会政策的层次和领域。一般而言，社会政策主要包含以下层次和领域：

（1）国际性、区域性及全球性政策体系。一般包括一定区域中有关各国共同制定的公共政策体系，具有某种共同特点及共同利益的国家联合制定的政策体系，以及全球性国际组织制定的政策。

（2）全国性政策。中央政府负责制定和组织实施应用于全国范围内的政策体系。

（3）地方性政策体系。地方政府（包括省、市、县各级政府）具有制定和实施公共政策的权利，他们都可以根据管辖区域实际情况来制定相应的地方性政策，以解决相关的问题。

2. **扶贫政策应该包含的政策层次和领域举例**　为了更好地帮助大家理解和梳理扶贫政策涉及的层次，在此对可能涵盖的政策层次进行举例：

（1）全国性（全局性）扶贫开发政策。

《中国农村扶贫开发纲要（2011—2020年）》

《国务院办公厅关于进一步动员社会各方面力量参与扶贫开发的意见》

《中共中央　国务院关于打赢脱贫攻坚战的决定》

（2）部门或专项扶贫政策。

《农业部关于加大贫困地区项目资金倾斜支持力度　促进特色产业精准扶贫的意见》

《人力资源社会保障部　国务院扶贫办关于开展技能脱贫千校行动的通知》

（3）各省（市、县）制定的扶贫开发政策（以云南省昭通市鲁甸县为例）。

《关于加快高原特色农业现代化实现全面小康目标的意见》（云南省）

《关于明确目标凝聚力量举全市之力打赢扶贫开发攻坚战的实施意见》（昭通市）

《关于举全县之力打赢扶贫开发攻坚战的实施意见》（鲁甸县）

3. **注意事项**　在村级扶贫工作中，只需要熟悉全国性政策和地方性政策体系包含哪些方面，对于国际性、区域性和全球性的政策体系只需了解即可。本书主要梳理国家、部门和地方政府的相关扶贫政策，不涉及国际性扶贫政策。

（三）如何梳理国家和各个部门的扶贫政策

1. **基本过程**　在明晰了政策的概念和政策的层次之后，就可以开始进行相关扶贫政策的梳理了，基本的工作过程如下：

（1）网上在线搜索，打开国务院门户网站、所在地省（市）及相关部门的门户网站，找到政策或文件栏目，键入关键词"扶贫"进行搜索。

（2）找到相关的文件名称，点开文件名称，将其下载到指定的文件目录，并附上网站链接。

（3）依照此方法，依次查找全局性的扶贫政策、部门或专项扶贫政策和各省（市、县）政府颁布的扶贫政策，主要针对中共十八大召开以来出台的各项扶贫政策。

（4）对上述政策进行分类总结，按照全局性政策、部门或专项政策和各省（市、县）政府政策三个层次进行分类梳理，并附上链接。

（5）专人负责整理和汇总。这一项工作应该由专人负责，各个成员将收集到的政策按部门分类之后，发送给专门负责整理的人员，让其分类汇总，最终汇编成册。

在进行上述工作时，可能不同的人对政策的类型和层次把握不够准确，这就需要发挥团队中农村发展与管理（或者公共政策）专家的作用，在与团队成员一起工作的过程中，协助团队其他成员进行政策分类。

2. **注意事项**　一般而言，在与村民代表和普通农户进行工作时，要注意以下几个问题：

（1）与村民代表和妇女代表一起工作的过程，既是一个相互学习、相互交流的过程，也是一个进行扶贫政策宣传的极好机会。因此，要利用梳理扶贫政策的过程，向他们进行政策宣传，通过他们再带动周围的农户，这样便可以达到广泛宣传政策的目的。

（2）必须保证与你一起工作的农户是你所提供的新技能、新产业和新项目的目标对象，这样便能提升工作效率，提高工作质量。

（3）仔细考虑你所要收集的信息，不要花太多时间去收集超出你所需要的过于繁杂的信息。

（4）专家团队成员在与村民代表和妇女代表一起工作时，需要注意工作方法和工作节奏，由于他们对电脑操作可能比较陌生，所以需要团队成员耐心地教会他们操作电脑，并与他们一起平等地开展工作。

（5）在进行扶贫政策梳理的过程中，还要有意识地将与本地区关系最为密切的政策进行标注，以便后期使用。

三、收集和整理国内外可能符合当地发展条件的扶贫模式

（一）团队与乡村工作人员一起对当地发展面临的主要问题进行分析

问题分析是农村发展中常用的对特定区域、某一系统、产业和部门的现状进行系统的参与式诊断的方法，是系统内的相关群体和个体在外来发展研究人员的辅助下，从发展主体的视角对其面临的环境和发展初始条件进行系统分析和认知的过程[①]。问题分析的参与主体是当地农民，主要目的是帮助参与研讨的农民从他们自身的视角对发展的现状进行界定。这里主要采用问题树分析的工具，简要的操作步骤如下：

1. **背景和研讨方法介绍**　在开始问题分析之前，团队应该对前期考察的结果做系统的总结，特别要归纳农户和村级调查所发现的相关问题。

2. **问题的提出——发展现状的描述**　在前期研究发现的问题和初步判断的基础上，采用集思广益方式，邀请每一位参与者以写卡片的方式，从每个人不同的视角，对社区、农户或个体面临的问题用负面描述的方式表达出来。待所有与会者写完卡片后，主持人收集所有的卡片进行汇总分析。

3. **问题的分类**　研讨主持人将收集的卡片一一宣读，按其涉及的问题领域进行逻辑归类和整理，将同一类问题集中在展示板的一个区域。

4. **问题树的建立及"原因-结果"分析**

（1）确定核心问题。从分类整理的描述中选出一个问题的卡片，作为反映现状的核心问题。

（2）因果关系分析。将核心问题放在展示板中间，将其他问题按照其与核心问题的因果关系进行整合。

---

① 李小云 . 2005. 参与式发展概论［M］. 北京：中国农业大学出版社，第 171 页 .

（3）在因果分析中，可以对已经找出的问题进行补充和完善，直到参与者满意为止。

（4）从上至下再做一次逻辑审查，最后用逻辑关联线将所有的问题组装成一个问题树。核心问题为树干，原因为树根，核心问题导致的后果为树冠。

5. **问题的重要性分析**　当所有影响发展的问题都被分析出来之后，还需要对问题的影响程度进行分析认识，即对问题的重要程度进行前后排序。问题排序常用的方法是简单排序法①。

（二）团队与乡村工作人员一起对当地的发展潜力进行分析

在农村区域发展中，区域潜力分析就是系统分析并找出一个区域发展的现有的和潜在的资源。潜力分析能为发展区域规划提供系统、基本的资源状况，结合问题分析，就可以发现区域发展存在的问题根源，并在这些分析的基础上确定发展目标，找出发展途径。

1. **进行潜力分析的方法**　一般而言，进行潜力分析的主要方法如下：

（1）把所有通过实地考察已经确知的潜力列出来。

（2）已有的问题及基于团队成员的经验和能力而得到的有关该区域的数据和资料在区域平台上被仔细且富有启发性地讨论和思考。在发展规划平台上，通过相关利益群体研讨而开展区域发展潜力分析的一般方法步骤是：①分析找出本社区现有的和潜在的所有资源，采用写卡片的方式让村民们写出本村发展的所有可能的潜力；②对这些潜力进行分级分析，并不断补充完善②。主持人给参与的村民念出每张卡片上的内容，大家一起对这些内容进行分级，并在分析中不断补充潜力内容；③团队成员与农户在一起对当地的发展潜力进行参与式诊断，参与式诊断有助于团队成员更好地把握村庄的发展潜力。

（3）分析这个村子是否真正具有潜力。具体可以考虑以下几个问题：①农户认为他们所面临的问题足够重要到值得花费时间来找到解决的办法吗？②在这个村子和附近的村子中有许多农户面临同样的问题吗？③一些农户正在试图解决这些问题吗？④你有任何可提供给农户的解决办法吗？哪一种可能会产生实际效益？⑤通过在这个村子的工作，你能实现本单位或部门的社会目标吗？⑥你或其他活跃的地方组织能花费必要的时间和资源与这个村子的农户一起工

---

① 叶敬忠，刘燕丽，王伊欢 . 2005 参与式发展规划 ［M］. 北京：社会科学文献出版社，第271－278.

② 叶敬忠，刘燕丽，王伊欢 . 2005. 参与式发展规划 ［M］. 北京：社会科学文献出版社，第299页.

作，帮助他们提高生产力吗？如果要证明一个村庄具有真正的潜力，那么对上述每一个问题的回答都应该为"是"。

2. 潜力的概念　潜力，是指能促进区域发展的各种现有的和潜在的资源。在这里主要指的是广义上的潜力概念，包括一般意义上的自然资源、技术、资金和信息等社会资源，同时还包括在这些资源基础上发展或可以发展的产业或活动，如由土地、劳动力和资金等资源结合生产出来的其他物品。

（三）团队与乡村工作人员一起对当地的发展目标进行分析

发展目标是对村庄发展中每一问题得到解决后将来能够实现状况的正面描述。目标分析，就是要分析解决存在的发展问题后有可能取得的将来的状况，由此确定村庄发展的主要目标。目标分析的方法是把所有负面状况描述的问题转化为正面描述的目标，并按照问题树系统的结构建立起能够反映出"手段—结果"关系的目标树。

1. 目标分析的过程及步骤

（1）把问题树上的每一个问题转换成相应的目标。团队与乡村工作人员一起从回顾问题树的最后结果开始，简单地把那些问题的负面表述转变为积极的正面表述，每个表述都要单独写在卡片上，然后拼成流程图，在与原来的问题相同的位置上放上这些纸片。

（2）按问题树的结构建构目标树。在把每一个问题都转换成目标后，不改变问题树的结构，只是把问题转换成相应的目标。

（3）仔细检查结果。目标树显示出解决措施和目标如何被仔细地连接起来，因为图中的等级是自动产生的，因此需要仔细检查。

（4）检查"手段—结果"关系。问题树从树根到树枝的逻辑关系是原因和结果关系；转换成目标树后，从树根到树枝的逻辑关系则是手段和结果的关系。

（5）团队和乡村工作人员一起研究所得出的整体结论。为了得到一个综合而准确的关于地区环境下最重要的潜在目标之间关系的图景，增加一些联系或目标是很必要的，目标分析的最终结果就是目标树[①]。

2. 注意事项　在做目标分析时，第三步需要仔细检查结果，应该做如下检查：

（1）重新表述的问题可能是由于对原问题的分析存在缺陷而产生的，此时就应该重新细致地讨论问题。

---

① 叶敬忠，刘燕丽，王伊欢．参与式发展规划［M］．北京：社会科学文献出版社，第301－304 页．

（2）检查重新表述后是否会引起道德上不妥的表述（如老人太多，可能变成老人数量减少）。如遇到这种情况，替换掉一个目标。

（3）有些目标是我们所实现不了的，是超过能力范围之外的，这个时候就需要将它删掉或用特殊的记号标注出来。

（4）在把问题树转换成目标树的过程中，若发现与实际情况不符，就需要对目标陈述进行修改，以使其符合实际条件。

（5）注意检查目标当中的内容能否引向更高一级的目标。

（四）团队与乡村工作人员根据当地面临的问题、发展潜力和发展目标，识别梳理国内和国外可能符合当地发展条件的扶贫模式

团队和乡村工作人员在一起对当地面临的问题、发展潜力和发展目标进行分析的基础上，开始对国外和国内的扶贫模式进行收集整理。可通过图书馆的电子资源平台、互联网站等途径对国内外的典型扶贫模式进行收集，并整理出可能符合当地发展条件的扶贫模式，从中找出能够与当地的发展目标相契合、与当地的发展条件相适应、与当地的发展潜力相匹配的扶贫模式。

1. 寻找比较接近当地发展条件的扶贫模式时应该遵循的原则

（1）尽早和农户一起评价这些扶贫模式。团队不必等到收集完所有的扶贫模式之后，才开始对这些扶贫模式进行评价，应该在收集的过程中就和农户一起对这些扶贫模式进行评价，这样可以听取农户的意见和建议，筛选出更加符合当地实际条件的扶贫模式。

（2）广泛寻找典型的扶贫模式和案例。每一个村庄和每一个农户的具体情况均有所不同，因此没有任何一个模式能够适合所有的村庄。注意：千万不要只向农户提供那些你认为与当地发展条件相符合的模式，而应该提供较多的发展模式供他们选择，因为只有他们自己最了解村庄发展情况和当地的资源禀赋。

（3）向农户提供最基本的筛选方法，而不是"完全成熟"的成套技术。研究人员和技术推广人员常常认为在技术和方法成熟之前不能提供给农户，事实上，这是不必要的。因为农民本身需要探索一套适合自身特点的管理措施和工作方法。因此，最好向他们提供一些主意和要点，而不是特别的劝告，这将有助于他们对每一种模式做出全面、客观的选择。

2. 在与农户一起开展工作时应该注意的问题

（1）在与农户一起梳理国内外的扶贫模式时，应该尽可能地使用所有的参与式诊断工具，鼓励农户用自己喜欢的语言和方式表达，向他们提供必要的工

具和材料（如笔、纸、剪刀和种子等）。

（2）为了节省时间，可以将农户分成若干个小组，分组对收集到的扶贫模式进行讨论，小组提交各自的讨论结果，最后汇总到大组进行讨论，这样可以快速、高效地筛选出符合条件的扶贫模式。

（3）在有些情况下，如果你针对的工作对象不是很有代表性，例如最贫困的家庭中没有成员参与或没有妇女代表在场，那么你对这个村庄的印象就可能存在偏差，用获得的信息去做出选择，难免会有失偏颇，所以应该考虑参与人员的代表性。

四、梳理调研所在地各级行政部门出台的扶贫开发政策

在中国，扶贫是一项主要由政府利用公共资源来支持的公共活动，政府政策能否有效实施，直接决定着精准扶贫的效果。很显然，精准扶贫战略的实现需要得到国家政策的支持，但是国家政策作为国民财富和经济利益的最终调节器，必须起到兼顾公平的作用，不能偏向任何一个区域，只能做宏观方面的调控，不能做微观层次的定位。这就要求各个地区根据各自的实际，按照国家政策的总体要求制定符合本区域发展实际的扶贫开发政策。基于此，有必要对扶贫所在地各级行政部门出台的各项扶贫政策进行梳理。

熟悉和掌握我国的扶贫开发组织管理机构，将有助于更好地梳理扶贫开发政策。但需要注意的是，我国的扶贫开发政策并不是只有这几个部门制定，还包括中央和各级行政部门制定的相关政策；在当前已经形成精准扶贫大格局的背景下，还包括中央各部门、国务院各部委等出台的相关扶贫开发政策。因此，在对调研所在地出台的政策进行梳理时应该注意，扶贫开发政策可能包含多部门出台的与扶贫相关的政策，在做梳理工作时应该做到全面、准确。

在对我国的扶贫开发政策进行梳理之前，有必要先明确我国从中央到地方的各级政府扶贫开发组织管理机构的构成，如图1-1所示。

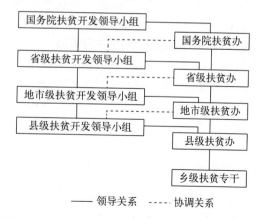

图1-1　中国各级政府扶贫开发组织管理机构示意
（资料来源：国务院扶贫开发领导小组办公室新闻网站）

（一）召开政策梳理准备会，进行工作安排

团队召集乡村工作人员召开政策梳理前的准备会，明确各个工作人员的工作责任和工作任务，调动每一位工作人员的主动性，确保每一个工作人员能够积极参与到工作中来。

1. **打破僵局**　由于农户可能是第一次参加这样的活动，他们可能不知所措，很容易被在村子里有影响的人物主导会议，在整个会议中的参与度和积极性都不高。为了鼓励每一位成员都能够积极参与到会议中来，你就得使用一些"打破僵局或沉默"的办法。一个很好的办法就是：在会议开始时，先让与会者画出村庄的资源图，把他们认为最重要的东西全部标在图上。

2. **确定村子里的特色资源和发展优势**　在画完村庄资源图之后，你可以组织一次关于村庄特色资源和发展优势的讨论，例如不同人群、不同性别和不同民族的特点，以及村庄中不同人群面临的发展机遇与挑战等。通过研讨，逐渐明确哪些扶贫政策是真正对本地区适应的。

3. **尊重每一位成员的优势和特长**　在分配工作任务时，一定要考虑村民自身的个性特点，根据每一个人的特长分配工作任务，多听听农户的意见和建议，讲清楚工作任务安排之后，尽量让他们自己选择，这样便能够最大限度地调动农户的积极性，提高农户的参与度，保证工作的顺利完成。

4. **充分考虑村庄的实际条件和具体情况**　在做完以上工作之后，需要结合村庄的特点和实际情况对调研所在地的政策进行梳理，对扶贫政策进行排序，将那些与村庄发展契合程度较高的政策往前排，其他的政策往后排，这样为后期工作打下基础。

5. **制定详细的工作进程表**　在对政策梳理工作进行安排之后，一定要制定一个较为详细的工作进程表，告知各位参加人员，严格按照进程表进行工作，这样便可以在统一的时间节点上完成工作任务。

6. **在进行工作安排时的注意事项**

（1）不能强行分派任务。要避免会议组织者给参与的农户强行分派任务的现象，这样不仅会增加农户与乡村工作人员之间的不信任，更会造成农户的抵触心理，影响后面的工作进程。因此，要主动听取农户的意见，因人而异地分配任务。

（2）要对农户的工作多进行鼓励。农户开始时可能对工作操作不够熟悉，工作速度较慢，团队成员和乡村工作人员要多进行指导和鼓励，这样能够调动农户工作的积极性，提升他们的自信心。

（二）团队与乡村工作人员一起工作，帮助他们对当地扶贫政策的领域（类型）进行分类

团队主要扮演的是引导和辅助的角色，在整个过程中要让乡村工作人员积

极参与到政策的梳理过程中，引导他们对所在的政策进行分类。

1. **进行准备工作**　在对政策进行归类梳理前，应该做好一些准备工作。

（1）准备好卡片、胶带、笔和纸。将以上的政策类型全部写在卡片上（卡片上只需要写出关键词），然后使用胶带粘在大白纸上，并提前带到工作现场。

（2）提前准备好一些政策名称，写在卡片上，在工作开始前对农户进行讲解，告诉农户如何提取政策当中的关键词，如何对关键词进行分类。

（3）需要提供可供上网的电脑。一般而言，查找当地的扶贫政策，需要登录当地政府的门户网站或者扶贫开发领导办公室的专门网站进行查找，所以需要为农户提供可上网的电脑。

（4）注意农户的文化水平和接受程度，如果出现农户无法理解或者不会操作电脑的情况，应该提前想好应对策略。

2. **确定当地扶贫政策领域（类型）**　通过与乡村工作人员的讨论，可以确定所在地扶贫政策的领域（类型）主要有以下几种：

（1）产业扶贫政策：种植业、养殖业、手工业、特色产业等。

（2）金融扶贫政策："特惠贷"、基金、保险和扶贫互助基金等。

（3）教育扶贫政策：学前教育资助政策、两免一补、国家助学金等。

（4）易地扶贫政策：土地整理、占补平衡和增减挂钩政策等。

（5）资产收益扶贫政策：自然资源-资产转化、财政资金-股金转化等。

（6）社会保障兜底政策：最低生活保障、医疗救助和临时救助等。

（7）生态保护带动扶贫：退耕还林、公益林补偿和林下经济等。

（8）健康扶贫政策：新型农村合作医疗体系（以下简称"新农合"）、医疗救助和大病保险等。

（9）基础设施建设项目：以工代赈、一事一议和财政奖补等。

（10）其他扶贫政策：除以上领域外，与扶贫有关的政策。

以上的政策类型基本上已经涵盖了可能出现的所有政策，因此在进行政策梳理时，团队成员和乡村工作人员需要指导农户将找到的政策，按照上述类型进行归类整理，以便日后查找方便。

（三）团队与乡村工作人员一起工作，按照既有分类标准对政策进行梳理

在对扶贫政策进行分类的基础上，和乡村工作人员一起开展相关扶贫政策的梳理工作。在工作过程中，要对乡村工作人员进行引导，做好辅助工作，调动他们积极参与其中，但不能代替他们工作；要注意培养乡村工作人员的团队协作精神，让他们意识到对相关扶贫政策进行梳理的过程，不仅是对扶贫政策

进行集中学习的过程，更是乡村工作人员之间相互学习的过程；要引导大家互相尊敬和互相学习，不要有上下级观念，在这个团队中工作，就必须树立起平等的工作理念，每个成员都对这个团队有着公平的贡献。

1. **进行政策梳理工作**　一般遵循以下的工作过程：

（1）组建工作小组。一般由两个人组成工作小组，一个人负责撰写卡片，一个人负责查找、提取政策的关键词。

（2）使用卡片进行分类。在每一个卡片上面写上政策的关键词，按照关键词进行整理和分类。

（3）对卡片进行汇总。对分类的卡片进行汇总，整理出当地政府出台的扶贫政策。

2. **怎样利用利用卡片进行政策分类和梳理**

（1）和每一次讨论会一样，要保证每一个人都明白写出的政策是什么，由哪个部门出台，能够帮助农户解决什么问题。

（2）鼓励在场的每一位成员积极表达自己的看法和意见，提高大家的参与度和积极性。

（3）每一个卡片写一种意见，并把它粘贴到墙上，使每一个人都能看得见，这样会激发大家的工作积极性和新的想法。

（4）当没有更多的意见和想法之后，就可以开始对卡片上的关键词按照相似性进行分类整理，并用不同颜色的笔进行标记。

（5）对卡片分类完成后，大家一起对各种类型的分类是否准确进行总结和讨论。

3. **使用卡片时的注意事项**

（1）用大号字书写，以便农户容易辨认。

（2）每个卡片不超过两行字。

（3）使用关键词而不是句子。

（4）每一个卡片只写一种意见。

（5）可能的话，尽量请农户自己对卡片进行分组归类。

五、运用社区工作方法，开展乡村一级的行动性精准扶贫工作

（一）社区工作程序方法

在进入农村社区之前，团队和乡村工作人员必须召开工作前的准备会，编制详细的工作方案和日程表，确保精准扶贫工作能够顺利在农村开展，并取得

预期的效果。一般而言，工作方案的制订主要包含以下几点内容：

（1）组建入村工作小组。建议由1名县扶贫开发领导小组办公室人员、1名乡镇工作人员、1名定点帮扶单位代表和2～3名村干部（包括驻村第一书记）组成，工作小组组长一般由熟悉参与式工作方法和具有丰富农村工作经验的人担任，通过小组内民主选举产生。

（2）制定工作日程。根据各村所在的地理位置和农户的分布情况，建议根据每个村庄的实际情况制定工作日程。工作内容主要包括：收集和熟悉相关资料、准备问卷和提纲、村级调查（了解贫困村和农户的现状与发展需求）、村庄发展和农户帮扶需求讨论会等。

（3）分配工作任务。对进入村庄之后的工作任务进行安排部署，责任落实到人，保证团队的每一个成员都能够全身心投入到工作中去。

（4）准备必要的工具和材料。提前购买研讨会使用的展示板、牛皮纸和大白纸、记号笔、图钉和胶带等。

（5）设计好入户访谈的提纲和问卷等。如果入户访谈需要访谈提纲，或者需要填写调查问卷，请提前进行设计，并提前打印装订好。

（6）收集统计资料和其他有用的二手资料。在进入村庄前有必要对村庄的概况进行了解，以便开展下一步工作；进入村庄之后，还需要进一步召集农户和主要知情人进行访谈以了解村庄基本情况。

（7）农户在参与式诊断中的注意事项。一般而言，在这一工作阶段应该采用参与式诊断的方式，与农户共同协商制订方案。在参与式诊断中，农户需要注意以下问题：①确定和优先考虑农户所急需解决的问题；②确定在村子中谁受的影响最大；③确定村子里谁负责和你一起来解决这些问题。

参与式诊断常常是一个村子首次在参与式发展过程中成为平等伙伴时要做的第一项工作，它有助于在农户和工作人员之间建立相互信任、相互理解的关系，参与式诊断的结果就是在你和村民之间就那些村民关心的问题以及大家如何协作找出解决问题的办法达成相互理解。

（二）分析扶贫总况及贫困户情况

做好前期准备工作之后，这一阶段的主要工作是对贫困村过去的扶贫开发状况和当前建档立卡贫困户的信息情况进行分析。团队与乡村工作人员一起分析扶贫状况的过程，实质上就是一个参与式诊断的过程，主要围绕以下几点内容展开：

（1）了解村庄的基本情况。通过和村干部及主要知情人访谈的形式了解村庄前一阶段的扶贫开发状况，主要包括村庄的贫困发生率、精准帮扶的主要措施、取得的主要成果、存在的主要难题等。分析前一阶段精准扶贫取得成绩的主要经验，总结失败的教训。与村干部和农户一起步行考察村庄。这样有助于获得有关农户所面临的问题和发展机会的第一手资料。

（2）决定哪些人参与精准扶贫的分析和诊断。在这里可以采用自我提问的形式，例如"在这个过程中，谁将是我的工作对象？"必须保证你要工作的目标对象（如妇女养殖者）参与村庄扶贫的分析诊断。

（3）如何组织参与式分析和诊断。首先，应该与村干部以及受你邀请的村民代表、妇女代表进行座谈；其次，确定一个对大家都方便的具体时间进行参与式诊断。原则上应该优先考虑农户的方便，他们可能更喜欢在晚上进行诊断工作。

（4）对你的工作方法和工作目的进行解释，并说明哪些东西你可以提供，哪些东西你不能提供。由于第一次与村民接触，他们可能会提出一些你无法办到的要求。因此，在开展工作之前需要跟农户讲清楚哪些你能提供，哪些你无法提供。

（5）团队与乡村工作人员（驻村工作队和村干部）一起对本村建档立卡的贫困户信息进行分析，主要针对贫困户的致贫原因进行分类统计分析，然后再对贫困户的帮扶措施进行分类统计，判断帮扶措施在解决农户贫困时是否"精准"。同时，注意分析农村女性的致贫原因，找出针对女性的帮扶措施，了解限制农村女性发展的因素和女性自身具备的发展潜力。

（6）参与式诊断的注意事项：①参与式诊断绝不是简单的从农户中获取信息做出结论的过程，而是将村子作为合作伙伴共同寻找解决办法，以提高农户收入水平和农村发展水平时要做的第一步工作。②参与式诊断也应该提前做好村民的协调、沟通工作。团队成员和乡村工作人员应熟练掌握农村工作技巧，为防止出现冷场的局面，团队成员与乡村工作人员必须提前做好谋划，想好应对策略。

（三）团队与乡村工作人员进入村庄

团队和乡村工作人员在做好前期准备工作和对村庄的贫困状况，以及当前建档立卡户信息进行分析之后，就应该进入村庄开始工作了。在进入村庄工作时，为了更好地和农户结成伙伴关系并有效开展工作，团队和乡村工作人员要掌握一些乡村工作方法和技巧。

（1）要使用农户听得懂的语言跟农户交流。进入农村工作时，就要入乡随俗，在克服语言障碍的基础上，尽量使用农户听得懂的语言和表达方式与农户交流，这样能拉近你与农户之间的距离。

（2）要学会尊重每一个成员。每一个人都渴望受到别人的尊重，特别是农民。在工作过程中要尊重他们的意见，尊重他们的选择权和自主权，也要尊重农民的创造精神。像与朋友、亲人聊天和谈心那样，对被访问群众的言谈不断做出呼应，让对方感觉到你在倾听。

（3）做事要公平、公正。农民之间很多时候都会发生纠纷，这个时候，团队成员和乡村干部就应该做到公平、公正、不偏不倚地处理事情，这样便能营造一种和谐的工作氛围。

（4）工作回顾和反省。在练习、实习或实地工作结束后，无论是小组还是个人，都应该坐下来精心回顾交流的过程，反省一下有哪些地方做得好，值得其他成员学习和自己今后需要进一步加强，又有哪些地方需要进行改进。在农村工作也要养成不断反省的习惯。

（5）保持态度"中立"非常重要。你的提问方式会影响到对问题的回答。当我们真正对农户的意见感兴趣，不要通过暗示提问的形式来影响他们的回答，如"这是一个非常好的方案，你同意吗？""这个帮扶措施好像不太好吧？"等。当你和农户交谈时，要避免采取此类具有暗示性的提问。要尽量使用开放式提问和探索式提问。开放式提问是请农户自由和完全不设限地予以回答，而探索式提问可帮助你从农户的回答中得到更多的信息。

（6）组织农民小组会议的技巧。主要包括：①防止任何一个人主导小组会议；②鼓励所有的农户，特别是那些害羞的人多发表意见；③引导会议讨论话题不要偏离目标太远；④掌握小组会议的节奏，使农户保持讨论的兴趣；⑤定时进行会议休息，使人们有机会聚在一起放松。

（四）通过参与式评估等方法全面了解村庄的基本情况，绘制村庄资源图，掌握村庄社会经济整体情况

1. **参与式评估**　在这一个阶段，团队和乡村工作人员需要召集农户进行共同讨论，以了解村庄的基本情况、找出村庄存在的问题和村庄的发展潜力。在此过程中，要积极引导农户，让村民积极参与到关于村庄基本情况的发言和讨论中，每个人轮流讲讲村庄的基本情况，其他人可以进行互相补充（图1-2）。

2. **步行考察村庄**　除了通过参与式评估的方法了解村庄的基本情况之外，团队和乡村工作人员还可以通过步行考察村庄的方法对村庄的基本情况进行全面了解，可以进一步熟悉村子的地理概貌、农业生产系统、自然资源、存在的问题和发展机会等。对村庄的情况了解越详细，越有助于开展精准扶贫措施的帮扶工作。

（1）如何做村庄的步行考察？邀请一两位农户带着团队和乡村工作人员一起步行考察村庄，考察的范围包括农业生产系统和自然资源。在考察过程中，当发现一些不平常的东西时，可向农户提出相关的问题，琢磨他们的回答并和你看到的情况进行比较。

图1-2 参与式小组讨论

（2）步行考察的注意事项：①邀请村子里不同的农户与你一同考察村庄，以获取更多的信息，对村庄做更深入的了解；②可以将团队成员分成两组，一组跟妇女组在一起考察，另一组跟男子组在一起考察，并注意比较男子组与女子组观点的差异，以获取更加全面的信息。

3. 绘制村庄资源图 村庄资源图可以展示农民认为村里比较重要的自然特征和自然资源状况。在团队与乡村工作人员一起工作的过程中，制作村庄资源图往往是首先要做的事情，它会起到打破社会地位差异、拉近村民与团队人员之间距离和提高村民参与积极性的作用。

（1）如何绘制村庄资源图？团队和乡村工作人员提前准备好大白纸、彩色笔等，在进入村庄后，召集村民先对村庄的资源概况进行分析，然后请农户自己动手画一张他们村子的自然资源分布利用图。同时在图中标注图例、绘图人和绘图日期。不断鼓励农户尽可能将村子里的自然资源和农业资源完善到一张图内。一般而言，绘制村庄资源图主要包含以下步骤：①将一张大张的牛皮纸或大白纸用胶带或图钉粘贴在木板上，也可以粘贴在墙上或桌子上；②邀请参加者用记号笔按他们熟悉的方式绘制出社区的资源地图，主要包括村庄道路、河流、房子、土地类型、学校、公共建筑、森林和鱼塘等，不断鼓励农户尽可能完善这张图，在画图之前，也可以先用铅笔勾勒出村庄的轮廓图；③不断提示参与者在分布图上标出需要收集和了解的信息，以及需要用什么符号标注；④有些村民可能习惯于使用自己的方位画图，你应该了解这些情况，在后期使用村庄资源图时应该加以注意；⑤为了增加绘图的气氛，可让多人一起工作，由一个人执笔，其他人予以补充，大家共同参与到这一过程中，使所反映出的社区状况更加真实准确；⑥有时可以将男性和女性分为两组分别绘制，使不同的性别对社区的观察和了解上的差异得到表达，并形成相互间的补充，由此调动妇女参与的积极性；⑦在绘制资源图过程中，可以由社区以外的参与者做必要的补充和加工。

（2）绘制资源图的注意事项：①确保全程都由农户参与，由他们亲手完成村庄资源分布图的绘制，团队成员和乡村工作人员不能代替农户画图；②不要由任何人来支配画图，一般情况下由农户自己按照自己对村庄的观察和认知来画图。一般而言，开始的时候可以由村干部先开始画图，但要注意鼓励其他村民积极参加，很快你会发现，很多村民都会参与进来了；③掌握工作技巧，以防冷场。可事先准备一些糖果、香烟等，在开会期间，分发给农户，通过这些举措拉近农户与工作人员之间的距离。同时，还应该想好其他打破僵局的应对方法。

（五）入户分析研究建档立卡贫困家庭的资源结构和发展意愿

深入农户家中，开展深入访谈，主要了解建档立卡户的资源禀赋，包括建档立卡户的生存环境、经营系统、资源条件和社会资源等现状，并分析在此现状下，建档立卡农户未来的发展策略和脱贫路径。同时，详细了解建档立卡户的发展意愿和当前困境，并同他们一起探讨未来的脱贫路径（图1-3）。

图1-3　入户了解贫困户的家庭资源结构和发展意愿

入户分析建档立卡贫困家庭的资源结构和发展意愿时可以从以下几个方面入手：

（1）跟贫困户一起核算家庭的收支情况。与贫困户一起核算过去一年家庭的收入与支出情况，搞清楚贫困户主要的收入来源和支出项目。

（2）跟贫困户一起讨论总结出致贫原因。详细了解贫困户的家庭结构、劳动力结构、子女受教育状况，以及家庭成员的身体状况，与贫困户一起分析造成家庭贫困的主要原因。

（3）分析贫困户的资源禀赋。与贫困户一起对家庭资源结构进行详细分析，如可获得的增收途径、人际关系网络、家庭成员的能力、农业生产状况等。

（4）了解农户的发展需求和发展愿望。结合农户的家庭资源禀赋，与农户一起讨论他们想要发展什么，什么才是最适合农户自身发展条件的，并充分了解贫困户的发展动力、自信心和发展愿望。

（5）同贫困户一起制订发展计划。在了解了贫困户发展需求和发展愿望的基础上，就可以与贫困户一起着手制订发展计划了。

（六）针对不同的贫困群体，通过头脑风暴提出并讨论相关帮扶措施

召集村民举行参与式研讨会，让农户通过头脑风暴的方法讨论村庄目前面临的问题，并讨论相关的帮扶措施。这一阶段工作是社区工作的重点。一般而言，主要包含以下几个步骤：

（1）选好会议场地，召集村庄困难群众，准备召开参与式研讨会。一般来讲，所选择的会议召开地点，应该是一个开阔的广场，参会人员的座位摆放成圆形，这样体现公平，给参与人员一种平等感。

（2）将村庄的贫困户按照致贫原因进行分类，并分成若干个小组。专家团队和乡村工作人员分别选择若干个研讨会主持人，每一个小组分配一个研讨会主持人，负责主持本小组的参与式研讨会。

（3）打破僵局，形成轻松愉快的会议氛围。为鼓励每一个成员都能够积极参与到研讨会中来，你得使用一些"打破僵局"的方法，例如在召开会议前，通过绘制村庄资源图和因果分析图，活跃会议气氛。

（4）对不同致贫原因的农户进行分类，针对不同致贫原因的农户探讨不同的帮扶措施。因为致贫原因是因人因户而异的，所以在制定帮扶措施时也应该做到因人因户而异，这样才能实现精准帮扶。

（5）讨论的重点应该放在农户精准帮扶措施的制定上。通过参与式研讨会的形式，充分了解贫困户的发展需求以及遇到的困难，帮助贫困户找准帮扶措施。

通过参与式诊断和头脑风暴的讨论，目的是让村民与团队工作人员之间建

立相互信任和相互理解的关系，同时增加农户间的相互认识，促成对某些问题的共识。农户与团队工作人员一起讨论相关帮扶措施对本村精准扶贫的适应性、优缺点和有效性等。

图1-4和图1-5中所呈现的便是在一个村庄中进行真实的共同讨论脱贫方案的情景以及当时绘制的一个问题分析图。但是应该注意的是，在找准致贫原因（问题）之后，就需要对致贫原因进行排序，用排序或打分的方法对这些问题的重要性按次序进行优先选择，确定优先解决的主要问题。这也是参与式诊断的重点内容。

图1-4　共同协商找出问题

图1-5　共同讨论得出村庄的发展方案

（七）组织社区会议，讨论并形成帮扶建议和社区实施建议书

1. 组织社区会议 作为你与农户一起工作的一个重要组成部分，你需要和村民以及中心小组开很多会。组织社区会议应该做好详细的计划，包括以下几项工作：

（1）明确研讨要达到的目标。不论从参会人员的角度，还是从外人的角度来看，研讨会的目的都必须很明确。

（2）邀请村民代表和妇女代表一起参加会议，并尊重当地的风俗习惯。

（3）安排好社区会议的时间和地点。用海报、家访、广播、电话和口信等形式将社区会议的主要内容和目的提前通知给参会人员。

（4）提前考虑好研讨会的规模和人员组成。预计社区会议开始的时候人很多，随后会逐渐减少，最后只有那些感兴趣的或与社区会议密切相关的人留下了。

（5）把社区会议需要的材料提前准备好，考虑如何分发。会议开始前，准备好视听设备、电源插座等。

（6）在乡村干部和村民代表中选出一个有经验的会议主持人。在举行会议期间由他负责主持，团队成员起到辅助作用，帮助他营造会场气氛。

（7）要考虑到有一部分村民不能或不愿意讲话的情况，并为这些人举行一个研讨会，然后把他们的意见集中起来在大会上交流。

（8）安排专门的人负责维持会场秩序，营造会场的讨论氛围。如果需要，选择一些特殊群体，并与他们建立适当的信息反馈机制。

2. 讨论并形成帮扶建议和社区实施建议书 帮扶建议和社区实施建议书的内容是在对社区和农户需求进行分析的基础上提出的，应该如实反映农户和村庄的脱贫需求，它决定了精准扶贫整个进程中农户的参与程度。因此，应该引起团队成员和乡村工作人员的足够重视。具体包括以下几项工作：

（1）召开小组工作会。由小组长根据小组成员的专业背景和参加前期工作的情况给每个小组成员指定撰写帮扶建议和实施建议书时需要承担的任务。

（2）各小组成员分头撰写帮扶建议和村庄实施建议。

（3）确定精准帮扶措施，形成村庄精准脱贫的项目建议书。

一般而言，帮扶建议书和社区实施建议的内容主要包括：①村庄的自然条件和生活、生产状况，农户的资源禀赋条件等；②村庄和建档立卡户的贫困状况分析，以及建档立卡户的脱贫需求分析；③精准扶贫发展项目汇总表和村庄发展项目优先排序等；④帮扶建议实施过程中可能出现的困难及解决方法。

（八）在充分论证的前提下，专家团队和乡村工作人员确认有关的精准扶贫基本方案

1. 对精准扶贫基本方案进行论证　精准扶贫基本方案被制订出来以后，需要专家团队和乡村工作人员进一步论证方案的可行性和针对性。论证流程主要包含以下几点：

（1）专家团队和乡村工作人员根据前期调研、观察和访谈收集到的资料，以及农户的致贫原因，对精准扶贫的实施方案进行核查，主要核查该方案是否针对贫困人口的致贫原因制订，是否做到了因人因户施策？

（2）专家团队和乡村工作人员组织小规模的农户论证会，听取农户对精准扶贫实施方案的意见和建议。农户对实施方案的可行性和可操作性进行打分，并提出改进方案，专家团队和乡村工作人员指派专人收集和整理不同农户的改进意见。

（3）专家团队和乡村工作人员吸纳农户的意见和建议，对精准扶贫的实施方案进行修改和调整，以求最大程度符合农户自身的发展条件。

（4）专家团队和乡村工作人员根据农户反馈的意见，再次对精准扶贫方案进行完善，确认实施方案的可行性和针对性。

2. 注意事项　在精准扶贫方案付诸实施之前，还需要再次对精准扶贫方案的可行性、物质保障、可能存在的风险等进行前期预判，并提前制定应对策略。专家团队和乡村工作人员在对相关的扶贫方案进行确认时，需要注意以下几个问题：

（1）精准扶贫方案的针对性。精准扶贫方案是否聚焦了村庄存在的主要贫困问题和农户的主要致贫原因，对建档立卡户的发展需求和发展潜力的分析是否准确，所采取的精准帮扶措施是否能够帮助贫困户解决贫困问题等。

（2）精准扶贫方案的可行性。根据现有的村庄自然资源和农户的资源结构，以及当前可获得的外界扶贫资源（包括从政府部门、社会组织等一切外部机构获得的资源），从物质保障、人力资源和组织实施等各个方面评估精准扶贫方案实施的可行性。

（3）精准扶贫方案的可操作性。在制订精准扶贫方案的时候应该结合村庄的发展实际和乡村工作人员的能力制订具有可操作性的方案，或者经过简单的培训就能够进行操作的方案，这样才能保证精准扶贫方案实施的效果。

六、村级精准扶贫项目的组织实施和监测与评估

当具体的精准扶贫方案、项目得到确认，精准扶贫项目实施计划制订完成后，接下来的主要工作是对扶贫项目进行落实，即建立组织机构实施项目、管

理项目、检测和评估项目。项目的组织、管理、实施和监测评估是扶贫项目从文本计划转变为实践并切实发挥扶贫效用的关键步骤，具有十分重要的意义。

（一）社区精准扶贫项目实施的组织

社区精准扶贫项目的组织实施，是指建立相关组织机构以负责扶贫项目的具体实施事务。由于实施过程会牵涉到很多组织、管理、技术、社会经济等方面工作，还会涉及财务管理、审计等较为严格的工作与程序，因此需要项目的组织方具有高效的管理措施，大胆探索和创新适合当地社会、经济、文化特点的组织机构和工作方法，成功地实施项目，完成项目既定目标。

项目实施之前，需要建立一个有力、高效的项目组织机构负责从项目宏观统筹到项目具体实施等工作。项目组织机构主要包括项目领导机构和项目具体执行机构。其中，项目领导机构主要负责项目统筹指挥、动员、协调等工作，是协商与决策机构，其名称可以为"××项目领导小组""××项目管理办公室""××项目联席会议"等；项目具体执行机构则负责项目实施过程中的具体工作，如建立项目基层管理组织或依据分工的不同针对某一具体事务所成立工作小组。由于项目涉及的事务纷繁复杂，进行大体分工有时是必要的（图1-6）。

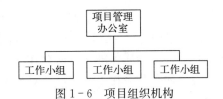

图1-6　项目组织机构

以项目管理办公室为例，作为一个项目领导机构，通常需要囊括多个参与主体以增强代表性，如县（乡）干部、驻村工作队、第一书记、村干部、村民代表等。项目领导机构是项目运行的核心，构建一个良好的领导机构有利于集思广益、提高效率和获取社区民众的认可与支持。在具体实践过程中，项目管理办公室可以以村民自治机构为基础建立，如村党支部委员会和村民委员会（简称"两委"）或村党支部委员会、村民委员会和村务监督委员会（简称"三委"）联席会议、村民代表会议等都是可资利用的组织载体。为提高项目领导机构的代表性、民主性和决策科学性，动员和吸收社区其他组织机构和精英、积极分子参与进来也是可取的。例如，扎根本地的乡土组织如合作社、红白事理事会等，在本地颇受尊敬的乡土权威如家族长老、退休教师和老干部、经济能人、农业技术骨干等，都是可资利用的本土资源。

总的来看，项目管理办公室的成立和运行过程中应注意以下几个事项：

（1）项目管理办公室成员最好既涵盖专家团队、县（乡）干部、驻村工作队等外部帮扶力量，也包含村（组）干部、本地乡土精英和贫困群众代表等村社内部主体。社区外部支持力量，如专家团队、县（乡）干部、驻村工作队、驻村第一书记等具有较高的知识水平和较为宽广的视野，在社区资源评估、扶贫项目遴选与规划等方面能够发挥较为有益作用。但是也应注意，社区外部力量应尽量避免越俎代庖，避免完全取代当地村干部和群众而使扶贫项目成为外来人的事情。扶贫项目的目标除了带动当地贫困人口的经济收入水平获得提高外，还应有助于增强贫困地区自我组织能力和贫困人口发展能力。外部支持力量主要起到咨询、动员、协调、推动等辅助性作用，村社内部支持力量应是扶贫项目组织和实施的主体，普通群众尤其是贫困群众的参与非常重要。

（2）建立项目管理办公室工作制度，对项目管理办公室的职责、开会时间、开会地点、开会秩序、发言先后顺序、主持人、会议记录、决议原则等相关事项做出规定。制度的订立应符合当地实际情况，如开会时间尽量选择在农民闲暇时间，会场布置尽量选择圆桌会议形式（显得平等，没有距离感），以投票表决制或民主集中制为决议原则等。项目管理办公室应重视社区各方面意见表达，动员本地乡土精英和贫困群众积极参与和建言献策。

（3）项目执行机构——基层项目管理组织或项目工作小组，进行大体分工，各自负责主要负责某些方面事务或某一区域的事务，各工作小组分工不同、任务明确，通常情况下各司其职，事务繁忙时也可以相互帮助。其成员通常为村（组）干部，也可以发动社区能人和积极分子志愿参加，以壮大执行力量，若财政允许，可以对他们提供一些适当的补助。

（二）项目实施过程中的管理

扶贫项目管理，是指使用规章制度和其他合理的方法手段对项目资金、物资、设施、人力等方面进行正确使用的过程。扶贫项目管理大体包括以下几个方面：

（1）资金预算与管理。如资金的保管、使用、报账，预算调整等。

（2）物资管理。如招标采购，物资和设施的运输、登记、分配、储藏、交接等。

（3）文件管理。如对相关国家政策和法律法规文件、会议记录文件、报名表、审批表等进行填写、分类和存档管理。

（4）对外宣传。如果条件允许，可以制订对外宣传计划，编写项目进展书，展现阶段性成果，向外部宣传摸索出的一些较好的做法和经验。具体途径包括：向基层政府递交项目报告汇报进展，申优创优，印刷宣传册，创设网页，组织宣讲会等。

（5）组织管理。扶贫项目能否顺利运行，与良好的组织管理分不开。一方面，需要项目组织机构根据事务和地域进行工作分工，以高度责任心完成自身工作；另一方面，也需要专家团队、县（乡）干部、驻村工作队、村（组）干部等不同主体之间进行良好协作和沟通。村（组）干部往往奋斗在第一线，拥有良好的领导能力、沟通能力、协调能力非常重要。可以说，村（组）干部较强的工作能力和责任心是扶贫项目能够成功的关键之一。

（6）监测评价。制订监测评价方案，建立监测评价体系，确定监测评价指标，收集数据开展监测评价，以此对项目进行阶段性评估，依据评估结果对项目实施过程中出现的问题加以讨论和应对。

（三）社区精准扶贫项目的监测评估

监测评估，是指在项目实施后对项目措施的实施情况、项目产出、项目影响进行连续跟踪，对项目实施效果进行阶段性评估和判断的过程。其目的是通过一系列信息和证据的收集来对项目整体实施情况进行观测和判断，从而及时发现项目实施过程中出现的偏差，及时做出调整，保障项目实施达到预期目标和效果。监测评估是项目实施阶段项目管理的重要内容。监测评估的依据是初步规划阶段所形成的项目逻辑框架，以及项目实施计划。项目设计阶段所做的基线调查成果和所收集的数据是评估项目效益的基础数据。将项目实施后某一阶段测得的监测数据与基线调查所得数据进行对比，就可以观察和判断出项目实施是否有效果。按照评估时间点的不同，一般可分为中期评估、年度评估、终期评估等。

扶贫项目的监测评估主要有以下几个步骤：

（1）讨论监测评估的意义。向大家说明监测评估的意义和必要性，以及监测评估的指标、方法等内容。

（2）回顾项目目标及活动，确定评估内容。回顾项目设计和项目规划中所界定的项目目标以及项目实施以来的所有活动，利用展示板等工具围绕项目目标和活动来讨论评估内容。

（3）确定评估者。确定由谁来进行评估。评估主体可以是基层政府，可以是社区自身，也可以是高效研究团队等第三方机构。鉴于项目实施过程中涉及多方主体，单纯由某一方主体进行评估存在很大局限性，成立囊括县（乡）干部、村（组）干部、受益人代表等主体的评估小组，在外部专家的指导下开展评估工作是一种相对可取的路径，也即参与式监测。参与式监测要求项目的受益者或目标群体参与记录、测量、收集、加工和交流信息，参与评估过程，并能够影响项目管理人员或机构决策。

（4）确定评估指标。根据之前讨论的评估内容，通过项目管理办公室研讨会议形式确定需要参与评估的指标。以贫困监测为例，可以从温饱、收入、贫困状况、住房、基础设施、教育、社会保险与保障、机会、参与等方面展示出扶贫项目中较为常用的一些评估指标（表1-1）。

表 1-1 扶贫项目常用贫困监测指标

评估内容	指标名称
温饱	缺粮农户数量及其占所有贫困户的比例
收入	人均纯收入增长的贫困户占所有贫困户的比例、平均增长幅度
贫困状况	贫困发生率（贫困人口占总人口的比例）
	贫困深度指数
	贫困户收入占全部收入的比例
	脱贫农户数量及其在所有贫困户中所占比例
住房	房屋为土木结构的比例
	旧房翻新或重建的贫困户数量与比例
基础设施	道路硬化比例
	饮用水洁净农户比例
	通电农户比例
	通自来水农户比例
教育	贫困农户儿童入学率
社会保险与保障	参与社会/商业保险贫困农户比例
	参与合作医疗农户比例
	实际得到救济农户在所有需要救济农户中的比例
机会	接受职业技能培训贫困农户比例
	参与劳务输出贫困农户比例
	参与本地创收项目贫困农户比例
参与	扶贫资金的贫困农户覆盖率
	扶贫项目知情率
	扶贫项目的事先参与率
	项目受益人口数量和比例

（5）确定信息来源。确定评估内容和指标后，就需要寻找相关方面的信息，有些信息是现成的，如项目基础调查报告和数据、项目进展报告、项目财务资料、生产记录、统计报告等；有些资料信息没有现成来源，需要运用调查工具来收集，如问卷调查、案例分析等，也可应用 PRA 技术和工具，如直接观察法、半结构式农户访谈、参与式绘图（如资源图、社区分布图、贫富分级图、农事历、每日活动安排图、排序图、问题和解决矩阵图）等。

（6）确定具体信息收集人员以及进度表或时间表。信息收集工作有时需要一些专门技能，如访谈技能、计算机能力、数学水平等，因此需要一些知识水平较高的人员开展工作。信息收集也需要一定时间。为确保信息及时收集和分析，可以制定信息收集时间表，时间表的编制应依据当地实际情况确定。

（7）分析并展示评估结果。当信息收集完成后，就需要开展数据信息的分析工作。工作人员按照既定评估方法对数据进行整理、分析和计算并得出分析结果，制成评估报告。评估报告可以提交给项目管理办公室，就项目实施可能存在哪些问题、是否需要调整原有实施计划等方面进行讨论；评估结果（表1-2）也可以在社区会议上公布，让社区成员和项目受益人了解相关情况；评估结果还应及时提交给相关政府部门，让他们了解项目活动进展是否顺利、是否需要调整和修改。

表1-2 项目监测评估

监测评价内容	指标	实际完成情况	主要变化和影响	后续调整建议
项目最高目标				
项目目标				
项目成果				
项目活动				

第二部分　村组层次扶贫方案的备选清单

一、农业产业扶贫方式

农业产业扶贫是指通过发展农业产业来帮助贫困人口解决就业和增收问题的扶贫方式，其具体形式十分广泛，本文主要探讨了包括庭院经济、种养业、订单农业、设施农业、农产品加工业和家庭手工业等在内的六种农业产业扶贫常见模式。

充分运用农业产业扶贫方式帮助贫困人口脱贫，具有十分重要的意义：①对于贫困人口来说，其中大部分仍主要从事农业生产活动，因此采用贫困人口所熟悉的扶贫方式，提高了扶贫措施的可接受程度，降低了因措施过于复杂而难以开展的风险。②开展农业产业扶贫，通过积极引导贫困人口从事力所能及的工作，使得贫困人口通过就业而非接受社会救济来实现脱贫，有利于提高贫困人口的劳动力技能和素质，增强贫困人口风险防御能力，同时促进农村劳动力资源开发以及农村地区的社会稳定。③实施农业产业扶贫，增加对农业的关注，从国家层面来看，有利于保护本国农业的发展，防止在城镇化、工业化进程中可能会发生的第二、第三产业挤压农业生存空间甚至威胁粮食安全等问题的发生。

在运用农业产业发展扶贫时需注意：一方面，要充分利用现代科学技术与工业化成果，提高农业产业的生产效益和利润空间；另一方面，需因地制宜，根据本地实际情况开展适合本地贫困人口的农业产业扶贫方式，避免生搬硬套优秀经验。

（一）庭院经济

1. **概念及应用情景**　庭院经济是农户在庭院内外进行种植、养殖、加工等生产经营活动，以家庭内部成员为主要劳动力来获取经济收入的一种农业经营形式。小型养殖和微田园也是庭院经济的表现形式之一。

应用情景：庭院经济在易地扶贫搬迁工作和新村规划建设中，尤其是在无土安置的社区中能发挥重要作用。

2. 在扶贫中的作用

（1）利用房屋院落周围散落的小块土地和水域、闲散劳动力和劳动时间种植农产品，满足日常所需，减少了生活成本和现金支出。

（2）庭院中收获的瓜、果、豆、菜、禽、畜能丰富日常饮食，提高贫困人口的膳食营养水平。

（3）庭院种植业、养殖业、加工业、园艺、服务业等能够在一定程度上解决富余劳动力的就业和增加收入。

（4）提高人居环境质量，减少疾病的发生。

3. 需要的条件

（1）庭院内外有足够的可利用土地。

（2）较为富裕的劳动力数量和劳动时间。

（3）需满足基本卫生条件，尤其是养殖业、食品加工业和餐饮业。庭院养殖注意动物疾病和传染病，食品加工业、餐饮业需要获得卫生许可证。

（4）技术支撑和市场物流条件。当庭院经济生产的农产品需要产业化时，就需要保证技术支撑和市场物流渠道的畅通。

4. 具备的优点

（1）以家庭为单位的小规模生产形式普遍存在，农户家庭生产经营经验丰富，推广难度小。

（2）庭院经济易于就地取材，资源相对丰富，可供选择范围广。

（3）资金投入量和生产经营形式灵活，准入门槛较低。

（4）生态节能。庭院是一个包括动物、植物、微生物的完整的小型生态系统，能够实现植物废渣、动物排泄物等有机废物多级利用，增加多层次空间利用率，提高生态系统的物质循环。

5. 存在的问题与风险 在庭院经济产业化的过程中，容易粗放增长，在生产、收购、加工等环节上易引起盲目竞争，易造成"买难卖难"。发展特种种养项目的庭院经济，对技术要求更高，市场价格更加不稳定，其风险也会高于普通种养项目。

❓ 案　例：

山东省临清市积极落实精准扶贫政策，充分结合贫困村和贫困户的实际，扶持和引导广大农民在家前院后大办特办以"小种植、小果木、小畜牧、小水产、小加工"为特色的庭院经济，初步形成了"村村有特色产业，户户有致富项目"的格局。

庭院经济不拘大小，资金投入量力而行，风险小、周期短，深受农民欢迎。"别看俺这小地方40平方米，几百只肉鸽，但是两年后的收益能达到3万元以上，下一步俺打算再上一套深加工和精加工的设备。"临清市戴湾镇大柳庄村肉鸽养殖户甄德奎说起自家的小产业，充满了自豪。目前，临清市已发展饲养兔、猪、牛、羊、鸡的农户10 000多户，生猪等家畜存栏22.49万头，家禽存栏429.46万羽，服装、制线等加工户5 000多户。

（案例链接：http://news. dahe. cn/2015/12-20/106184067. html）

案例点评：

临清市利用庭院经济方式解决了贫困户劳动能力高低不一、无法长期离家就业的问题，其经验在于抓住了庭院经济的特点，基于农户，发展"小而精"、有特色的散户种养，让每家的庭院经济帮助农户增收落到实处。

政策链接：

（1）2015年2月1日发布的《中共中央 国务院关于加大改革创新力度加快农业现代化建设的若干意见》（中发〔2015〕1号）中提出："深入推进农业结构调整……立足各地资源优势，大力培育特色农业。"

（2）地方政策。例如，2015年10月8日，《玉溪市人民政府关于大力发展农村庭院经济的指导意见》中提出："力争通过努力，培育发展一批庭院经济示范户、示范村，带动有条件的农户积极发展庭院经济，使农村庭院经济经营户显著增加，集约化、标准化、市场化、品牌化经营程度显著提升，组织化程度和科技含量、经营层次、经济效益显著提高，庭院经济经营户收入高出当地平均水平20％以上"的发展目标。2016年2月18日，《内蒙古自治区人民政府办公厅关于促进庭院经济发展的意见》（内政办发〔2016〕13号）中提出："到2020年，全区庭院经济示范户比例达到5％以上，庭院经济示范嘎查村比例达到20％以上，庭院经济经营户人均可支配收入高于本地区平均水平。"

（二）种养业

1. 概念及应用情景 种养业是对种植业和养殖业的统称。特种种养则是指种植或养殖不常见但有市场需求的动物或植物品种。发展种养业一直都是我国产业扶贫的主要内容，早期以大众化的种植业和养殖业为主，现在特种种养逐步成为各地产业扶贫的特色，例如种植中药材、花卉和养殖稀有鱼类等。

应用情景：在农村青壮年劳动力较多、自然环境条件允许和种养技术成熟的农村地区可发展种养业。

2. 在扶贫中的作用

（1）扶植发展种养业，能够为贫困人口提供在乡村、在田间地头的就业机会，增加其收入水平。

（2）给贫困人口提供学习机会。贫困农户在种养业的推广过程中可以学习种植养殖技术、获得更加准确丰富的市场信息。

3. 需要的条件

（1）气候水土等地域自然条件与选择的品种相符合。不同的种养项目对气候、水土等自然条件有不同的要求，许多种养品种都受到区域性限制。因此在扶贫产业中选择发展种养业首先需要考虑的条件就是气候、水土等自然地域因素。

（2）市场需求与选择的种植养殖品种供给相符。由于各个地域的市场需求和消费习惯存在差异，因此在一地销售畅通的产品，在另一地则可能滞销。

（3）要具备发展种养业的基础设施条件，包括道路交通、灌溉水利、电路网络等。

（4）技术指导。发展种养业要择优引种，聘请具有较高知识水平的产业从事人员和专业技术人员给贫困户提供长期的种植养殖技术指导。

（5）资金链。由于种养业牵涉到引种、种养、加工、物流、销售等多主体、多流程，各环节的资金来源与使用情况都有所不同，因此在发展种养业时应当保证资金链衔接紧密。

4. 具备的优点

（1）开展种养业扶贫工作较为顺畅。种养业在产业扶贫中历史最久，一度是农业产业扶贫工作的重点，因此基层工作人员在开展工作时会较为顺畅。

（2）调动群众较为方便。我国大部分贫困乡村的生产经营活动以种养业为主，发展种养业更加贴近贫困户的日常生产经营活动，更容易调动农户积极性。

5. 存在的问题与风险

（1）自然风险。种养业最直接地受自然灾害影响，主要是气象灾害、病虫灾害和地质灾害等。

（2）市场风险。市场信息不对称和农畜产品价格波动可能会导致同类农产品供大于求，出现农产品滞销的情况。

> **？ 案 例：**
>
> 　　家住安徽省安庆市岳西县店前镇河西村的程书旦曾是村里的贫困户。2013 年他通过养殖獭兔脱了贫。如今他已是镇上的獭兔养殖大户，还成立了河畈獭兔养殖专业合作社。这些年来他在自己致富的同时，不忘帮村里的贫困户脱贫。到 2015 年，他已带动了 60 多户村民养殖獭兔，其中有 30 户是贫困户。不少已经因此脱贫了。

2010 年，程书旦在安徽省农业科学院兔场学习培训后，回到家乡河西村建起了獭兔养殖场，成立了河畈獭兔养殖专业合作社。在发展中，程书旦引进了外地优良品种，实现了利润增收。2013 年 8 月份，合作社另外注册成立了安徽省河畈生态农业发展有限公司，建了 500 平方米的标准化兔肉加工厂，年加工兔肉 500 吨，使得每只商品兔增收了 20 元。

如今在河西村，獭兔养殖已成为一项扶贫项目。贫困户养殖獭兔，政府会提供 2 000 元的资金补助。河西村村民程校箴说，以前他在家主要靠养蚕，全家 6 口人一年也就一两万元的收入。现在养兔子，不但轻松多了，收入还高了。

（案例链接：http://leaders.people.com.cn/GB/n1/2016/0314/c104368-28198319.html）

案例点评：

岳西县利用发展养殖业解决了贫困户的创业就业问题，不仅培育出了养殖大户，还实现了对贫困村其他人口的就业带动。其经验在于：为贫困人口提供全方面的帮助，从初始技能培训到返乡创业政策优惠和补贴，让通过种养业扶贫富裕起来的贫困人口仍然愿意为家乡发展做贡献。

政策链接：

（1）2015 年 11 月 29 日发布的《中共中央　国务院关于打赢脱贫攻坚战的决定》中提出："出台专项政策，统筹使用涉农资金，重点支持贫困村、贫困户因地制宜发展种养业和传统手工业等。"

（2）农业部等九部门于 2016 年 5 月联合印发的《贫困地区发展特色产业促进精准脱贫指导意见》中提出："使用财政专项扶贫资金发展种养业的，扶贫部门应会同农业、林业等部门加强指导。"

（3）农业部于 2016 年 11 月 17 日印发的《全国农产品加工业与农村一二三产业融合发展规划（2016—2020 年）》中提出："加大投入力度，整合建设资金，创新投融资方式，支持企业与农户多种形式合作，鼓励社会资本发展适合企业化经营的现代种养业，建设一批专用原料基地。"

（三）订单农业

1. **概念及应用情景**　订单农业是指农户和其他企业之间的契约安排，它可以是口头的，也可以是书面的，它规定了农产品的生产数量、价格、质量、交易时间以及各方在农产品生产过程中的责任与义务[①]。

---

① ERKAN REHBER. Vertical coordination in the agro-food Industry and contract farming：a comparative study of Turkey and the USA，Food Marketing Policy Center Research Report No. 52，University of Connecticut，2000.

应用情景：商品化和专业化程度较高的农产品适合采用订单农业。政府能够为农产品收购的企业提供一定的补贴或政策优惠时，适合采用订单农业。

2. 在扶贫中的作用

（1）农户能在与企业合作的过程中学到新的技术和知识。

（2）订单式的生产方式能够减少农户面临的市场信息不对称的风险，稳定农产品销售价格，提高贫困户收入。

（3）培养农户现代社会的契约精神。

3. 需要的条件

（1）龙头企业等较有实力的市场经营主体带动订单农业发展。

（2）政府部门要为订单农业的发展创造一个良好的环境，加强监督。

（3）建立有效的利益联结机制，保证合同双方能够顺利履约。合同条款同时具有专业性和灵活性，实现合同双方的利益制衡。

（4）为农户提供技术指导和服务，推动先进农业技术在订单农业中的运用。

4. 具备的优点

（1）更有效地减少农户生产的盲目性和滞后性。

（2）按照订单要求的标准进行生产，有利于保障农产品质量，推动农产品生产的标准化。

5. 存在的问题与风险

（1）企业违约。企业由于采取了不正当手段诱导农民签订了标准过于模糊的条款，或者因为企业等市场经营主体经营不善，不能按照合同规定收购定量的农产品。

（2）农户违约。农户违约的原因主要是市场价格高于合同价格，农户为了获得更多的经济收入单方面撕毁合同。此外，农户生产的产品因为自然风险或管理问题不符合质量要求，也会被拒收，并因此陷入困境。

案　例：

四川省巴中市南江县根据"一主两辅"的思路，采用"订单签约"模式，按照"南茶、北羊、中蔬（菜）粮（油）"布局，大力推动特色农业，助力精准扶贫。

针对茶园、核桃园主业投产短期收入空白，南江县采用"企业＋基地＋农户"模式，在贫困村发展见效快、收值高的高山蔬菜、万寿菊、川乌、大黄、肉牛、土鸡等。先后在全县 34 个乡镇订单种植蔬菜 6 666.67 公顷，签订种植合同 200 余份，在下两—元潭—元顶子片区内以百里茶叶特色产业长廊为核心，套种万寿菊1 600公顷、订单蔬菜等3 333.33公顷，在元潭、下两、杨坝等地发展5个万寿菊示范基地，惠及贫困户8 000余户，贫困人口3万余人。

以精准扶贫村为重点，南江县打造南江黄羊养殖示范基地和100个家庭牧场，省级龙头企业四川北牧南江黄羊集团与贫困村农户签订"借羊还羊、全程服务、订单养殖"合同，推行"125"精准脱贫模式，即龙头企业借给每户贫困户1只公羊、20只母羊，年可实现养羊收入5万元以上，贫困户第三年开始还回同质同量的羊（第三年还20%，第四年还30%，第五年还50%）。该模式的建立与推行，有效带动了东榆、杨坝、沙坝等28个乡镇84个贫困村1 300余户贫困户年均增收1.5万元以上，810户依托黄羊养殖实现脱贫。截至2016年10月，南江县成立南江黄羊、南江金银花、南江大叶茶等产业协会50个、专合组织485个，发展会员2万余个，带动农户5万余户。全县订单农业已达30 000公顷，订单农业产值达到15.6亿元，占全县农、林、牧、渔业总产值的63.6%。

（案例链接：http://sckjb.newssc.org/html/2016-10/28/content_2335715.htm）

案例点评：

南江县利用订单农业扶贫解决了贫困户与市场相脱离的问题。其经验在于：把农户、行业协会、龙头企业等市场主体和生产、加工、销售等产业链条环环相扣，实现了企业与农户"双赢"；在发展订单农业时，科学选种育种，达到茶（果）药共生、以短养长、农业和旅游业相结合的效果，因此实现了以订单农业为起点、多种发展方式并行的目的。

政策链接：

（1）《"十三五"脱贫攻坚规划》中提出："支持各类新型经营主体通过土地托管、土地流转、订单农业、牲畜托养、土地经营权股份合作等方式……"

（2）农业部于2016年11月17日印发的《全国农产品加工业与农村一二三产业融合发展规划（2016—2020年）》中提出："创新发展订单农业，引导支持企业在平等互利基础上，与农户、家庭农场、农民合作社签订购销合同、提供贷款担保、资助农户参加农业保险，鼓励农产品产销合作……"

（四）设施农业

1. 概念及应用情景　设施农业是采用具有特定结构和性能的设施、工程技术和管理技术，改善或创造局部环境，为种植业、养殖业及其产品的储藏保鲜等提供相对可控的最适宜温度、湿度、光照度等环境条件，以期充分利用土壤、气候和生物潜力，在一定程度上摆脱对自然环境的依赖而进行有效生产的农业[①]。

应用情景：当市场中出现较大的反季农产品需求，并且当地政府具有一定量的资金条件时，可考虑发展设施农业。从设施农业发展现状来看，利用较多的有大棚、温室设施、节水灌溉设施、禽畜设施等。

2. 在扶贫中的作用

（1）解决就业，增加贫困户收入。

（2）提高农业人口素质。设施农业的知识和技术高度密集，农户能够在参与扶贫产业的过程中学习到现代农业设施和管理技术。

（3）推动本地区现代化农业的发展，提高农产品附加值，增加农业利润空间。

3. 需要的条件

（1）完整的资金链。设施农业在前期有较高成本的投入，在农业的发展中还需要持续的设施维护与更新，产前、产中、产后各个阶段都需要资金合理配置。

（2）完善的农业基础设施。例如水、电、路网，厂房，用地等。

（3）稳定的技术服务供给。设施农业是集工程技术、信息技术、生物技术、环境技术于一体的现代农业生产方式[②]。

（4）按照国家规定，合理使用设施农用地。

4. 具备的优点

（1）与传统农业相比，设施农业将部分生产风险纳入了可控范围。

（2）与其他以农业为主要措施的扶贫方式相比，设施农业的技术含量更高，生产出的农产品也更能够灵活应对市场标准的变化，因此获利的可能性更大。

5. 存在的问题与风险

（1）由于技术把控不严，导致大棚内病虫害大量出现，农产品质量降低。

（2）由于市场信息更新不及时，导致大棚蔬菜出现供大于求、农产品滞销、农户收入受损的问题。

（3）转型风险。由于设施农业投入巨大，若当地发展模式面临转型，则可能会由于顾忌高昂的设施农业转型成本而出现阻力。

---

① 高峰，俞立，卢尚琼，等. 国外设施农业的现状及发展趋势［J］. 浙江林学院学报，2009 年第 26 卷第 2 期，第 279—285 页.

② 李中华，王国占，齐飞. 我国设施农业发展现状及发展思路［J］. 中国农机化，2012 年第 1 期，第 7—10 页.

案　例：

　　河北省承德县积极探索光伏设施农业的发展前景和空间，招商引进了承德县现代农业产业园区穆勒四通光伏农业项目和承德香岛（光伏）农业产业园区建设项目，为农业生产和农村生活提供更广阔的领域，不断加快脱贫攻坚步伐。

　　据了解，承德香岛（光伏）农业产业园区建设项目，项目总投资 70 亿元，计划建设总规模 3.5 万亩①、700 兆瓦光伏发电设施的光伏农业温室，棚顶安装光伏发电设施，棚内种植蔬菜、食用菌，建成集优质菌菜生产、休闲观光、农产品物流加工、光伏发电于一体的农业光伏小镇。项目预计带动农户 8 000 户，其中建档立卡户 2 500 户，安排劳动力 10 000 个。截至 2016 年 9 月，已完成了项目立项和首期 3 000 亩土地流转，正在争取一期光伏发电指标；光伏设施农业项目已投资 2 亿元，一期占地 780 亩，173 个全覆盖光伏温室，17 个半覆盖光伏温室。

　　（案例链接：http://www.heb.chinanews.com/chengdexian/20160908353506.shtml）

案例点评：

　　承德县利用大棚设施农业解决了过去农产品种植严重依赖自然环境的问题，其经验在于：其将光伏发电与设施农业相结合，在设施农业发展中，又将第一、第二、第三产业相结合，既达到了可持续且环保，又提高了设施农业的附加值，实现环保与增收双目标。

政策链接：

　　（1）中共中央办公厅、国务院办公厅于 2013 年 12 月 18 日印发了《关于创新机制扎实推进农村扶贫开发工作的意见》，其中提出：“到 2015 年，力争每个有条件的贫困农户掌握 1 至 2 项实用技术，至少参与 1 项养殖、种植、林下经济、花卉苗木培育、沙产业、设施农业等增收项目。到 2020 年，初步构建特色支柱产业体系。”

　　（2）国务院于 2016 年 12 月 2 日印发的《“十三五”脱贫攻坚规划》中提出：“非粮食主产县要大力调整种植结构，重点发展适合当地气候特点、经济效益好、市场潜力大的品种，建设一批贫困人口参与度高、受益率高的种植基地，大力发展设施农业，积极支持园艺作物标准化创建。”

---

　　① 亩为非法定计量单位，1 亩≈666.67 平方米。

（3）2016 年 8 月 3 日，《国务院关于印发"十三五"加快残疾人小康进程规划纲要的通知》（国发〔2016〕47 号）中提出："确保农村残疾人如期脱贫。……加强实用技术培训、社会化生产服务和金融信贷支持，……确保农村贫困残疾人家庭至少参与一项养殖、种植、设施农业等增收项目。"

（4）农业部等九部门于 2016 年 5 月联合印发的《贫困地区发展特色产业促进精准脱贫指导意见》。

（五）农产品加工业

1. 概念及应用情景　农产品加工业是以人工生产的农业物料和野生动植物资源为原料进行工业生产活动的总和。广义的农产品加工业，是指以人工生产的农业物料和野生动植物资源及其加工品为原料所进行的工业生产活动；狭义的农产品加工业，是指以农、林、牧、渔业产品及其加工品为原料所进行的工业生产活动。

应用情景：长期从事初级农产品生产的地区，当前面临既无法快速转型、又无法从生产中获利的困境，此时可以考虑发展农产品加工业。农产品加工业尤其适用于特色农产品资源优势明显、区域优势明显的贫困地区。

2. 在扶贫中的作用

（1）农产品加工业能够提高农产品附加值及竞争力，提高贫困农户的收入水平。

（2）农产品加工业由于延长了农业产业链条，从而能够增加就业机会。

（3）能够显著提高从业人员的劳动技能素质，增强其发展能力。

3. 需要的条件

（1）当地具有某种特色资源的优势，加工原材料或来源于当地，或在交通地理位置上靠近加工点。

（2）工厂所在地交通便利，具备一定的物流业基础。

（3）具备一定的加工技术条件。

（4）生产者具备一定的起步资金积累。

（5）生产者具备一定的经营管理能力。

4. 具备的优点　农产品加工业具有天然的推进农村产业融合的特征。发展农产品加工业，有利于实现农业多层次增值增效，是构建现代农业产业、生产和经营体系不可或缺的核心性支柱，更是补齐农业现代化短板的关键性环节，有利于提高农业产业的综合实力和竞争力[①]。

---

①　农产品加工：连接上下游 富民又增收 . 新浪财经，2016 年 12 月 29 日 . http://finance. sina. com. cn/roll/2016 - 12 - 29/doc-ifxzczsu5985322. shtml.

5. 存在的问题与风险

（1）由于农产品加工制品最终要在市场中销售，因此可能面临因市场信息的滞后性导致的与供给大于需求的风险。

（2）可能面临因运营成本上升速度高于盈利速度而导致亏本的风险。

（3）可能面临因农产品加工企业用地、用电、融资需求与政府规定不符而阻碍加工业发展的风险。

案 例：

乐昌市粤宝农产品加工厂坐落于广东省乐昌市北乡镇，成立于2013年，是以扶贫开发产业对接为主的加工企业，主要从事香芋、荸荠、番薯等农产品加工及保鲜。该加工厂实行订单运作，与包括贫困户在内的农户签订供货合同，按比市场价高10%左右的保护价格收购农产品，实行订单生产，保证农民增收。同时，以北乡镇扶贫开发万亩产业基地为支撑，对"订单农户"严格执行"六统一"（即统一配送生产资料、统一培训农户、统一技术标准、统一包装、统一品牌、统一销售产品），确保加工原材料的质量安全，降低农户种植生产成本，保障农户利益。如今，该厂生产的系列农特加工产品销往珠江三角洲、上海、山东、福建、海南等地区。截至2015年1月，已经有170多户当地农户与该企业签订了供货合同。由于其对农产品的收购价高于市场价，加工厂成立当年，就带动周边5 000多户农户（其中包括1 630户贫困户）种植香芋、马蹄，增加了他们的收入。

（案例链接：http://sg.southcn.com/content/2015-01/08/content_115872482.htm）

案例点评：

北乡镇通过将农产品加工业扶贫和订单式农业发展形式相结合，解决了发展农产品加工业扶贫所担心的供大于求的问题。其经验在于：采取订单式生产，第一、第二、第三产业融合等多种形式发展农业，通过建立起"企业＋生产基地＋贫困户"的扶贫模式，严把产品质量关，订单式生产保证了产品适销对路，高于市场价的收购价有效激励了农民自主发展，从而建立起了长效扶贫机制。

政策链接：

（1）中共中央、国务院于2015年11月29日发布的《中共中央 国务院关于打赢脱贫攻坚战的决定》中提出："发展特色产业脱贫。……支持贫困地区发展农产品加工业，加快一二三产业融合发展，让贫困户更多分享农业全产业链和价值链增值收益。"

（2）国务院于2016年12月2日印发的《"十三五"脱贫攻坚规划》中提出："促进产业融合发展。……积极发展特色农产品加工业，……引导农产品加工业向贫困地区县域、重点乡镇和产业园区集中，打造产业集群。"

（3）农业部于2016年11月17日发布的《全国农产品加工业与农村一二三产业融合发展规划（2016—2020年）》中提出，农产品加工业发展目标为："到2020年，产业融合发展总体水平明显提升，产业链条完整、功能多样、业态丰富、利益联结更加稳定的新格局基本形成，农业生产结构更加优化，农产品加工业引领带动作用显著增强，新业态新模式加快发展，产业融合机制进一步完善，主要经济指标比较协调、企业效益有所上升、产业逐步迈向中高端水平，带动农业竞争力明显提高，促进农民增收和精准扶贫、精准脱贫作用持续增强。"

（六）家庭手工业

1. 概念及应用情景　家庭手工业，也称家庭工业，是指以一家一户为生产单位的手工业。家庭手工业生产规模小，在生产者自己住宅经营，因此基本不用机械而全凭手工[①]。

应用情景：家庭手工业尤其适用于少数民族贫困地区，因为少数民族特色的手工技艺具有独特的文化内涵。另外，家庭手工业同样适用于农村留守妇女、留守老人等劳动力资源大量闲置的贫困地区。

2. 在扶贫中的作用

（1）能够解决部分就业困难的贫困人口的就业问题。

（2）解决了农村留守人口的就业安置问题，进而促进了农村社会和谐稳定。

（3）尤其在一些具有手工艺特色的地区，家庭手工业可以推动文化的传承与保护。

3. 需要的条件

（1）当地存在一些具有鲜明特色的手工业传统技艺，或者周边地区正面临着将劳动密集型、轻工业产业向外转移的需求。

（2）当地具有一定规模的农村富余劳动力。

（3）具有一个能够起到统筹协调、为家庭手工业从业者争取利益的组织，如行业协会或合作社等。

---

① 张文奎 . 1990. 人文地理学词典［M］. 西安：陕西人民出版社 .

（4）当地具备较好的交通条件和物流条件。

4. 具备的优点

（1）家庭手工业易于贫困人口的理解与参与，成功经验易推广。

（2）就业时间地点灵活，容易作为一种副业与农业生产周期相契合。

（3）资源消耗低、污染排放少，符合可持续发展要求。

（4）相比于其他扶贫措施来说，家庭手工业更容易通过文化来增加产品的附加值。

（5）大多就地取材，起步成本低，风险性小，短期内即可收回成本而盈利。

5. 存在的问题与风险

（1）基于单个家庭的生产单位，可能会因为规模过小而无法扩大规模、降低价格、增加销量，从而无法获得更多的利润。

（2）由于外部协调组织（如行业协会）没有建立起来，从而导致同一地区、生产同一产品的各家庭手工业者之间相互竞争，甚至为抢夺市场而引发恶性竞争。

（3）当单一产品的市场需求饱和后，单个从业者无法自主开发新产品、延长产业链，在没有外力干预的情况下，可能会再次陷入贫穷①。

（4）由于缺乏营销宣传，导致市场知名度低、销路打不开。

？ 案　例：

　　河北省平乡县是国家扶贫开发重点县，截至 2014 年年底，该县有 78 个贫困村，5.3 万贫困人口。平乡县把脱贫工作重点放在家庭手工业项目上，依托自行车、儿童玩具等县域特色产业优势，采用"企业＋贫困户＋保底分红＋企业用工"的合作模式，实施扶贫股份合作制，让众多贫困人口靠双手实现了脱贫。靠政策引导、产业带动，截至 2015 年，平乡县已培育了 1 万多个家庭手工业专业户，带动了 3.94 万贫困群众脱贫致富。

　　近年来，河北省通过加大发展箱包、编织、皮毛、零配件加工业等家庭手工业，精准扶贫，不仅解决了农村富余劳动力特别是农村妇女的就业问题，还让很多贫困户得到了切实的实惠，加快了群众脱贫致富的步伐。

　　随着河北省政府的大力扶植，家庭手工业扶贫模式已在河北遍地开花。截至 2015 年年底，河北省家庭手工业已覆盖 1 663 个贫困村，扶贫对象从

---

① 魏来，张引，李玉梅. 黔东南民族地区农村家庭手工业发展问题思考：基于丹寨县两个村的调查［J］. 贵州农业科学，2008 年第 36 卷第 4 期，第 172—175 页.

事家庭手工业人员已达到 20.69 万人，共实现经济效益 92.22 亿元。

（案例链接：http://www.cpad.gov.cn/art/2016/3/3/art_5_45926.html）

📝案例点评：

平乡县利用发展家庭手工业解决了劳动力素质不高但渴望增收发展的贫困户的发展途径的问题。其经验在于：采用"企业＋贫困户＋保底分红＋企业用工"的合作扶贫模式，一方面，接近了市场与农户的脱贫之间的联系；另一方面，利用政府保底分红的措施降低了贫困人口的发展风险，避免贫困户因发展失败而返贫；同时，找到了适合于农村留守人口的就业方式——家庭手工业，激发了农村富余劳动力的发展动力。

📖政策链接：

（1）2016 年 8 月 3 日，《国务院关于印发"十三五"加快残疾人小康进程规划纲要的通知》（国发〔2016〕47 号）中提出："多渠道扶持残疾人自主创业和灵活就业。……扶持残疾人社区就业、居家就业。支持残疾人参与非物质文化遗产传承、振兴传统工艺、家庭手工业等项目。"

（2）其他地方性的政策。例如，《保定市人民政府办公厅关于推动新型家庭手工业发展的意见》（保市政办〔2014〕20 号）中提出："鼓励引导农村闲置劳动力、半劳动力在自家庭院从事手工业劳动，充分释放这部分人口红利，对促进经济发展具有重要作用。"

二、农村金融扶贫方式

金融扶贫是指通过信贷、保险等形式，重点满足贫困地区、贫困人口的生产型金融需求，推动"造血"式扶贫模式的发展，以缓解长期困扰农户的资金投入问题，通过为贫困人口创造更多的谋生机会，来提升贫困人群的自我发展能力，从根本上改变贫困地区的面貌。适用于贫困群体或地区想发展但自身缺乏发展资金，且难以通过正常的渠道获得资金的情况。

金融扶贫是政府实施特定战略或弥补市场失灵的制度设计，该方式能优化金融资源配置，在扶贫中起到杠杆和引导的作用。但金融扶贫的开展需要相应的条件，首先需要扶贫主管部门、财政部门、银行和保险等金融机构之间协调合作，建立完善的金融扶贫体系。而不同的扶贫方式对贷款人的要求也不同，例如可能需要相应的担保、抵押等。

金融扶贫能有效解决贫困户发展资金不足的问题，而且有助于推动贫困地区的产业发展。但金融扶贫也存在一定的问题，例如，贴息贷款的财政投入总量不足，贫困地区的金融生态环境并不良好，各部门因责任与目标不一致而在沟通中存在障碍等。

（一）农村社区发展基金

1. 概念及应用情景 农村社区发展基金是一种从解决农村社区生计问题出发，以赋权和培育自组织能力为根本，以社区组织为载体，通过小额贷款活动及其产生的积累，将社区合作医疗保障、助贫扶弱、科技推广和社区公共产品供给等有机结合起来，以推动社区可持续综合发展的一种金融扶贫方式。

应用情景：农村社区发展基金适用于社区农户的自组织化程度较高且贫困村中老人、妇女等弱势群体缺乏发展资金的情况。

2. 在扶贫中的作用 农村社区发展基金的主要作用是解决社区内贫困老人和妇女等弱势群体发展资金短缺问题。对于贫困地区来说，农村社区发展基金的初期阶段一般需要有外部协作者的技术支持。

3. 需要的条件 需要有协作者对社区进行发展理念、基本目标和原则等主体意识培训，协助组建社区组织，协助制定农村社区发展基金的信贷制度以及进行相应的能力培训等。

4. 具备的优点 农村社区发展基金组织形式灵活多样，对培育农户信用意识、促进基层民主建设、关注弱势群体、推动社区整体发展具有显著优势。

5. 存在的问题与风险 农村社区发展基金还面临着许多的发展阻碍，如资金来源不足、账户合法性问题、管理能力有限、农户对外依赖性高等。

❓ 案 例：

浙江省泰顺县作为全省欠发达山区县，共有低收入农户 33 473 户、97 811人，扶贫重点村 141 个。按照"政府引导、群众参与、规范操作、加强监管、互助发展、封闭运行"的模式，2008 年，泰顺县卢梨村等 5 个低收入农户集中村被国务院扶贫开发领导小组办公室和浙江省扶贫开发领导小组办公室列入"贫困村村级发展互助资金"试点；2009 年泰顺县出台了《关于泰顺县低收入农户集中村资金互助组织试点工作的实施意见》；2013 年 6 月，泰顺县雅阳镇成立了全省首家镇级扶贫资金互助联合会；2014 年 4 月，泰顺县成立了全省首家来料加工资金互助会；2014 年 8 月，泰顺县成立了全省首家县级扶贫资金互助联合会。同时，泰顺县在全省率先制定了《泰顺县村级扶贫资金互助会管理办法（暂行）》，有力地确保了试点工作的顺利推进，在促进产业开发和农民增收特别是低收入农户增收方面取得了明显成效。

截至 2015 年 6 月底，泰顺县共设立 94 个扶贫资金互助组织，类别涵盖村级扶贫资金互助会、乡镇级扶贫资金互助联合会、扶贫专业合作社资金互助会、县级扶贫资金互助联合会和县来料加工资金互助会等，在全省率先完成县、乡、村、合作社与行业不同层面的资金互助会组建全覆盖。其中，县级联合会 1 个，镇级联合会 1 个，县级来料加工互助会 1 个，村级互助会 90 个，扶贫合作社互助会 1 个。共发展互助会会员 5 359 人，其中低收入农户 1 607 人。共筹集互助资金 3 900 多万元（其中，各级财政累计投入 3 194 万元，各类互助组织自筹资金累计达 630 多万元，占用费转入本金 144 多万元），累计发放借款 6 362.3 万元，借款 5 489 人次，人均借款 11 594 元（其中，低收入农户借款 1 533.5 万元，949 人次）。

（案例链接：http://www.ouhai.gov.cn/art/2015/11/12/art_1269389_5755386.html）

📝 案例点评：

重视对社区居民的赋权发展，赋予社区居民知情权、决策权、监督权，培养了社区居民的互助精神、权利意识和自我发展意识。

📚 资料链接：

刘胜安，等．中国社区发展基金理论与实践［M］．北京：光明日报出版社，2009 年．

（二）小额信贷

1. 概念及应用情景　小额信贷是指在既定范围内，在相关规章制度的限制下，按照特殊既定对象向农村贫困农户提供信贷支持和信息技术服务的资金支持方式。

应用情景：当所在贫困社区贫困农户贷款额度相对较小，贷款期限较短，且缺少相应的资产抵押物，但农户的信用良好，且对贷款的需求较为紧迫时，建议考虑使用小额信贷。

2. 在扶贫中的作用　农村小额信贷通过贷款前的资格审查、小组联保以及还贷方法上化整为零的制度设计，直接为贫困户提供一种无须抵押担保而利率稍高的小额度信用贷款，有效累积贫困群体的社会资本，增强他们对生产和生活的积极性，进而改善他们的生存环境。这种扶贫方式有效地缓解了落后地区资金短缺以及贫困群体贷款难的状况。小额信贷模式广泛地运用于我国农村扶贫的项目之中，对缓解和消除农村贫困、完善农村金融体系以及提高小额信贷扶贫资金的使用效率都发挥了积极的作用。

3. **需要的条件** 获得小额贷款的流程主要包括：①农户需要向银行提出小额贷款的申请；②银行客户经理与农户面谈；③银行方面通过实地调查和村民委员会协查，了解农户的信誉、贷款用途、偿债和经营能力以及担保人的能力和意愿等；④银行评定农户信用等级，由此确定给农户的贷款额度；⑤移送客户部门负责人签字；⑥报送相关人员进行审批；⑦审批同意后，农户才能进行贷款。

4. **具备的优点**

（1）小额信贷具有灵活多样的担保形式、市场利率水平、贷款成员自我组织及额度小、期限短、分期还款、不需担保等特征。

（2）小额信贷能够实现农民所有，农民管理，农民受益。

（3）农户借贷手续十分简便，可以较好地在时间上保证贷款的及时有效性。

（4）贷款中的信用风险较易控制。

5. **存在的问题与风险**

（1）信贷资金融资困难。

（2）贫困地区一般缺少专业的管理人才，同时，还存在管理中的道德风险。

? 案 例：

中国农业银行山东省东平县支行（以下简称"农业银行东平支行"）积极发放小额贷款助农民朋友备春耕。近年来，农业银行东平支行紧紧围绕现代农业发展格局，充分发挥农业银行县域支农的优势，按照强化农业、惠及农村、富裕农民的目标，不断加大信贷支持力度，服务农业现代化发展。截至 2013 年 3 月中旬，该行累计发放农户小额贷款和个人生产经营贷款近 2 600 万元，惠及农户 650 多户，农户小额贷款余额达 1.5 亿元，为春耕生产注入了活力。

农业银行东平支行成立"三农"事业部以来，通过近三年的摸索和打拼，积累了服务"三农"的好经验、好做法，切实把"耕耘县域、搏击蓝海"的口号，落实到县域经济发展中。以惠农卡为载体，积极探索"农户十多户联保"金融服务模式，有效满足农户的信贷资金需求。按照低平台、短流程、高效率、能控险的原则，积极营销农户小额贷款和农户个人生产经营贷款。工作中，一是采取分层推进、整体营销的办法，按照事先选定的目标村，加强与镇、村两级职能部门的对接，增强沟通与配合，加快农户小额贷款推进的步伐。二是农业银行东平支行成立个人贷款服务中心，负责管理、指导和监督个人贷款的全过程运作，在支行办理惠农贷款业务的 7 个机构中，均成立了营销小分队，健全了营销组织和营销方略。同时调整充实了审查人员，明确了相关的职责，市行独立审批人，实行驻支行审批、网上审批，大大加快了审批环节的速度。三是创新模式，集中重点，加快农户贷款投放。在农业资源丰富的区域，推进信用村评定工作，在此基础上，对信用村农户实行整体授信、整体管理、批量作业，并综合使用多种风险化解手段，有效提高农户贷款效率，降低贷款成本，打造"农业银行＋信用村＋农户"的服务模式。加强与政府、共青团、妇联、扶贫办等部门合作，依靠行政资源和影响力提供担保、筛选优质客户、协助贷后管理，共同做好农户贷款工作，形成"农业银行＋党政＋农户"的服务模式。同时，围绕农民消费升级，跟踪农村城镇化建设进度，依托以农户新居住房贷款为载体，适时介入农民住房装修贷款业务，形成"农业银行＋城镇化＋农户"的服务模式。四是提升科技应用能力，以"惠农通"工程为载体，在县城繁华地段和大型集贸市场布放适用的自助设备，在农资超市积极增设和推广 POS 机、智付通（转账电话）等助农取款业务，为农民朋友提供更多的方便。

（案例链接：http://news.ifeng.com/gundong/detail_2013_03/26/23525104_0.shtml）

案例点评：

采取"民有、民管、民受益"方式开展，不仅赋予农民参与权、管理权和自主权，还能够实现低成本运营；依托于社区内部的熟人社会开展资金互助，既解决了信贷抵押问题，又使信用风险比较容易得到控制。

资料链接：

（1）杜晓山，刘文璞，等．小额信贷原理及运作 [M]．上海：上海财经大学出版社，2001 年．

（2）孙若梅．小额信贷与农民收入——理论与来自扶贫合作社的经验数据 [M]．北京：中国经济出版社，2006 年．

（三）担保贷款

1. **概念及应用情景**　担保贷款是指借款人不能足额提供抵押（质押）时，应有贷款人认可的第三方提供承担连带责任的保证。担保贷款按担保方式不同分为：抵押贷款、质押贷款（定金留置，很少使用）、保证贷款。其中，抵押贷款是指按《中华人民共和国担保法》（以下简称《担保法》）规定的抵押方式，以借款人或第三人的财产作为抵押物发放的贷款；质押贷款是指按《担保法》规定的抵押方式，以借款人或第三人的动产或权利作为质物发放的贷款；保证贷款是指按《担保法》规定的保证方式，以第三人承诺在借款人不能偿还贷款时，按约定承担连带责任而发放的贷款。

应用情景：在农村贫困户没有足够资产作为抵押时，且第三方信用良好，能保证所贷款的资金本金如期偿还的情况下可使用担保贷款。其中，抵押贷款可适用于拥有权属清晰农村房屋的农村村民；质押贷款可适用于取得土地经营承包权、林权、渔权等合法流通产权的流入方，即"种养大户"。

2. 在扶贫中的作用　担保贷款可促进贫困地区农村信用体系逐步建立；树立贫困农户信用意识，提高贫困地区信用环境；有利于贫困地区农户资产产权的明晰化，促进产权要素进入资本市场，增加贫困农户收益。

3. 需要的条件　担保贷款的实施需要遵循相应的流程，具体包括：申请、考察、沟通、担保、贷款、跟踪、提示、解除、记录、归档。

4. 具备的优点　保证贷款手续简便，一般不需办理有关登记评估等手续，保证人可选择一个或多个。但在保证贷款中，保证人不具备担保资格。担保贷款增强了农户的信誉观念，实现了银行和农户的双赢。

5. 存在的问题与风险

（1）抵押贷款是抵押财产不移转占有，设立抵押，抵押物仍由债务人或第三人（抵押人）占有。但借款人的抵押物未到相关部门做抵押登记，银行出于种种原因默认这种情况，使得抵押贷款实际上"有名无实"。

（2）质押贷款是债务人或第三人（质押人）须将其动产移交债权人占有，提供动产的债务人或第三人是动产的所有人，动产质权的行使须以债务人不履行债务为前提。

❓ 案　例：

自 2007 年，山东新希望六和集团有限公司开始尝试发挥自己一体化运营的产业链优势，联合多方力量创建"八位一体"模式的专业农牧融资担保公司。所谓"八位一体"模式，就是六和集团、政府、商业银行、担保公司、保险公司、优秀龙头企业、养殖合作社和养殖户等八方共同参与一体化协同运作的模式。该模式以六和集团为核心，担保公司为纽带，资金链为"血液"，实行产业链一体化集中运作，有效地分散和化解养殖合作社和养殖户小规模养殖风险，带动其经营致富，实现企业、农户、银行等参与方多赢。"八位一体"模式主要通过以下几个步骤组成：①挑选合格养殖户，龙头企业子公司建立与其紧密合作的养殖户档案，挑选有贷款需求的合格养殖户，并推荐给担保公司；②筛选担保对象；③确定贷款对象，银行按照受理、调查、审查、审批等流程，确定贷款对象、完成贷款审批；④签订资金三方委托协议；⑤发放贷款；⑥支付原材料款；⑦提供相关服务；⑧支付货款；⑨归还贷款。

（案例链接：https://xueqiu.com/8789277197/24954321）

📝 案例点评：

新希望六和集团有限公司创建"八位一体"的专业农牧融资担保公司，引入多元主体参与，既拓展了资金来源，又降低了贷款公司和农户双方的风险，并通过产业链一体化集中运作提高农户还贷能力，产生多赢的效果。

📚 政策链接：

政策内容：《担保法》规定，下列财产可以抵押：①抵押人所有的房屋和其他地上定着物；②抵押人所有的机器、交通运输工具和其他财产；③抵押人依法有权处分的国有的土地使用权、房屋和其他地上定着物；④抵押人依法有权处分的国有的机器、交通运输工具和其他财产；⑤抵押人依法承包并经发包方同意抵押的荒山、荒沟、荒丘、荒滩等荒地的土地使用权；⑥依法可以抵押的其他财产。

《担保法》规定，下列财产不得抵押：①土地所有权；②耕地、宅基地、自留地、自留山等集体所有的土地使用权；③学校、幼儿园、医院等以公益为目的的事业单位、社会团体的教育设施、医疗卫生设施和其他社会公益设施；④所有权、使用权不明或者有争议的财产；⑤依法被查封、扣押、监管的财产；⑥依法不得抵押的其他财产。

（四）"政银保"

1. 概念及应用情景 "政银保"是"政府担保＋银行信贷＋贷款保险"的简称，是一种由政府、银行和保险公司合作实施的农业贷款模式。其中，政府财政投入资金做担保和利息补贴，银行为符合贷款条件的担保对象提供贷款，保险公司对贷款本金提供保证保险。

应用情景：当所在农村社区贫困农户普遍缺乏金融机构可接受的抵押担保品，获得信贷满足的条件不足，信贷资金的偿还仅仅是基于自我道德和信用约束，金融机构管理和控制贷款风险困难且成本巨大时，建议考虑运用"政银保"。

2. 在扶贫中的作用 "政银保"采用政府、银行、保险三方合作的小额扶贫贷款模式，有效降低了贫困农户的贷款成本，促进了贫困农户提高资金使用效率，有效缓解了贫困地区长期处于资金严重短缺的状态。

3. 需要的条件　要想让"政银保"发挥作用，首要条件是银行与政府、保险公司签订"政银保"合作支农协议书。协议签订后，财政部门将支农支小额担保基金开立专户存入银行，保险公司承诺为客户的信用贷款提供赔偿保证。

4. 具备的优点

（1）"政银保"贷款无抵押、利率低、放贷快，利息和保费还能享受财政补贴。

（2）贷款对象具有多层次和多元化的特征。

（3）可通过农户信用评定、征信系统布置、失信惩戒等方式，推动农村信用体系建设，解决金融机构与农户、企业、专业合作社（组织）等之间的信息不对称。

（4）还可较好地实现资产效益高、风险控制好、可持续性强的农村商业性金融服务。

5. 存在的问题与风险

（1）"政银保"贷款手续繁琐，审批效率不高。对金额较大的贷款一般要实行三方共同现场调查的做法，信贷员在农户申请贷款时已经进行了贷前调查，但在上交"政银保"合作办公室审批时，该办公室和保险公司的相关人员会连同信贷员进行二次调查，造成调查工作重复，审批效率不高。

（2）受各种因素的影响，贷款不良率呈上升趋势。

案　例：

2009 年 7 月，广东省佛山市三水区由三水农村信用社、三水区政府和中国人民财产保险股份有限公司三水支公司三方合作，推出"政银保"合作农业贷款，这是一种以农业产业政策为导向、以政府财政投入的担保基金作担保、以银行贷款投入为基础、以保证保险作为保障的新型农业贷款模式。三水区主要从三个方面推行"政银保"：政府主导设立及动态管理农业贷款担保基金，农村信用社按基准利率发放免抵押贷款，合作的保险公司则负责开展农业贷款保证保险。

（案例链接 http://news. sina. com. cn/c/2016－08－10/doc-ifxutfyw1010006. shtml）

案例点评：

"政银保"农业贷款模式将保险公司拉入金融贷款业务中，降低了农村信用社信贷发放的成本和风险。

📘 **政策链接：**

2009年，佛山市三水区出台《佛山市三水区"政银保"合作农业贷款实施办法（试行）》，其中明确提出了"政银保"合作农业贷款的对象和条件、办理程序、额度、期限和利率、逾期赔付和追偿分配以及贷款机构和主要职责等详细信息。

（政策链接：http://www.ss.gov.cn/gzjg/ssqnlyyj/zcfg/hnzc/201709/t20170922_6324457.html）

（五）扶贫贴息贷款

1. 概念及应用情景 扶贫贴息贷款是指贫困农户从商业银行获得贷款的利息由政府有关机构或民间组织全额或部分负担，贫困户只需要按照协议归还本金或少部分利息。贴息贷款可以分为政府贴息贷款和财政贴息贷款。

应用情景：当所在农村社区贫困农户缺乏自有资金，又不能通过正常渠道从金融机构获得贷款，并且贫困农户不能承担正常贷款利率时，可以考虑使用扶贫贴息贷款。

2. 在扶贫中的作用 扶贫贴息贷款在实施过程中通过支持贫困户发展，实现扶贫资金由"输血"向"造血"功能的转变，有效解决近年来我国扶贫贷款投放总量不足的现象。

3. 需要的条件 扶贫贴息贷款需要申请，一般包括农户自愿申请、审查推荐、承诺担保和发放贷款等流程。

4. 具备的优点 政府资金与银行资金相结合，可以扩大援助规模，还可缓解贫困农户资金的短缺状况，增强他们自我发展的能力。

5. 存在的问题与风险 扶贫贴息贷款存在行政干预严重、银行处于被动角色和扶贫贴息贷款项目"非农"化趋势严重等问题。

❓ **案　例：**

1997年，重庆市"开县农户自主能力建设支持性服务社"注册成立，其定位是开展资金互助、实施小额信贷，主要服务对象是农村中低收入农户、城镇低收入居民、微型企业和个体工商户。为推动小额信贷发展，重庆市政府、开县县政府及中国人民银行重庆营业管理部、中国农业银行重庆市分行、重庆市扶贫部门先后出台文件推动小额信贷发展，明确小额信贷资金使用扶贫贴息贷款，减免小额信贷机构的所有税费，给予小额信贷机构适当的经费补贴和小额信贷奖补政策等。2008年前，"开县农户自主能力建设支持性服务社"注册资本金为 5 万元，资金规模 3 000 万元，全部为农业银行给予的扶贫贴息贷款，有乡镇分会 20 个，从业人员 80 人，由于点多面广，规模效益差，机构年年亏损，只能靠政府补贴生存。2008 年，"开县农户自主能力建设支持性服务社"推行股份制改革，43 名职工入股 76 万元。2008 年 8 月，"开县农户自主能力建设支持性服务社"更名为"开县民丰互助合作会"，后经过 5 次增资扩股，截至 2012 年 7 月中旬，共 73 个自然人股东，注册资本金 2 019 万元，总资产 1.1 亿元。

（案例链接：http://kx.cq.gov.cn/zfxx/zfxxgk/bmxxgk/2014-5/16053.html）

📝 案例点评：

重庆市政府和开县县政府从政策层面大力支持小额信贷发展；"开县农户自主能力建设支持性服务社"推行股份制，发挥其内生力量，促进自身的可持续性发展。

📚 政策链接：

2001 年，中国人民银行、财政部、国务院扶贫开发领导小组办公室、中国农业银行等部门出台了《扶贫贴息贷款管理实施办法》，对扶贫贴息贷款承办机构、贷款用途、期限、利率和贴息办法等做出明确规定，并按规定指导农业银行加大对扶贫贴息贷款的投放力度。

（政策链接：http://www.pbc.gov.cn/rhwg/011302f.htm）

（六）扶贫互助资金

1. **概念及应用情景**　扶贫互助资金是指以财政扶贫资金为引导，以村民自愿按一定比例缴纳的互助金为依托，以无任何附加条件的社会捐赠资金为补充，在贫困村建立的民有、民用、民管、民享、周转使用的生产发展资金。

应用情景：适用于金融结构单一化、金融市场日益垄断化的社区。

2. **在扶贫中的作用**　扶贫互助资金具有门槛较低、手续简易、贷款周期较短、贷款额度较低等特征，从而促使贫困农户的有效资金需求能够及时得到满足，解决了家庭发展产业等个性需要。

3. **需要的条件**　扶贫互助资金的实施，需要成员生活于同一区域，彼此间是一个信任共同体，还需要贫困社区农户的自我组织、管理的意识和能力都比较高。

4. **具备的优点**　扶贫互助资金的使用是建立在信息对称的基础上，交易成本低，可防止农村储蓄流向城市，还可显著提高农村社区农户的积极性。

5. **存在的问题与风险** 扶贫互助资金缺乏稳定的资金来源，资金规模较难扩大，并且防范资金风险压力大。

案　例：

2003 年 11 月 10 日，由吉林省梨树县闫家村 5 户农民发起成立了梨树县闫家村百信农村资金互助社，这是国内首家资金互助社，其前身是闫家村农民养殖专业合作社。通过向资金互助社入股，农户取得正式社员的资格，采取民主推荐的方式，选取农村资金互助社内各个机构的负责人，并由社员代表大会推荐产生理事会、监事会。农村资金互助社章程、资金借贷制度、财务管理制度、安保制度等内部控制制度是根据银监会的示范章程制定。农户、农村资金互助社、市场共同构成了互助资金管理模式，资金在三者之间滚动的循环模式给社员的农业生产和买卖提供了极大的方便。一方面，农户的经营行为实现收益，是防范资金风险产生的重要环节；另一方面，以总股本金额的 10% 为上限，社员单户融资金额不得超过该上限，10 户合计最大贷款总量不得超过总股金额的 50%。此外，还规定了单户社员持股不得超过总股本的 5%，资金互助社的日常运营费用不得超过总股金的 40% 等。这些规定的设立是为了避免单户社员承担互助资金组织经营风险的比重过大。

（案例链接：http://blog.sina.com.cn/s/blog_74d8173f0101hl6k.html）

案例点评：

吉林省梨树县闫家村百信农村资金互助社互助资金管理模式充分发挥社区内部力量，提高了农民自我发展、自主发展、自我管理的能力；采取控制单户社员持股量等方式以降低社员的风险。

资料链接：

曹洪民等，《扶贫互助资金仪陇模式工作手册》，中国农业出版社，2008年．

三、就业创业扶贫方式

就业创业扶贫就是以职业介绍、职业指导、就业援助、就业培训、创业服务为关键措施，充分发挥基层公共就业服务平台作用，为贫困户实施人职匹配的精准就业帮扶。适用于有劳动能力的贫困对象。

目前，我国农村富余劳动力较多。就业创业扶贫有力地促进了农民纯收入的提高，大幅度地缓解了农村的贫困程度，成为增加农业投入、增加农村家庭消费、增加农村教育投入的重要资金来源和促进农业和农村经济发展的重要途径。就业创业扶贫的实施需要政府设立多样化的技能培训、就业信息平台以及对接渠道，同时贫困户要具备就业意愿和相应的技能。

就业创业扶贫是精准扶贫的有效策略，是贫困户解决生计问题、提高发展能力、减贫脱贫的优化路径。通过人力资源开发推动农村劳动力就业创业，可以多渠道提升贫困户就业创业能力、帮扶贫困家庭劳动者实现稳定就业和创业，最终促进农民增收。同时，就业扶贫中要避免盲目扩大培训规模却不适应市场需求的问题、还需注意保护贫困群体的合法权益等。

（一）劳务输出

1. 概念及应用情景　劳务输出是劳动力空间流动的一种形式，包括国际劳务输出和国内劳务输出，一般特指各省（市、县）人力资源与社会保障部门牵头的有组织的劳务输出。

应用情景：劳务输出适用于健康的青壮年劳动力富足地区。劳动力富裕的贫困地区（边远山区和灾区）可以考虑劳务输出以减少贫困。

2. 在扶贫中的作用　劳务输出不仅可以增加收入，而且可以通过互相学习、竞争提高劳动力素质，使劳动者获得知识、丰富经验、增长见识，给贫困户带来发展契机，是促进减贫事业的有效路径。

3. 需要的条件　劳务输出一般需要农民年满 16 周岁，特殊职业需要 18 周岁以上，并且有民事行为能力和劳动能力。

4. 具备的优点　劳务输出操作简单，没有过多程序要求。贫困户获取收入周期较短，减贫效益突出。同时，能有效解决农村劳动力过剩的问题，推进城乡统筹发展，利于缩小不断扩大的城乡差距。

5. 存在的问题与风险　外出务工生活成本较高，可能剩余的收入较少，农民工的权益保护还不健全。

❓ 案　例：

农村富余劳动力转移就业是新疆维吾尔自治区就业工作的重中之重。尤其在南疆，农村富余劳动力转移已成为当地解决农村劳动力过剩、促进经济发展、实现脱贫致富、促进民族团结的重要途径。为此，新疆维吾尔自治区坚持"四个立足"（立足产业带动、立足就地就近、立足疆内解决、立足援疆促进），千方百计促进南疆农村富余劳动力转移就业。根据新疆维吾尔自治区人力资源和社会保障厅公布的数据显示，2016 年上半年，新疆维吾尔自治区农村富余劳动力转移就业 150.489 万人次，完成年度目标任务的 68.45%。2016 年上半年，新疆维吾尔自治区大力推行以"卫星工厂"为代表的新模式，就地、就近就业人数与上年同期相比有明显增长。同时，新疆维吾尔自治区加大自治区内跨地区转移就业的推进力度，自治区人力资源和社会保障部门积极组织实施南北疆劳务合作对接，专门召开南北疆劳务对接会，推进实施精准对接和有组织转移。新疆维吾尔自治区还推动有组织到内地转移就业工作，探索建立了新疆与援疆省（市）人力资源和社会保障部门之间的省级合作机制和地市级合作机制。此外，新疆维吾尔自治区促进转移就业的政策也接连出台，例如《新疆维吾尔自治区农村富余劳动力转移就业以奖代补资金管理暂行办法》、脱贫攻坚转移就业专项行动等。

（案例链接：http://www.chinajob.gov.cn/EmploymentServices/content/2016 - 07/15/content_1215352.htm）

案例点评：

新疆维吾尔自治区出台相关政策开拓多元化就业渠道和方向，充分保障贫困户的就业去向和就业选择，营造良好外出务工环境。

资料链接：

民政部基层政权和社区建设司．农民工融入城市社区工作手册 [M]．北京：中国社会出版社，2010 年．

（二）家门口就业

1. 概念及应用情景 家门口就业是指在劳动者在距自己的家乡不远的地区工作并获得报酬或者经营性收入的一种就业方式。

应用情景：家门口就业的扶贫方式主要针对经济不发达、就业机会不多、年轻劳动力外流严重的地区，以及有大量留守人口，留守人口有劳动能力和劳动意愿而就业困难的地区。

2. 在扶贫中的作用

（1）家门口就业能够减少留守人口问题的出现。

（2）能够避免因外出务工而产生的交通、住宿等费用，降低贫困人口的发展成本。

（3）可以解决农村富余劳动力以及弱势群体（残疾人、妇女等）的就业问题。

（4）通过组织贫困人口参加技能培训以提高劳动力素质，增强贫困人口的市场竞争力。

（5）繁荣本地经济，推动农村城市化进程。

（6）提高农村集体经济收入，从而为农村的公共事务治理注入资金。

3. 需要的条件

（1）本地政府出台一些优惠政策，鼓励本地企业吸纳贫困人口就业，吸引外地就业人员返乡创业就业。

（2）本地经济发展水平提升，能够提供足够的岗位容纳本地人员就业。

（3）抓住发展机遇，将周边较发达地区的劳动密集型、环境友好型产业承接到本地发展。

（4）广泛开展劳动技能培训，提升农村就业困难人员的劳动技能水平。

4. 具备的优点

（1）相比于外出务工的就业方式，家门口就业更有利于从业者个人的全面发展。

（2）家门口就业免除了劳动者的养老保险、医疗保险和工伤保险等社会保障权益的跨地区转接问题。

（3）通过公益性岗位解决农村就业困难劳动力的收入问题，从而实现帮助贫困人口脱贫，相比于通过低保等救助制度帮助贫困人口脱贫，更有利于维护贫困人口的尊严，并且能够满足其除生存需求之外更高层次的需求。

5. 存在的问题与风险

（1）由于当地经济发展程度一般，以致无法提供工资水平高、数量充足的就业岗位。

（2）增大对本地的公共基础设施（如公共交通系统）无法承载本地人口迅速增长的压力。

（3）承接的劳动密集型产业虽然能够解决大量的家门口就业机会问题，但也可能会对本地的环境造成污染，如水污染、噪声污染、空气污染等。

❓ 案　例：

江苏省宿迁市泗阳县成子湖片区是江苏省脱贫攻坚六大片区综合开发的主战场之一。2014 年年初以来，泗阳县积极探索产业"下乡入户"发展与农村留守人员就近就业相结合的脱贫新路径，帮助每个经济薄弱村、保留村庄新建 500 平方米标准化厂房，引入 1 个 50 万元以上的"家门口就业"项目，确保低收入家庭至少有一人在家门口就业。目前，该县在成子湖片区已建成"家门口就业"工程 36 个，入驻各类项目 63 个，带动低收入人口3 500 余人就业。

在泗阳，"家门口就业"工程成为"三来一加"（来料加工、来件装配、来样定做和农副产品加工）项目的升级版，实现了企业低成本扩张、农村留守人员在家门口就业、村集体经济增收的共赢。泗阳县将深入做好产业规划、项目设计、项目争取、创业帮扶等工作，努力实现首批74个规划保留村庄和61个经济薄弱村"家门口"就业工程全覆盖。

（案例链接：http://jsnews. jschina. com. cn/system/2014/12/25/023079857. shtml）

案例点评：

泗阳县利用发展"家门口就业"的扶贫方式，解决了农村贫困人口中有劳动能力而无合适发展门路的贫困人口的增收问题。其经验在于：由政府出面，帮助村子建立发展工业的基础设施，解决了其缺乏起步资金的问题；利用本地区较好的经济发展态势，为贫困人口提供充足的家门口就业岗位；壮大村集体经济，提高村庄内部为贫困人口提供帮扶的能力，避免贫困的恶性循环。

政策链接：

2015 年 6 月 21 日，《国务院办公厅关于支持农民工等人员返乡创业的意见》（国办发〔2015〕47 号）中提出："鼓励已经成功创业的农民工等人员，顺应产业转移的趋势和潮流，充分挖掘和利用输出地资源和要素方面的比较优势，把适合的产业转移到家乡再创业、再发展。"

（三）返乡创业

1. **概念及应用情景**　返乡创业是指积累了一定的资金、技术和经验的农民工，致力于返乡创业的高校毕业生和复员军人等人员返乡，发现了一个商机并加以实际行动转化为具体的社会形态，获得利益，实现价值。

应用情景：具有一定资金、技术和经验积累的农民或农民工，或有意向返乡创业的高校大学生，或具有一定社会资本积累的其他群体，具有以上群体的社区可以考虑鼓励其返乡创业，以带动当地贫困户脱贫。

2. **在扶贫中的作用**　支持新型农业经营主体发展等渠道带动返乡创业，可以为贫困户提供更多的就近就地就业岗位，解决贫困户就业难、收入少等问题。

3. **需要的条件**　返乡创业既需要各级政府健全基础设施和创业服务体系，也需要返乡创业人员具备一定的创业资金、技术能力、管理经验、心理素质等综合要素。

4. 具备的优点　返乡创业有利于让众多创业创新主体和资源参与发展、带动农民就近转移就业、利用农闲时间充分就业，还能激发创业热情，营造创业氛围，辐射带动贫困户就业创业。

5. 存在的问题与风险　创业风险比较大，返乡农民工一旦创业失败，经济上将受到重创。

❓ 案　例：

　　广西壮族自治区大新县是劳务输出大县，近年来，大新县在做好农村劳动力转移工作的基础上，及时落实各类就业创业优惠政策，积极转变工作思路，力抓返乡农民工创业，激发群众创业积极性。目前有意向创业的返乡农民工达 3 160 人，这些农民工历经市场经济的洗礼，开阔了眼界，更新了观念，学到了技术，积攒了资金。如今，他们在家乡创业好政策的感召下，又纷纷踏上回乡二次创业的新征程，形成了返乡创业的联动和倍增效应，不但极大带动了社会就业，而且进一步扩大开放，有力地推动了县域经济的又好又快发展。据统计，近 5 年来，大新县返乡创业人员约 2 000 人。其中，有部分人办起了微型企业、小庄园，带动全县农民办起微型企业 100 多家、小庄园 1 500 多个；1 000 多人当上了农村经纪人，带动全县 2 000 多人成为苦丁茶和龙眼等专业户；同时，在 60 多个合作社内开展帮扶活动。实现了"返乡一人，致富一家，带动一方"，成为推动当地经济发展、带领乡亲致富的新生力量。黄建勋家住雷平镇后益村格峒屯，2014 年，他返乡创业，在自家的后山头平整土地，并跟别人置换地块开始养殖家畜。他参加了县里举办的家畜饲养培训班，不但学到了本领，还了解到县里对返乡创业人员十分重视，不仅提供各种鼓励性的优惠政策，还提供贴息小额贷款。这些优惠政策让他更加坚定了返乡创业的信心。

　　（案例链接：http://www.gx.xinhuanet.com/chongzuo/20161115/3529640_c.html）

📝 案例点评：

　　广西壮族自治区大新县政府提供了相关专业性的培训以及贴息小额贷款等优惠政策，通过营造良好的创业环境吸引返乡者创业。

📚 政策链接：

　　（1）2015 年 6 月 21 日，《国务院办公厅关于支持农民工等人员返乡创业的意见》（国办发〔2015〕47 号）中指出：①简化创业场所登记手续，推进"一址多照"、集群注册等改革；②落实农民工等人员返乡创业定向减税和普遍性降费措施，对创业担保贷款财政按规定给予贴息；③在返乡创业较为集中地区探索发行中小微企业集合债券等，鼓励银行加大信贷支持和服务；④依托现有开发区、农业产业园发展返乡创业园和孵化基地。鼓励电子商务交易平台渠道下沉，带动网络创业；⑤加强创业培训，将返乡创业农民工等纳入社会保障、住房、教育、医疗等公共服务体系，运用政府购买服务等机制，帮助返乡创业人员改善经营、开拓市场。

（2）2016 年 11 月 18 日，《国务院办公厅关于支持返乡下乡人员创业创新促进农村一二三产业融合发展的意见》印发，对农民工、中高等院校毕业生、退役士兵、科技人员等返乡下乡人员到农村开展创业创新给予政策支持。

（四）自主创业

1. **概念及应用情景**　自主创业是指拥有一技之长和创业志向的农村青年、农村能人等对自己拥有的资源或通过努力对能够拥有的资源进行优化整合，从而创造出更大的经济或社会价值的过程。在农民具有一定技能或资金等社会资本基础且有意愿自出创业的情况下，可以考虑提供优惠条件鼓励农民自主创业。

应用情景：自主创业主要针对创业意愿强烈的农村能人、农村青年等，适宜于物产丰富、特色产业突出的乡镇村，创业项目主要为养殖业、种植业、加工制造业、商业服务业等。

2. **在扶贫中的作用**　自主创业对于带动贫困地区的经济发展和贫困户的脱贫具有至关重要的作用。

3. **需要的条件**　贫困户自主创业，需要一些可行性较强的创业项目、充足的资源支持和政策优惠，以及相应的创业知识。

4. **具备的优点**　自主创业不仅有助于贫困户脱贫，还为其创造了致富的可能，有利于农民自身的成就感得到满足和社会地位得到提升，使农民增强自信心，并获得尊重和认可。

5. **存在的问题与风险**　自主创业有可能遇到信用缺失、资金断链、产品积压、官司缠身、负债等问题。

❓ 案　例：

　　山东省青岛市即墨区帮助贫困家庭自主创业建立爱心超市，贫困户年收入翻两倍。51 岁的宋慧珍家住即墨灵山镇刘家旺疃村，10 年前，在女儿刚满百日的时候丈夫不幸去世，10 年来她独自一人拉扯照料女儿。因为宋慧珍患有眼疾、视力模糊，不能外出打工，家里全部的经济收入仅靠耕种 3 亩农田维持，是村里出名的贫困户。为了帮扶贫困户自主创业脱贫，2016年5月，宋慧珍在村里经营起了一家爱心超市，房屋是由当地政府出资租赁，超市里售卖的衣服也是免费捐赠。短短一个多月，超市就有1500多元的收入，全年预计有6000多元的收入，是她以往年收入的3倍。此外，即墨还建立了6处爱心扶贫商店，对贫困人口实行生活帮扶。今年5月，即墨当地社会组织捐款建设了段泊岚镇爱心扶贫商店，店内的衣服、洗发水、电风扇等生活用品全部来自社会组织捐赠。当地每户贫困家庭每季度凭借发放的爱心卡可到商店内免费领取价值100元的商品，贫困居民可以根据家里的情况各取所需。

据了解，即墨立足于资源优势和产业优势，因地制宜、因户施策，对贫困（薄弱）村、贫困户实施个性化帮扶。即墨成立了慈善扶贫救助中心，接受社会各界捐赠的日用百货、衣物鞋帽等生活必需品。下一步，即墨将在各乡镇至少建立一处爱心扶贫商店，构建扶贫开发长效机制。

（案例链接：http://news.ifeng.com/a/20160617/49136583_0.shtml）

案例点评：

即墨区的做法有效地解决了因病、因残而欠缺劳动能力的贫困户的生计问题，而且使他们活得有尊严。该做法适用于帮助因病、因残而欠缺劳动能力的贫困户。

资料链接：

黄德林，《中国农民创业研究》，北京：中国农业出版社，2008年.

（五）公益性岗位

1. 概念及应用情景 公益性岗位是指以实现公共利益和安置就业困难人员为主要目的，主要由政府出资扶持或社会筹集资金开发的、由政府设置的符合公共利益的管理和服务类岗位。而农村公益性岗位是对通过市场渠道确实无法实现就业的农村就业困难人员进行的过渡性安置，具体包括农村孤寡老人和留守儿童看护、社会治安协管、乡村道路维护、保洁、保绿、社会保障协管、生态防护员等工作岗位。

应用情景：公益性岗位适用于社区内的残疾人、低保户家庭成员等特殊群体或困难群体。

2. 在扶贫中的作用 公益性岗位主要用于安置残疾贫困人员、大龄失业贫困人员等特殊贫困人员。

3. 需要的条件 城市公益性岗位的安置对象需经县级以上劳动保障部门

审核认定，并在其领取的"再就业优惠证"上予以注明；农村公益性岗位则需向所在村委提出申请并由地方政府审核通过才可获得。

4. 具备的优点　公益性岗位能有效解决特殊困难群体的生计问题。

5. 存在的问题与风险　可能出现公益性岗位没有提供给真正有需要的就业困难人员等问题，甚至出现"吃空饷"的政策目标偏离现象。

❓ 案　例：

2016 年以来，重庆市丰都县龙河镇高度关注辖区建卡贫困户"零就业"家庭和大龄失业人员等特殊就业困难群体的就业工作，努力推进公益性岗位开发管理，强势推进公益性岗位进村工程，对辖区建卡贫困户"零就业"家庭实施公益性岗位托底安置，帮助他们走上脱贫致富之路。主要包括三项措施：①强化组织领导。镇政府成立由镇长任组长，分管领导任副组长，社会保险基金管理中心、扶贫开发领导小组办公室、财政、民政等部门负责人为成员的公益性岗位开发安置协调领导小组。龙河镇劳动就业社会保障服务中心充分发挥牵头协调作用，负责公益性岗位开发和建卡贫困户"零就业"家庭人员安置实施的日常工作，定期协调解决实施过程中的疑难问题，确保公益性岗位开发和安置这项民生工程发挥实实在在的效益。②加大开发力度。2016 年，镇政府要求每个村都要开发 1～2 个保洁、保绿、保安、交通协管、市场协管、劳动保障协管、民政协管、环境卫生协管等农村基层社会管理和公共服务公益性岗位。③健全管理机制。2016 年以来，龙河镇相继出台了公益性岗位开发管理办法和安置具体实施意见，规范公益性岗位开发和人员安置、公益性岗位管理与考核等操作程序，建立和完善公益性岗位开发、安置、管理长效机制，镇扶贫开发领导小组办公室和社会保险基金管理中心从生活、工作、合法权益等方面做好公益性岗位就业人员跟踪服务和监督管理工作。

（案例链接：http://mt. sohu. com/20160516/n449644654. shtml）

📝 案例点评：

龙河镇镇政府多部门参与公益性岗位开发，多样性的岗位选择更适应不同特征的贫困户；同时，重视管理机制的建立，使公益性岗位制度的运行更规范，保障贫困户的权益。

📖 政策链接：

（1）2015 年 5 月，国务院印发的《关于进一步做好新形势下就业创业工作的意见》中指出"规范公益性岗位开发和管理，科学设定公益性岗位总量，适度控制岗位规模，制定岗位申报评估办法，严格按照法律规定安排就业困难人员，不得用于安排非就业困难人员。"

（2）2016年8月17日，《国务院关于印发"十三五"加快残疾人小康进程规划纲要的通知》（国发〔2016〕47号）中明确提出："政府开发的公益性岗位优先安排符合就业困难人员条件的残疾人。"

（六）巾帼家政服务专项培训工程

1. **概念及应用情景** 巾帼家政服务专项培训工程是职业技能培训规划和农民工职业技能提升计划（即"春潮行动"）的重要组成部分，主要是对女性劳动者从事家政服务进行专项培训。

应用情景：已经或拟从事家政服务的农村转移就业女性劳动者尤其是建档立卡的农村贫困妇女、城镇登记女性失业人员、毕业年度高校女毕业生、劳动年龄内的城乡未继续升学的应届初高中女毕业生均可以考虑参与该培训工程。

2. **在扶贫中的作用** 巾帼家政服务专项培训工程能加强农民工职业技能培训和家庭服务业职业化建设，促进建档立卡农村贫困人口中的女性实现精准脱贫。

3. **需要的条件** 巾帼家政服务专项培训工程的实施需要以下八个步骤：建立协作机制、开展摸底调查、制订实施方案、宣传动员、组织培训、开展职业技能鉴定、做好培训和鉴定补贴申领工作以及加强转向培训统计。

4. **具备的优点** 巾帼家政服务专项培训工程针对性强，充分发挥女性的性别优势，帮助有特殊困难的女性实现就业和再就业，最终增加她们的工资性收入。

5. **存在的问题与风险** 巾帼家政服务专项培训工程在实施过程中遇到一些问题，主要包括：家庭服务业供给能力不足、从业机构规模普遍偏小、地区发展尚不均衡、服务范围亟待拓展等。

案 例：

2016年11月11日，苗店镇家政服务培训班在河南省南阳市社旗县苗店镇的镇政府会议室隆重开课，将对全镇贫困户家庭的妇女进行三天的家政服务技能培训，当天有50余名愿意从事家政服务工作的贫困妇女姐妹参加培训。培训班由社旗"阳瑞"家政服务公司的老师授课，围绕婴儿护理、婴儿营养、婴儿教育、产妇护理，以及老年人日常生活保健与护理、生活照料等展开了内容丰富、翔实细致的讲解。同时，授课老师运用PPT、视频等进行实际操作辅导，增强培训的实践操作性，受到了广大学员的热烈欢迎和好评。一方面，通过培训能使广大农村妇女初步掌握家政基本理论知识和服务技能，进一步提高农村生活品质和理念；另一方面，随着月嫂、家政服务市场需求量的不断扩大，为从事月嫂、家政工作的姐妹们提供就业培训，可以帮助她们进一步拓宽就业道路，带动贫困户脱贫致富。

（案例链接：http://www.sheqi.gov.cn/Item/5783.aspx）

案例点评：

家政服务市场前景好，其培训成本和风险不高且效益明显，对于身体健康的年轻贫困家庭妇女具有较强的操作性。

政策链接：

2016 年 6 月 8 日，《人力资源社会保障部办公厅　中华全国妇女联合会办公厅关于印发〈巾帼家政服务专项培训工程实施方案〉的通知》，明确提出了具体的培训对象、实施步骤、人保部的政策支持以及具体的保障措施。

（政策链接：http://www.mohrss.gov.cn/SYrlzyhshbzb/jiuye/zcwl/nongmingong/201606/t20160620_242078.html）

（七）公共就业与人才服务专项活动

1. **概念及应用情景**　公共就业与人才服务专项活动是指各级地方按照相关部门的要求，在一定时期内的围绕某一主题组织开展的大型专项人才招聘会活动，例如"春风行动"、就业援助月、民营企业招聘周、高校毕业生就业服务月、高校毕业生网络联盟招聘周等。

应用情景：公共就业服务活动一方面适用于有招聘需求的各类用人单位；另一方面适用于有转移就业意愿的农村劳动者、有创业意愿的农村劳动者，符合认定条件的就业困难人员、残疾登记失业人员、本地区确定的困难家庭离校未就业的毕业生、因病致贫的家庭成员、退役士兵、失地人员、戒毒康复人员、刑满释放人员等群体。

2. **在扶贫中的作用**　公共就业与人才服务专项活动为贫困户搭建公共服务平台，促进农村劳动者特别是农村贫困人口转移就业；同时，满足企业和各类单位用人需求。

3. **需要的条件**　人力资源和社会保障部门要依据就业人口的具体需求和劳动者的具体素质，组织专场招聘会，为具有劳动意愿的人口创造就业机会。

4. 具备的优点　公共就业与人才服务专项活动能发挥好具有用人需求的企事业单位吸纳就业的作用，引导就业困难群体、高校毕业生等各类人才实现就业。

5. 存在的问题与风险　主要问题包括：招聘单位和职位信息存在"水分"、宣传失实，以及一些损害求职者利益的行为。

案　例：

2014 年，山东省东营市以高校毕业生、农民工、就业困难人员为重点，进一步释放现有政策红利，引导、鼓励、扶持劳动者面向基层、企业就业和自主创业。

首先，积极落实高校毕业生基层服务项目、就业援助和见习、创业引领、岗位拓展等就业促进计划。其中，共招募"三支一扶"（支农、支教、支医和扶贫）岗位 141 个（其中社区计划 70 个），援助特困毕业生 12 名。

其次，加大就业援助力度。东营市新开发公益性岗位 1 084 个，安置就业困难人员 682 人，补贴资金 1 421.5 万元；重点帮扶 49 户零就业家庭、129 户农村零转移贫困家庭成员就业，确保了零就业家庭和农村零转移贫困家庭动态"消零"。

再次，做好农民工服务保障工作。东营市政府出台了《东营市农民工职业技能提升 3 年行动计划》等三项行动实施方案，开展了"农民工恳谈日"（30次）和"农民工政策宣传月"活动，解决劳动维权、子女教育等关系农民工切身利益的突出问题 160 余件，向农民工印发《政策一本通》宣传册 2 000 余份。

最后，注重就业创业培训，推动劳动者实现素质就业。东营市人力资源和社会保障局和市财政局确定了"加强就业培训提高就业与创业能力五年规划（2014—2018 年）"就业技能定点培训机构，2014 年共开展职业技能培训3.34 万人次，培训后就业 2.96 万人；组织创业培训 7 235 人次，培训后实现创业 6 141 人，其中，组织大学生创业实训 30 期，培训 1 800 多人。同时，东营市规范加强人力资源市场服务，面向各类求职人群开展就业援助月、"春风行动""民营企业招聘周""高校毕业生就业服务月"等专项活动，举办各类招聘会 437 场次，达成就业意向 7 万人次。

（案例链接：http://sd.3158.cn/info/20150104/n49640329284018.html）

案例点评：

东营市在帮助贫困户等群体就业的同时，还注重帮助他们解决关系他们切身利益的问题，维护其合法权益。

资料链接：

何庆兰，《农村劳动力就业问题研究》，上海：上海人民出版社，2010年.

四、资产收益扶贫方式

资产收益扶贫模式是指通过将村集体或贫困户个体的各种资源要素转化为资产，或将国家拨给的扶贫财政资金转化为贫困人口的资产，以入股形式整合到某种产业平台，以此扩展贫困人口的收益空间，借助平台力量实现贫困人口脱贫致富的方法。这种扶贫方式的典型表现是"三变"，即"资源变资产、资金变股金、农民变股东"。资产收益扶贫方式适用于帮助在市场经济活动中缺乏就业渠道和就业能力的贫困人口，尤其适用于地处恶劣自然条件或普遍缺乏劳动力而无法通过发展产业、转移劳动力等常规扶贫方法减贫的地区。此外，资产式扶贫方式要求村庄或村民具有可供开发或利用的自然资源，如土地、林地等。

资产收益扶贫对象适用于所有类型的贫困户。但项目实施的主要对象应该为失能贫困户和弱能贫困户。资产收益扶贫的关键是建立资产收益扶持制度。而资产收益扶持制度的建立涉及国家财政扶贫资金的运用、农村集体产权制度、农村经营制度等多方面因素，这需要在资金整合、制度与政策支持、经营风险防控等方面进行配套。

资产收益扶持方式能够将财政扶贫资金、承包土地经营权和农民个体资产、农村集体资产等量化为贫困户的股份，使贫困户享受股金分红、增加就业、管理与技术指导等多种收益；同时，资产收益扶贫方式以股权为纽带，实现人人参与、人人享有的目标；此外，资产收益扶贫方式能将农户和集体拥有的土地、房屋、水面、荒山、林木、草地、机械设备等资源和资产量化成股份后入股到合作社、企业等经营主体发展生产经营活动，有利于激活农村资源要素，增强集体经济实力。但资产收益扶贫方式因涉及主体较多、包含要素较为复杂而具有某些潜在的风险，例如，各个主体间的权利与义务关系难以厘清，现有法律制度对集体财产股份量化、农民的土地承包经营权和房屋所有权抵押和入股等方面仍有制约。

（一）小水电扶贫

1. 概念及应用情景 "小水电"即小型水电站的简称，是指装机容量很小的水电站或水力发电装置。中国的小水电在现阶段是指由地方、集体或个人集资兴办与经营管理的，装机容量 25 000 千瓦及以下的水电站和配套的地方供电电网①。

应用情景：由于小水电扶贫对于自然水源依赖程度较高，因此应根据各地的自然条件而定，适用于部分水能资源丰富的贫困地区。

2. 在扶贫中的作用

（1）小水电扶贫的方式提高了对贫困地区自然资源优势的调动程度，符合"因地制宜开展扶贫"的要求。

（2）通过入股分红等方式，增加贫困农户的收入。

（3）小水电工程实施后，还能够解决偏远贫困山区农村用电困难的问题，从而完善了贫困地区的公共基础设施。

（4）小水电扶贫将"电"这一生产生活中十分重要的资源送入贫困山区，从整体上改善了贫困地区农村的人居条件。

3. 需要的条件

（1）当地水能资源开发条件较好。

（2）小水电项目建设规划符合该流域综合规划和河流水能资源开发利用规划。

（3）由于小水电扶贫项目资金包含政府补贴和企业自筹两部分②，因此除需要地方政府对农村小水电扶贫工作予以重视以外，还需要项目业主的积极性较高，自筹资金才能够有保障。

（4）能够有一支专业的技术和管理团队来负责小水电项目运行期间的维护，保证水电站持续正常运转。

4. 具备的优点

（1）小水电项目由于利用的是可再生资源，对环境污染较小，因此能够在开发的同时保护生态环境。

（2）小水电扶贫是对本地区资源的充分利用，能够提高水能资源利用效益。

（3）小水电站建设已在我国发展了将近 70 年③，技术逐渐成熟，因此在技术探索方面的开发成本较低。

5. 存在的问题与风险　小水电站电力供应不稳定，存在丰水期和枯水期

---

① 中国电力百科全书·水力发电卷［M］. 北京：中国电力出版社，2001 年，第 539—542 页.

② 小水电结合精准扶贫"十三五"将有 100 万户受益 . 2016 年 5 月 31 日，北极星电力网，http://news. Bjx. com. cn/html/20160531/738159. shtml.

③ 中国小水电发展 60 年 . 2016 年 11 月 21 日，中国能源网，http://www. cnenergy. org/dl/sd/201611/t2016 1121 _ 408988. html.

的电力时高时低的矛盾。由于大多数的小水电自身调节能力有限，存在"大水大发，小水小发"的现象，在丰水期的时候往往造成电网系统电力有余，而在枯水期的时候又造成电网缺电，生产经营很不稳定。

案　例：

2016 年，国家安排中央预算内资金 3 亿元在 6 个省（市）开展农村小水电扶贫试点项目建设，重庆位列其一。据悉，重庆市共安排 4 个国家级贫困区县（万州区、巫溪县、城口县和石柱县）建设 7 个试点项目、装机 1.424 万千瓦，年度计划投资 14 704 万元。截至 2016 年，7 个试点项目已全部开工建设，共完成投资 12 848 万元。城口县 4 个项目将于 2016 年 12 月底前投产发电，万州区、巫溪县和石柱县 3 个项目将于 2017 年 3 月底前投产发电。按照规划，从 2017 年 1 月开始，7 个试点项目将履行扶贫任务。经初步估算，7 个试点项目建成后，按上网电价 0.305 元/千瓦时计算，年营业收入约 1 300 万元。新增发电量每年可节约原煤消耗约 3.42 万吨，每年可减少二氧化碳排放约 8.79 万吨、二氧化硫排放 0.03 万吨、烟尘排放 0.01 万吨、氮氧化合物排放 0.03 万吨。通过试点项目建设，还引导各类社会资本 8 439 万元参与水电建设，提高了贫困群众就业创业机会。据介绍，试点任务完成后，当地将按照国家投资收益每年不低于 6% 的比例，专项扶持建档立卡贫困户和基础设施等公益事业建设。重庆市有关企业每年将拿出 375.9 万元，可使 2 840 户建档贫困户持续收益，每年每户可获得 1 320 元以上资金扶持。

（案例链接：http://news.iqilu.com/china/gedi/2016/1208/3240666.shtml）

案例点评：

重庆市在小水电扶贫试点项目建设的过程中引入社会资本，既适当降低了政府财政压力，也提高了贫困群体的就业创业机会，在帮助贫困群体脱贫的同时给予其致富的机会。

政策链接：

（1）2015 年 11 月 29 日发布的《中共中央　国务院关于打赢脱贫攻坚战的决定》中指出，要科学、合理、有序地开发贫困地区的水电、煤炭、油气等资源，探索水电利益共享机制，惠及更多贫困人口。

（2）2016 年 9 月，国务院印发《贫困地区水电矿产资源开发资产收益扶贫改革试点方案》，提出试点范围为"在集中连片特困地区县和国家扶贫开发工作重点县（以下统称'贫困县'）开展试点，优先选择革命老区和民族地区贫困县"，试点内容包括准确界定入股资产范围、明确入股主体和受益主体、规范集体股权设置办法、保障集体股权收益、健全收益分配制度、保障农村集体经济组织成员权益和建立风险防控机制。

（3）2016年12月10日，国家发展和改革委员会印发的《可再生能源发展"十三五"规划》中提出："严格控制中小流域、中小水电开发，保留流域必要生境，维护流域生态健康。……开发程度较高的东、中部地区原则上不再开发中小水电。"

（二）电商扶贫

1. **概念及应用情景**　电商扶贫指的是电子商务扶贫开发，就是将互联网时代日益主流化的电子商务纳入扶贫开发工作体系，作用于帮扶对象，创新扶贫开发方式，改进扶贫开发绩效的理念和实践。电商扶贫最主要的手段是发展贫困地区的电子商务，根本目标是提高贫困家庭的实际收入，本质属性是让贫困地区对接电商大市场。

应用情景：主要应用于农产品丰富、网络条件较好、物流条件优越的农村。

2. **在扶贫中的作用**

（1）对于贫困人员，不论其劳动能力高低（身体健全者、身体残疾者），都能够提供就业机会。

（2）能够带动农业、手工业、物流、网店服务等电商相关行业以及餐饮、住宿、旅游等服务业的发展，同样可以创造大量的就业机会。

3. **需要的条件**

（1）发展电商的地区已经具备了一定的地区性产品声誉、产业集群及专业市场等产业基础。

（2）年轻人愿意在本地通过电商创业就业，起到带头示范作用。

（3）当地具备一定的交通仓储能力。

（4）当地具备一定的发展商业的文化，如敢于挑战新事物的文化传统，邻里相互帮助、抱团取暖的社会文化等。

4. **具备的优点**

（1）电商具有线下商业所缺乏的高度畅通的市场信息的优势，因此发展的商业具有高度的市场导向性。

（2）可以利用网络资源，打破本地资源短缺的瓶颈，对人力、资金、技术、管理等资源进行充分整合。

（3）电子商务由于具有"低门槛、低成本、高机遇"的特点，因此能够推动本地形成良好的电商市场环境，改善当地的经商环境。

（4）电商扶贫可以推动贫困地区交通网的完善，因此具有较大的正外部性。

5. 存在的问题与风险

（1）贫困地区农业产业化水平低，农产品特色不突出。

（2）农村电商融资困难，电商扶贫资金不到位。

（3）由于需要一定的电脑、财务等知识储备，因此可能贫困农民参与电商活动积极性较低。

（4）政府推行扶贫政策不完善，政策针对性不强，如一些借贷条件的优惠和一些电子商务服务商的引进等没有跟进等。

案　例：

甘肃陇上农庄农业发展有限公司（以下简称"陇上农庄"）的创办者孟志飞出身于甘肃省天水市武山县山丹镇贾河村。自 2007 年创办网店后，孟志飞专注于家乡特产销售，在武山县县政府的政策优惠和支持下，很快从一家兼职店铺发展为年销售额过千万的大型企业。2015 年，陇上农庄经武山县县政府及县商务局积极筹划协调，在武山县工业园区投资兴建了武山县电商服务中心，该中心硬件和职能部门完备，能够吸纳 30 余人就业。目前，电商服务中心面向武山县电子商务行业特别是"精准扶贫电商支持计划"行动提供业务培训、信息交流、创业孵化、TP 服务、包装仓储、物流快递等电商发展综合服务。按照武山县"精准扶贫电商支持计划"的构想，该电商服务中心将广泛吸纳"武山三粉""武山三编""武山民间工艺品"等武山县地方特产，积极组织、吸收和培训全县贫困农村青年和待业大学生依托县级电商服务中心创业致富，将培育出一支销售武山地方特产的强大而专业的网络营销力量，从而带动地方特色产业发展，对县域经济转型升级产生利好。

（案例链接：http://www.tianshui.gov.cn/news/wushan/2015/1217/15121717498DG8AAJ50HHC34DEG4EF5.html）

案例点评：

甘肃武山县利用当地电商龙头企业的带动作用发展电商扶贫，解决了当地区位条件差、发展商业受阻的问题。其经验在于：一方面，政府政策向促进电商发展倾斜；另一方面，培育并推广了"电商网络销售＋生产加工厂＋农业生产基地＋农民群众"的发展模式，该种模式打破了地域、交通、信息等传统经济形态下的制约，由电子商务带动网络销售产品的开发，由网络销售产品的开发带动相关产品的生产加工，由相关产品的生产加工带动农业生产基地发育，再由农业生产基地带动贫困人口脱贫致富。

政策链接：

（1）国务院于2016年11月23日印发的《"十三五"脱贫攻坚规划》中要求："将农村电子商务作为精准扶贫的重要载体，把电子商务纳入扶贫开发工作体系，以建档立卡贫困村为工作重点，……改善农村电子商务发展环境。"

（2）农业部等九部门于2016年5月联合印发的《贫困地区发展特色产业促进精准脱贫指导意见》中要求："大力发展电子商务，积极培育特色产品品牌"。

（3）中共中央办公厅、国务院办公厅于2016年2月印发的《关于加大脱贫攻坚力度支持革命老区开发建设的指导意见》中要求："大力发展电子商务，加强农村电商人才培训，……加大对农产品品牌推介营销的支持力度。"

（4）2016年11月4日，国务院扶贫开发领导小组办公室等十六个部门联合出台了《关于促进电商精准扶贫的指导意见》（国开办发〔2016〕40号），其中提出："加快实施电商精准扶贫工程，逐步实现对有条件贫困地区的三重全覆盖：一是对有条件的贫困县实现电子商务进农村综合示范全覆盖；二是对有条件发展电子商务的贫困村实现电商扶贫全覆盖；三是第三方电商平台对有条件的贫困县实现电商扶贫全覆盖。"

（三）"六次产业"

1. **概念及应用场景** "六次产业"的说法起源于日本，提出者认为，要通过鼓励农业生产者搞多种经营，形成集农产品生产（第一产业）、加工（第二产业）、销售和服务（第三产业）于一体的完整链条，将农业产业的增值收益留在农民手中，以增强农业发展活力。由于代表第一、第二、第三产业的3个数字1、2、3相加或相乘均等于6，因此称之为"六次产业"。

应用情景：六次产业旨在强调农村第一、第二、第三产业的融合发展，基于产业链延伸和产业范围拓展，推进农村第一、第二、第三产业之间的整合和链接，主要应用于第一、第二、第三产业容易实现整合的村庄。

2. 在扶贫中的作用

（1）促进农民持续增收，延伸产业链，提升价值链，让农民分享第二、第三产业增值收益。

（2）推进农村第一、第二、第三产业融合发展、发展"六次产业"，有利于缓解农村人口高龄化、农村过疏化、农地弃耕、农业后继无人、农业和农村地域经济衰退等问题，增强农业农村发展的活力。

3. 需要的条件

（1）农村具有大量的有带动能力的新型经营主体。

（2）政府出力推动先进技术在农村地区扩散渗透，帮助引进高端技术人才。

（3）具备允许产业融合发展所需要的互联互通的基础设施和高效的公共服务。

4. 具备的优点

（1）专注于延长产业链，让农民更好地参与农产品加工业和流通、旅游等农村服务业，拓展农民的增收空间。

（2）通过完善产业之间的衔接而引导农业结构调整，有利于减少产业转型阻力。

（3）有利于城乡互通、以城带乡。

（4）有利于促进农村经济多元化，活跃农村经济与社会发展。

（5）有利于更好地发挥现代服务业对农业发展方式转变的引领、支撑、带动作用。

5. 存在的问题与风险

（1）在支持新型农业经营主体方面，要注意协调两个关系：①新型农业经营主体与普通农户的关系；②不同类型新型农业经营主体的关系。防止出现过大的贫富二次分化。

（2）如果所选择发展的第一、第二、第三产业没有瞄准市场，可能导致项目要么难以落地生根，要么难以持续，无法带来实际的增收效果。

？ 案 例：

山东省菏泽市定陶区地处平原，人口基数大，有农村贫困人口 64 159 人。近年来，定陶瞄准丰富的农业资源，搭建各类扶贫平台，推进第一、第二、第三产业融合，最大限度发挥贫困户的土地、劳力资源，全力推进各项扶贫措施精准实施。截至 2016 年 9 月，定陶已脱贫 12 713 户、32 956 人。据陈集镇狮克生态农场负责人介绍，这里人气很旺，一年四季都有果蔬可采摘，还可举办采摘文化节。农场采取"农场基地＋合作社＋技术扶贫＋物资扶贫＋就业扶贫"的综合产业化帮扶措施，创新了贫困户承包收益分红的模式，近几年共安置周边 360 余名贫困人口就业，帮扶 126 户贫困户，目前已经脱贫 83 户。

据了解，当地的一些生态园区会优先接纳贫困户进园区打工，为一些年纪偏大、有一定劳动能力的贫困户安排合适的工作。一些园区则为涉及的 346 户贫困户 753 人建立了扶贫档案，分类帮扶，流转 285 户贫困户土地 950 亩，按照每亩每年 600 千克小麦价格，以现金形式提前一年支付给贫困户。贫困户既可以旱涝保收，又能腾出更多的时间到园区务工。

（案例链接：http://www.agri.cn/V20/SC/jjps/201609/t20160923_5284402.htm）

✎ 案例点评：

定陶区通过发展"六次产业"扶贫方式，解决了当地农业基础雄厚但单纯依靠发展农业无法实现利润持续提高的问题。其经验在于：立足于本地深厚的农业发展底蕴和条件，发展特色农产品种植；在不破坏区域自然景观的条件下，让生产性种植业和观光性旅游业和谐发展，不仅保护了当地的生态环境，还极大提高了人民群众的收入；除贫困户承包收益分红扶贫方式外，还提供园内就业、农业技能培训等多种扶贫方式，让贫困人口在增收的同时提高自身的发展能力，巩固脱贫效果。

⬛ 政策链接：

（1）国务院于 2016 年 11 月 23 日印发的《"十三五"脱贫攻坚规划》中提出："促进产业融合发展。……加快形成农村一二三产业融合发展的现代产业体系。"

（2）农业部于 2016 年 11 月 17 日印发的《全国农产品加工业与农村一二三产业融合发展规划（2016—2020 年)》中提出："按照'基在农业、利在农民、惠在农村'的要求，以市场需求为导向，以促进农业提质增效、农民就业增收和激活农村发展活力为目标，……大力推进农产品加工业与农村产业交叉融合互动发展，为转变农业发展方式、促进农业现代化、形成城乡一体化发展的新格局，为农业强起来、农村美起来、农民富起来和全面建成小康社会提供有力支撑。"

（3）农业部等九部门于 2016 年 5 月联合印发《贫困地区发展特色产业促进精准脱贫指导意见》，提出推动第一、第二、第三产业融合发展。

（四）高效养殖扶贫

1. **概念及应用情景**　高效养殖扶贫是政府投资和鼓励贫困地区和贫困户

依据地方资源禀赋发展特色养殖产业，从而获得高效收益的扶贫方式。

应用情景：高效养殖扶贫适用于有意愿且具备相应养殖能的贫困户，同时需要配合实施相应的金融扶贫措施。

2. 在扶贫中的作用 高效养殖扶贫能充分激活本土资源，发挥本土资源优势，带动贫困地区集体经济的发展和贫困户就业创业。

3. 需要的条件 养殖产业的发展需要政府和社会在专业技术和资金上给予充足的支持。高效养殖扶贫在实施过程中需要注意协调好政府、企业和贫困户等主体之间的利益分配；还需要针对贫困户的贫困程度、劳力状况、技术掌握程度区别对待。此外，贫困户一般是通过贷款获得养殖资金。

4. 具备的优点 一方面，高效养殖扶贫可以带来可观的经济效益，帮助贫困地区和贫困户脱贫致富；另一方面，成功的养殖经验可以为周边贫困地区和贫困户的脱贫之路做示范和服务，从而产生一定的社会效益。

5. 存在的问题与风险 在养殖过程中可能会出现对动物的病害的预防不足或技术缺乏而导致养殖失败，贫困户因此不仅亏损严重，甚至无力如期偿还贷款，从而加剧其贫困。

❓ 案 例：

武汉大学教授刘尚文试图通过打造"构树生态猪"产业链，带动更多村民脱贫。2016 年 8 月，这种"吃树叶"的"生态猪"首次进入广西肉类消费市场。构树叶生长速度快，蛋白质含量高，是优质的畜禽饲料资源。通过构树叶喂猪，可取得明显经济效益，但生猪对构树叶吸收情况较差。武汉大学教授刘尚文，多年来致力于构树产业化研发，并研制出促进吸收的饲料。广西较适宜构树生长，且属我国贫困面较大的省区之一。为推动更多贫困群众脱贫，刘尚文及其团队专门成立了公司，并吸引社会资本投入，与贫困山区村民合作，村民们以提供土地形式合作，由合作社指导他们种植构树，每亩土地每年提供 4 000～5 000 千克树叶，以饲养生猪，合作社免费为村民提供猪苗、发酵饲料等。村民们每亩土地可获得 2 000 元收益，饲养生猪劳务费每头 250 元，可有力推动更多贫困村民脱贫。"构树生态猪"肉在超市的售价比普通猪肉的售价高出约 1/4。刘尚文说，在隆安、上林等地，他们已发展构树种植 1 万多亩，扶持当地农民建立农业合作社，发动群众种植构树，利用构树发酵生物饲料，喂养生猪，这类生猪味道独特，很快进入生态肉类产品销售产业链。

（案例链接：http://www.gx.xinhuanet.com/newscenter/20160802/3338936 _ c.html）

根据地方资源禀赋发展种养结合产业，发展独特的养殖品牌，有效降低成本，提高效益；高校专家带头引导，最大可能地降低种养失败的风险。

📚 **政策链接：**

2015 年 11 月 29 日发布的《中共中央　国务院关于打赢脱贫攻坚战的决定》中提出：“探索资产收益扶贫。在不改变用途的情况下，财政专项扶贫资金和其他涉农资金投入设施农业、养殖、光伏、水电、乡村旅游等项目形成的资产，具备条件的可折股量化给贫困村和贫困户，尤其是丧失劳动能力的贫困户。”

（五）乡村旅游

1. 概念及应用情景　乡村旅游是指以具有乡村性的自然和人文客体为旅游吸引物，依托农村区域的优美景观、自然环境、建筑和文化等资源，在传统农村休闲游和农业体验游的基础上，拓展开发会务度假、休闲娱乐等项目的新兴旅游方式。

应用情景：具有丰富农业历史文化遗产、自然景观和农业休闲旅游资源的农村适合发展乡村旅游业。

2. 在扶贫中的作用

（1）可以激活农村资源，有利于发挥特色资源优势。

（2）促进人口在城乡间流动，从而引导农村消费习惯向城镇靠拢，促进消费拉动经济。

（3）可以催生一些新业态，增加就业机会。

（4）保护农村环境，有利于促进可持续发展。

3. 需要的条件

（1）注意区位的选择，应当靠近中心城市。

（2）注意保留当地较好、较有特色的乡土人情、风俗习惯。一方面，不可暴力破坏乡村原有的生活方式；另一方面，也可促使乡村原有的生活方式成为乡村旅游的重要组成部分。

（3）注意民风的培育、村民现代生活知识的补充和政府的引导，使之与发展旅游业相契合。

4. 具备的优点

（1）可以充分利用农村旅游资源，能够提高农村生产的农副产品就地消费量。

（2）能够让同村的大量贫困人口参与进来，实现村子整体发展。

（3）由于加速了人口在城乡间的流动，从而加速人口的城镇化进程。

5. 存在的问题与风险

（1）对乡村旅游层面理解不深，旅游内容单一，影响品牌建设。

（2）同村的小经营者各自为政，无法形成互补或集群效应。

（3）缺乏整体性规划，盲目跟风开展乡村旅游项目建设。

（4）缺乏科学性开发规划，暴力开发，破坏了原有的乡土人情，商业化气息过于浓重。

（5）高素质管理人才匮乏，旅游项目可持续性不强。

案 例：

安徽省宣城市泾县立足自身旅游资源优势，探索建立了"打造旅游精品带动脱贫致富、发展乡村旅游助力精准脱贫"的旅游扶贫模式。泾县出台了《关于坚决打赢脱贫攻坚战提前实现整体脱贫目标的实施意见》，编制了《泾县乡村旅游脱贫攻坚工作方案》，积极推进乡村旅游经营模式创新，鼓励"公司＋农户""公司＋协会"等经营模式；出台了《泾县乡村旅游扶贫专项资金奖补办法》，重点奖补省级乡村旅游扶贫重点村和部分扶贫重点村以及发展农家乐等旅游项目的建档立卡贫困户，吸纳贫困人口就业的旅游企业。

2016年以来，泾县旅游部门发挥自身优势，积极探索挖掘贫困村乡村旅游资源。一方面，挖掘具有特色的旅游资源、开发多种多样的旅游项目；另一方面，实施旅游产业脱贫，重点扶持发展宣纸、木梳、山药等旅游商品的生产与加工，通过发展旅游相关产业增加集体收入。据了解，泾县已有30余家旅游企业参加结对帮扶工作，通过吸纳贫困人员就业，为贫困户提供农副土特产品销售摊位等方式帮扶贫困户脱贫致富。

（案例链接：http://www.sohu.com/a/152739429_745147）

案例点评：

泾县通过发展旅游扶贫项目，解决了本地"想开发不得法、想发展无人带"的问题，实现对贫困山村的整体性扶贫。其经验在于：积极探索乡村旅游新模式，如"公司＋农户""公司＋协会""公司＋合作社＋农户＋基地"等旅游扶贫新模式，走出不同于其他地区乡村旅游的新路子；当地政府大力支持乡村旅游的发展，多项政策倾斜为乡村旅游扶贫减负担、加动力；将旅游业与农产品深加工相结合，延长农产品产业链，为加工的农产品找到良好的宣传与销售渠道。

政策链接：

（1）农业部等九部门于 2016 年 5 月联合印发的《贫困地区发展特色产业促进精准脱贫指导意见》中提出："大力发展休闲农业、乡村旅游和森林旅游休闲康养，拓宽贫困户就业增收渠道。"

（2）农业部于 2016 年 11 月 17 日印发的《全国农产品加工业与农村一二三产业融合发展规划（2016—2020 年）》中提出："组织实施休闲农业和乡村旅游提升工程，拓展农业多功能。以建设美丽乡村美丽中国为目标，依托农村绿水青山、田园风光、乡土文化等资源，强化规划引导，注重规范管理、内涵提升、公共服务、文化发掘和宣传推介，积极扶持农民发展休闲农业专业合作社，引导和支持社会资本开发农民参与度高、受益面广的休闲旅游项目，推动休闲农业和乡村旅游提档升级。"

五、教育扶贫方式

总的来说，教育扶贫是切断贫困的代际传递、促进贫困地区人力资源发展的最有效的方式。根据教育扶贫政策面向的主体不同，我们可以将教育扶贫政策分为面向学生的教育扶贫、面向教师的教育扶贫以及面向学校的教育扶贫三类。中共十八大以来，教育部实施了 20 项教育扶贫政策，如表 2-1 所示。

表 2-1　教育部实施的 20 项教育扶贫政策

序号	政　策	教育阶段	实施对象	形　式	实施的地区地区
1	学前教育三年行动计划（一期和二期）	学前教育	幼儿园	修建校舍	面向全国，资源重点向贫困地区和困难群体倾斜
2	学前教育资助政策	学前教育	在园家庭经济困难儿童、孤儿和残疾儿童	资金	普惠性幼儿园
3	全面改善贫困地区义务教育薄弱学校基本办学条件	义务教育	学校	完善基本办学条件	贫困地区
4	农村义务教育阶段学生营养改善计划	义务教育	学生	营养膳食资金补助	集中连片特困地区农村（不含县城）为国家试点

（续）

序号	政　策	教育阶段	实施对象	形　式	实施的地区地区
5	义务教育两免一补（免学杂费、免教科书费、寄宿生生活补助）	义务教育	城乡学生	资金、实物	全国
6	普通高中学生资助政策	高中教育	家庭经济困难学生	资金	全国
7	中等职业教育免学费、补助生活费政策	中等职业学校	农村学生、城市涉农专业学生、非涉农专业家庭经济困难学生	资金	全国
8	高等教育学生资助政策	高等教育	家庭经济困难学生	分为本科生自主和研究生自主两大体系，包括免除学费、提供资金、提供工作机会等多种形式	全国
9	面向贫困地区定向招生专项计划	高等教育	家庭经济困难学生	扩大招生规模	贫困地区
10	直属高校定点扶贫	高等教育	扶贫开发重点县	探索教育扶贫、人才扶贫、智力扶贫、科技扶贫等高校精准扶贫模式	44 个国家扶贫开发重点县
11	《国家贫困地区儿童发展规划（2014—2020 年）》	出生开始到义务教育阶段结束	农村儿童	教育、健康两大方面	680 个连片特困县
12	《乡村教师支持计划（2015—2020 年）》	全阶段	乡村教师	薪资待遇，发展机会	全国农村
13	西藏 15 年免费教育和新疆南疆四地（州）14 年免费教育	从学前至高中阶段	学生	资金	新疆、西藏

（续）

序号	政　策	教育阶段	实施对象	形　式	实施的地区地区
14	教育援藏、援疆政策	以双语教育和中等职业教育为重点	学生、老师、学校	学校基础设施建设、教师交流培训、贫困生资助等	新疆、西藏
15	新疆与内地省（市）中小学"千校手拉手"活动	小学、初中、高中	学校、教师、学生	在学校之间、教师之间、班级之间、家庭之间建立联系	新疆
16	四川藏区"9＋3"免费教育计划	初中毕业生和未升学的高中生	学生	在9年义务教育的基础上，再提供3年免费中职教育	藏区
17	内地民族班政策	初中、高中、职业教育、本专科教育和研究生教育	学生	选拔优秀的少数民族学生进入特别班级，与汉族学生共同学习生活	少数民族地区
18	职业教育团队式对口支援	职业学校	学校	对口帮扶职业学校发展	2012年滇西10个市（州）；2014年西藏和四省藏区17个地（州）
19	少数民族预科班和少数民族高层次骨干人才培养计划	高等教育	学生	少数民族预科班：让少数民族学生在上内地本科、专科之前先进入内地高校、专科学校学习1～2年；骨干计划：定向招生、定向培养、定向就业	少数民族预科班：少数民族地区；少数民族骨干计划：西部省（市、区）
20	新疆、西藏高校开展团队式对口支援	高等教育	学校、教师、学生	联合培养、教师援教、教师进修、学术交流等	新疆、西藏

（一）面向学生的教育扶贫

1. 概念及应用情景　面向学生的教育扶贫（以下简称"学生扶贫"），是指完全或主要以"学生"为对象的扶贫工作，以及相应的扶贫政策。该项扶贫包含了从学前教育至高等教育的所有的贫困学生，是教育扶贫中的主要内容。学生扶贫的形式包括了资金支持、物质支持以及机会支持等形式。

应用情景：根据一户家庭是否为贫困家庭，以及该家庭中的适学者所处的教育阶段不同，运用相应的学生教育扶贫政策，在考虑教育阶段的同时，要考虑该学龄儿童是否为特殊困难儿童（孤儿、艾滋病感染儿童等）或身心有残疾的儿童，如果是的话需同时采取相应的帮助措施。

2. 在扶贫中的作用　学生扶贫解决的是教育扶贫中"能上学"的问题。学生扶贫将扶贫资金、更好的教育资源直接引流至贫困学生手中，是最能够契合"教育扶贫"主题的扶贫方式之一。

3. 需要的条件

（1）学校与政府密切合作，确保在校生的家庭情况信息准确、翔实。

（2）详细掌握受帮扶学生的家庭经济情况。

（3）建立起严格的扶贫资金管理体系，保证将面向学生的教育扶贫资金全部落实到位。

4. 具备的优点

（1）与针对教师和学校的教育扶贫政策相比，学生扶贫更直接、更精准，因为它使得每一个贫困的学生都直接得到资金、物质和机会的帮助。

（2）面向学生的教育扶贫是保证学生持续接受教育、提高素养的最有效的方式，因为它直接降低或消除了因为自己接受教育而给家庭造成负担的担忧，让学生能够安心完成求学理想。

5. 存在的问题与风险

（1）可能会因为无法及时摸清、掌握贫困学生的家庭情况，从而遗漏了本该资助帮扶的贫困学生。

（2）很难设定发放给学生的扶贫资金使用效果的评价标准，从而导致该项扶贫政策效果的可控性较差。

（3）因帮扶周期很长，可能会出现扶贫资金链断裂的问题。

（4）由于监管不严、信息更新不及时，导致冒领帮扶资金、帮扶资金作假等问题的发生。

? 案　例：

2016 年以来，四川省教育扶贫工作打出一系列"组合拳"，编织教育公平的保障网，坚持"补短板"（"短板"是指教育薄弱环节，如贫困地区和少数民族地区教育、学前教育、薄弱学校基本办学条件）、"兜网底"（指聚焦建档立卡困难群体家庭，保障每一个孩子都有学上）、"扶持到校、资助到生"，全面改善基本公共教育服务，增强脱贫攻坚内生动力。一长串"硬数字"显示出四川省"打一场薄弱学校改造攻坚战"的决心和胆气：实施"全面改善贫困地区义务教育、薄弱学校基本办学条件"计划，累计投入资金150.65 亿元；全面实施民族自治地区 15 年免费教育，惠及学生 140 余万名；全面免除 51 个民族自治县（市）公办幼儿园 3 年保教费，减免 16 个享受少数民族地区待遇县（市、区）19.46 万名在园幼儿、其他非少数民族地区家庭经济困难 27.21 万名在园幼儿保教费……

　　"不让任何一个学生因贫困而失学。""保障每一个孩子受教育的机会。"这是四川省教育扶贫工作的庄严承诺。

　　（案例链接：http://edu. newssc. org/system/20170118/002099066 _2. htm)

📝 案例点评：

　　四川省利用综合性的教育扶贫措施，多维度解决了贫困地区教学条件差、师资差、学生无法享受优质教学资源的问题。其经验在于：同时兼顾了针对学校、学生和学校的教育扶贫措施，符合《教育脱贫攻坚"十三五"规划》中"促进贫困地区共享优质教育资源"的要求。落实教育资金保障，保证扶贫资金落在贫困学生手中、落在乡村教师手中；为应对新时期的新情况，坚持在方向、区域、对象、内容、方式、考评和保障上的"七精准"，确立"治愚、扶志、扶智"的"一治两扶"方式。

📖 政策链接：

　　（1）《人力资源社会保障部　国务院扶贫办关于开展技能脱贫千校行动的通知》（人社部发〔2016〕68 号）中要求："2016—2020 年，使每个有就读技工院校意愿的建档立卡贫困家庭应、往届'两后生'都能免费接受技工教育，……实现'教育培训一人，就业创业一人，脱贫致富一户'的目标。"

　　（2）《财政部　教育部关于免除普通高中建档立卡家庭经济困难学生学杂费的意见》（财教〔2016〕292 号）中提出："从 2016 年秋季学期起，免除普通高中建档立卡家庭经济困难学生学杂费。"

　　（3）2012 年 12 月 16 日，教育部等六部门联合发布的《教育脱贫攻坚"十三五"规划》提出了"发展学前教育，巩固提高义务教育，普及高中阶段教育，到 2020 年，贫困地区教育总体发展水平显著提升，实现建档立卡等贫困人口教育基本公共服务全覆盖"的主要目标。

（二）面向教师的教育扶贫

1. 概念及应用情景

面向教师的教育扶贫（以下简称"教师扶贫"），是指完全或主要以教师为对象的扶贫工作，以及相应的扶贫政策。义务教育阶段的教师扶贫主要面向乡村教师，而高等教育阶段则主要面向少数民族聚居地区。就乡村教师扶贫来看，扶贫的形式包括引导优秀教师流入乡村学校、提高既有教师队伍职业素养、保障教师基本生活、健全激励机制等。

应用情景：根据《乡村教师支持计划（2015—2020 年）》和针对少数民族地区的对口支援项目，以及本地区教师的实际情况来选择适合的教师扶贫方式。

2. 在扶贫中的作用

教师扶贫解决的是"谁来教"的问题。在教育扶贫中，教师就是授人以"渔"的关键所在。教师扶贫，一方面让贫困地区的乡村教师"下得去、留得住、教得好"，另一方面也促进了地区间教育资源的均衡。

3. 需要的条件

（1）地方政府应当树立起正确的教育扶贫的观念，把教师扶贫放在与学生扶贫同等重要的位置。

（2）政府与本地学校充分沟通、合作，详细了解本地区内教师的数量和基本情况，明确需要采取教育扶贫政策的教师的数量。

（3）降低或减少教师的学校壁垒，减少教师资源在学校之间流动的阻力。

（4）建立起严格的教师扶贫资金管理体系，保证将面向教师的教育扶贫资金全部落实到位。

4. 具备的优点

（1）相比于学生扶贫来说，教师扶贫具有更为稳定的扶贫效果。其稳定性体现在：教师扶贫则能让更多的优秀人才流入本贫困地区、参与本地的教育事业发展。

（2）相比于修建校舍、添置教学设备来说，教师扶贫更能够促进教育资源的区域均衡。

（3）教师扶贫不仅对于贫困地区学生的受教育质量有改善效果，还为本地区的社会发展培养了一支高素质的人才队伍。

5. 存在的问题与风险

（1）由于工作条件艰苦，且本地学校的教师待遇差，可能吸引不到足够的优秀教师人才前来任教。

（2）由于教师扶贫的资金主要来源于地方财政，可能出现因地方财政困难导致教师补贴无法及时发放的问题。

（3）由于监管不到位、教师流动信息更新不及时，从而出现冒领、多领或套取教师补助金的问题。

（4）针对教师的扶贫措施还没有得到完善的法律法规的支持与规范。

案　例：

2016 年，重庆市江津区为落实《乡村教师支持计划（2015—2020 年）》，推行一系列针对教师群体的政策，成功降低了乡村教师的流失数量。截至 2015 年年底，2 400 套专为乡村教师打造的教师周转宿舍陆续建成投入使用。江津区教师周转宿舍全部有配套厨房、卫生间、生活阳台、电热水器和必备的家具，并且租金免费。住房与学校之间交通方便，优先保障新教师和交流轮岗教师入住。为了留住女教师，保证村校师资，江津区教委一方面改革旧制度，不再强制新教师必须在最艰苦的地区任教；另一方面，制定了教师交流轮岗新机制，由中心校教师轮流去村校任教，改变村校由少数教师长期坚守的局面。在教师补贴方面，近年来，重庆市在农村教师队伍建设方面出台了教师绩效工资、农村学校教师津贴、乡村教师岗位生活补助、乡镇工作补贴、年度绩效考核奖等系列政策，确保财政资金保障到位，不留缺口。江津区教委根据农村教师定居主城、开车上班的教师"新常态"，采取一系列措施促进城乡教师一体化发展，包括对乡村教师的政策倾斜、推行学区制、实施教育信息化工程等，构建城乡教育资源共享体系。

（案例链接：http://www.sohu.com/a/73605289_119661）

案例点评：

江津区利用针对教师的教育扶贫政策解决了贫困地区教师"招不来、留不住"的教育发展困境。其经验在于：响应国家号召建设教师周转宿舍，增加了学校招聘教师的底气；积极顺应时代情况变化，进行教师管理制度改革；正确认识到教师去艰苦地区任教的困难，并将其重新定位，成功协调了"留住乡村教师"和"发展贫困地区教育"的双重目标；保障补贴落实，让农村教师切实体验到优越感，增强职位对年轻教师的吸引程度。

政策链接：

（1）国务院办公厅于 2015 年 6 月 1 日发布的《乡村教师支持计划（2015—2020 年）》（国办发〔2015〕43 号）中提出："到 2020 年，努力造就一支素质优良、甘于奉献、扎根乡村的教师队伍，为基本实现教育现代化提供坚强有力的师资保障。"

（2）《教育部办公厅、财政部办公厅关于做好2016年农村义务教育阶段学校教师特设岗位计划实施工作的通知》中提出："建立并完善农村教师补充新机制，鼓励引导高校毕业生到基层就业，吸引更多优秀人才到农村学校从教，提高农村义务教育质量"。

（3）2016年12月16日，教育部等六部门联合发布的《教育脱贫攻坚"十三五"规划》中提出："加强乡村教师队伍建设。落实好乡村教师支持计划。……建立省级统筹乡村教师补充机制，依托师范院校开展'一专多能'乡村教师培养培训，着力解决幼儿园教师不足、音体美外语教师短缺等问题。"

（三）面向学校的教育扶贫

1. 概念及应用情景

面向学校的教育扶贫（以下简称"学校扶贫"），是指完全或主要以"学校"为对象的扶贫工作以及相应的扶贫政策。由于"学校"与"教师"在很大程度上是共生共存的，许多教育扶贫的政策会同时面向教师和学校。学校扶贫的主要形式包括新建校舍以及更新、完善既有校舍的软件（网络）、硬件（桌椅、教学器材等）办学设施，以及开展学校之间的教学、办学的对口支援与结对帮扶等。

应用情景：在采取学校扶贫方式时，需考虑本地区的人口数量、适学人口结构以及对各种教学资源的需求情况。

2. 在扶贫中的作用

（1）学校扶贫解决的是"上好学"和"在哪上学"的问题。

（2）除满足教学任务外，学校更是"学生"群体进行同龄人社会交往、提升学生身体健康素质的重要依托。

（3）依托于学校，不同地区之间的教师交流、教师培训才能顺利开展。

3. 需要的条件

（1）地方政府清楚掌握本地适学人口在不同教育阶段的分布情况，采取有针对性的学校扶贫措施。

（2）建设学校扶贫项目应当采取公开招标的方式。

（3）教育部门主动组织本地贫困地区的学校与其他较发达地区掌握优势教育资源的学校开展多方面的合作交流活动。

（4）建立起严格的资金审查制度，专款专用，防止用于学校扶贫的资金的断链和被挪用。

4. 具备的优点

（1）校舍建立和设备更新都是让公众"看得见"扶贫资金的投资，因此比学生扶贫与教师扶贫更"显性"。

（2）为提升贫困学生的营养水平和生活水平、推行学校寄宿制、保障教师住房等相关扶贫政策提供了实施场所，这是其他类型的教育扶贫措施所无法做到的。

（3）在"让贫困地区同样享受优质的教育资源"这一目的上，短时期内效果最明显。

5. 存在的问题与风险

（1）在不清楚实际情况的条件下盲目兴建校舍、新添教学设备，可能导致教学资源的过度配备，浪费扶贫资源。

（2）过多关注兴建校舍，没有同时对教师和学生也进行充分的教育扶贫措施，过少关注对老师的扶贫措施。

（3）在进行与其他学校的交流、接受帮扶时，由于无法采取有效的监督激励措施，导致学校间的交流流于形式，帮扶效果差强人意。

（4）监督不严，导致专项资金被挪用。

案　例：

2016年，山东省实施了教育精准扶贫"323"工程（即3项计划＋2个网络＋3个体系），全面推进教育扶贫工作的开展。为"让硬件硬起来"，山东省在2016年加大"全面改善贫困地区义务教育、薄弱学校基本办学条件"（以下简称"全面改薄"）专项资金投入力度，资金分配重点向省级财政困难县倾斜。优先保障省扶贫开发重点村"全面改薄"，对7 005个省扶贫开发重点村中有"全面改薄"需求的505所义务教育阶段学校予以重点扶持，全面改善学校基本办学条件。截至2016年年底，已完成投资9.28亿元，占年度规划的128％，新建、改扩建学校344所。在促进学校交流方面，积极组织实施城乡义务教育学校结对帮扶工作。截至2016年年底，全省17市均已出台结对帮扶工作方案，采取"一对一"或"一对多"的形式结成2 988个城乡义务教育学校帮扶对子，山东省扶贫工作重点村学校基本实现结对帮扶全覆盖。

根据贫困地区不同的脱贫需求，山东省还组织了全省高校相关领域专家服务团队31个，投入资金23.6万元，设立省高校科研计划项目16个，基本取得了"经科教联动、产学研结合、校所企共赢"的良好效果。

（案例链接：http://www.cpad.gov.cn/art/2017/4/13/art_5_61862.html）

📝**案例点评：**

　　山东省利用针对学校的教育扶贫措施，解决了贫困地区校舍和教学硬件资源稀缺的问题。其经验在于：在教育扶贫工作中，认识到了针对学校的扶贫措施同样十分重要，因此给予了大量的政策倾斜；针对学校开展的教育扶贫措施是多方面的，既有资金上的支持，也有师资上的支持，并将跨地区师资流动落到实处；关注到了师资"贫困地区学科结构性缺员"问题，因此既有宏观扶贫措施，也有微观扶贫措施。

📚**政策链接：**

　　2016年12月16日，教育部等六部门印发的《教育脱贫攻坚"十三五"规划》中提出："发挥高校学科优势和科技优势，帮助贫困地区加强产业发展顶层设计，制定符合当地实际的产业发展规划。组织动员专家教授、科技服务团、博士服务团等专业力量，深入贫困地区一线，找准高校科研项目与当地资源禀赋、区位优势的结合点，动员企业、校友等多方力量促进科技成果转化落地并产业化，帮助贫困地区打造新的经济增长点。依托贫困地区特有的自然人文、民族特色、民间文化、地方特产等资源，培育发展乡村旅游、中草药、民族文化用品、民间传统技艺等特色产业。助推贫困地区种养业、手工业、农产品加工业等传统产业发展升级，提高产品档次，提升产品附加值。鼓励高校特别是涉'三农'高校助力贫困地区农村一二三产业融合发展，在延伸农业产业链、拓展农业多种功能、发展农业新型业态等方面提供支持。"

（四）"雨露计划"

　　1. **概念及应用情景**　　"雨露计划"是以提高素质、增强就业和创业能力为宗旨，以技能教育、创业培训和农业实用技术培训为手段，以促成转移就业、智能创业、形成创业氛围为途径，帮助贫困地区青壮年农民解决在就业、创业中遇到的实际困难，最终达到发展生产、增加收入的目的，促进贫困地区经济社会和谐均衡的发展。简言之，"雨露计划"就是指扶贫系统在贫困地区开展的劳动力就业创业培训工作。其主要任务是针对贫困地区青壮年农民就业、创业中遇到的实际困难，以政府主导、社会参与为特色，以提高素质、增强就业和创业能力为宗旨，以职业教育、创业培训和农业实用技术培训为手段，以促进转移就业、自主创业为途径，达到促进贫困地区经济发展、增加贫困地区农民收入的目的。

应用情景：农村贫困户中的青壮年劳动力都适宜参与"雨露计划"。

2. 在扶贫中的作用　"雨露计划"直接面向扶贫对象，"直补到户、作用到人"，能提高扶贫对象自我发展能力，从而实现转移就业、创业。

3. 需要的条件　"雨露计划"的实施需要贫困户为青壮年，如果贫困户中有人具有高中及以上教育水平和社区内有致富带头人，则更适合此计划。

4. 具备的优点　"雨露计划"注重挖掘和发挥贫困户的内生力量，变"输血"为"造血"，是一种长效的扶贫措施，不仅可以帮助青壮年农民掌握职业技能，促进其就业，还可以帮助他们自主创业、脱贫致富，对于改变贫困地区落后面貌、促进农村劳动力人口转移、促进社会主义新农村建设都具有重要的意义。

5. 存在的问题与风险

（1）地方政府脱离地方实际，盲目扩大培训规模，导致政策执行出现偏差，甚至出现因培训计划难以完成而虚报培训人数套取扶贫资金的情况。

（2）培训机构良莠不齐，教学设施、师资力量、就业与服务难以保证。

（3）地方政府缺乏引导，培训专业开设相对市场需求滞后，盲目跟风开设培训课程，致使产生就业难，稳定就业更难的现象。

（4）信息公开不及时，审批手续复杂，大量资金长时间滞留。

？ 案　例：

自从 2005 年国家大规模实施"雨露计划"以来，重庆市紧紧瞄准贫困农村、贫困群众，着眼产业发展需要和市场就业需求，按照"治穷先治愚""扶贫先扶志，扶贫必扶智""培训一人、就业一人、脱贫一家"的思路，开展各类培训和资助，使全市 30 万个贫困家庭和 100 万贫困人口直接受益，10 余万贫困群众实现转移就业，20 万名贫困家庭子女接受中等或高等职业教育、大学教育时得到资助，2 万贫困群众走上了创业之路，5 000 名残疾人掌握了一门自食其力技能，成功注册了"重庆雨露技工"商标，较好地打造了"雨露计划"扶贫品牌，实现了精准扶贫、"滴灌"的工作要求，为新阶段贫困农村人力资源开发探索了路子。

重庆市主要从五大方面着手开展扶贫工作：①着眼产业发展，打造实用技术培训品牌；②紧盯市场就业，打造"重庆雨露技工"品牌；③突出带动效应，打造创业培训品牌；④立足贫困农村社会事业，打造扶贫公益品牌；⑤资助贫困家庭子女上学，打造教育扶贫品牌。

（案例链接：http://www.cq.gov.cn/zwgk/zfxx/2014/5/5/1298999.shtml）

案例点评：

　　重庆市实施"雨露计划"注重"造血"，既注重培养贫困群体的职业技能，也鼓励贫困家庭子女接受教育，避免贫困的代际传递。

政策链接：

　　2015年6月2日发布的《国务院扶贫办　教育部　人力资源和社会保障部关于加强雨露计划支持农村贫困家庭新成长劳动力接受职业教育的意见》中指出："贫困家庭子女参加中、高等职业教育，给予家庭扶贫助学补助。学生在校期间，其家庭每年均可申请补助资金。各地根据贫困家庭新成长劳动力职业教育工作开展的实际需要，统筹安排中央到省财政专项扶贫资金和地方财政扶贫资金，确定补助标准，可按每生每年3 000元左右的标准补助建档立卡贫困家庭。享受上述政策的同时，农村贫困家庭新成长劳动力接受中、高等职业教育，符合条件的，享受国家职业教育资助政策。"

（五）"阳光工程"

　　1. **概念及应用情景**　"阳光工程"是由政府公共财政支持，主要在粮食主产区、劳动力主要输出地区、贫困地区和革命老区开展的农村劳动力转移到非农领域就业的职业技能培训示范项目。

　　应用情景："阳光工程"适用于仍然从事农业生产的贫困户，应按照"政府推动、学校主办、部门监督、农民受益"的原则组织实施。

　　2. **在扶贫中的作用**　"阳光工程"的实施，可以提高农村劳动力素质和就业技能，促进农村劳动力向非农产业和城镇转移，实现稳定就业和增加农民收入，加快全面建设小康社会的步伐。

　　3. **需要的条件**　"阳光工程"的培训对象必须是具有农村户口、年龄在16周岁以上、在农业生产第一线从事劳动的劳动力或普通初中、高中毕业回乡的青年。

　　4. **具备的优点**　"阳光工程"使农民得到了直接补贴，实现了阳光操作，提高了农民外出务工的就业能力，促进了农村劳动力的合理有序流动，还促进了农民增收。

　　5. **存在的问题与风险**　适合"阳光工程"培训的对象数量有限，培训组织困难，而且培训时间短、频率低，这些都可能缩减培训效果。

案　例：

　　为进一步加强浙江台州市三门县水产养殖技术人才队伍建设，全面提高养殖水平。11 月 27 日，三门县水产技术推广站根据《浙江省 2013 年农村劳动力培训阳光工程项目实施方案》在蛇蟠乡举办了 2013 年三门县农村劳动力转移培训阳关工程水产养殖培训班。来自三门县蛇蟠乡的 100 多名水产养殖户参加了此次培训。此次培训班邀请了宁波大学海洋学院顾晓英教授和浙江海洋学院的龚丽珍老师两位专家为养殖户授课，培训的主要内容有：海水围塘立体综合养殖技术、现代设施渔业、围塘养殖水体处理技术等。专家们就青蟹、脊尾白虾、泥蚶、缢蛏养殖的各个环节进行细致讲解，并与现场学员进行问题互动，力争尽快、尽可能多地为养殖户传道解惑。通过培训，使广大水产养殖户进一步掌握了科学养殖技术，提高了水产养殖技能，达到良好的培训效果。

　　（案例链接：http://www.shuichan.cc/news_view-291784.html）

案例点评：

　　与高校合作开展"阳光工程"，提升贫困户的专业技能，有利于提高效益，减少损失。

政策链接：

　　国务院于 2013 年 7 月 29 日印发的《关于实施教育扶贫工程的意见》中提出："'农村劳动力转移培训计划''阳光工程'等各项资金，按国家规定优先对当地农民或已进城的农民工接受技术技能培训予以补贴。"

（六）"春潮行动"

　　1. 概念及应用情景　"春潮行动"是国家为了适应农村转移就业劳动者实现就业和稳定就业的需要，通过开展培训将农村转移就业劳动者培养成为符合经济社会发展需求的高素质技能劳动者。

　　应用情景：对农村新成长的劳动力和拟转移到非农产业务工经商的农村劳动者，适宜开展专项技能或初级技能培训；对农村未继续升学并准备进入非农产业就业或进城务工的应届初高中毕业生、农业户籍退役士兵，适宜开展储备性专业技能培训；对与企业签订 6 个月以上期限劳动合同的在岗农民工，适宜开展提高岗位技能水平的培训；对具备中级以上职业技能等级的在岗农民工，适宜开展高技能人才培训；对有创业意愿并具备一定创业条件的农村转移就业劳动者，可开展提高其创业能力的创业培训。

2. **在扶贫中的作用**　"春潮行动"通过技能培训工程提升农村劳动力的就业能力和综合素质，以技能培训促就业创业，帮助贫困户提升自我发展能力。

3. **需要的条件**　就业技能培训对象最好为农村新成长劳动力等，岗位技能培训主要面对与企业签订6个月以上期限劳动合同的在岗农民工，创业培训则需要农村转移就业劳动者有创业意愿并具备一定创业条件。

4. **具备的优点**　"春潮行动"针对不同群体类型设定不同培训方式和培训内容，有助于提升多种类型贫困人员的就业技能，实现多样化就业，构建劳动者终身职业培训体系。

5. **存在的问题与风险**　"春潮行动"在实施过程中存在的主要问题包括：农民学习意识较为淡薄，主动参与技能培训的积极性不高；企业怕麻烦，申请培训补贴标准低，不愿意依托定点培训机构开展岗前培训或技能提升培训等。

⊘ 案　例：

　　2017年，宁夏回族自治区安排政府补贴性职业技能培训6万人，各类培训、鉴定补贴均实行"先垫后补"的办法进行。就业技能培训3.5万人，主要培训城乡劳动力中有就业能力和培训愿望的各类劳动者，以及有意愿提升技能等级的劳动者。各地结合当地企业、园区、现代设施农业、特色产业的用工需求以及个人求职愿望，以订单式、定岗式、定向式方式开展培训，培训后须取得培训合格证书。其中，企业岗位技能提升培训1.5万人，主要针对工业企业在岗职工，围绕宁夏回族自治区能源、煤化工、装备制造、新材料、生态纺织、葡萄酒等重点产业和特色产业，采取政府购买培训成果的方式，由工业企业结合自身需求在所在地人力资源社会保障部门指导下，自行组织开展培训，培训后须取得职业资格证书；创业培训1万人，主要培训有创业愿望和创业能力的城乡各类劳动者，重点是高校毕业生、城镇失业人员、复退军人以及农村转移就业劳动者中的创业者，由各地就业部门从全区创业"定点培训机构"中选择培训机构，或由培训者个人在该地自选培训机构按创业（网络创业）培训课程体系开展培训，培训后须取得合格证书。另外，就业技能培训、岗位技能提升培训，按国家职业（工种）A、B、C类，分别给予900元、800元、700元培训补贴；创业培训GYB、SYB、IYB模块分别给予350元至1150元培训补贴。鼓励培训合格人员和职业院校、技工院校、普通高校毕业生参加职业技能鉴定，鉴定合格取得国家职业资格证书的，按现行宁夏回族自治区职业（工种）鉴定收费标准，给予鉴定补贴。

（案例链接：http://www.chinajob.gov.cn/TrainingSkillAccrenitaTion/content/2017 - 01/24/content_1276460.htm）

案例点评：

宁夏回族自治区开展的"春潮行动"培训内容多样，培训方式多样，包括订单式、定岗式、定向式方式，更有利于贫困户获得有效培训。

政策链接：

人力资源和社会保障部门于 2014 年 3 月 31 日印发《农民工职业技能提升计划——"春潮行动"实施方案》，提出三大项培训内容：就业技能培训（含劳动预备制培训）、岗位技能提升培训（含高技能人才培训）、创业培训。

六、社会保障兜底扶贫方式

社会保障兜底扶贫方式是指国家通过社会保障措施，为贫困人口中无法通过自身能力提高收入、摆脱贫困境遇，或者进行过发展式脱贫但发展失败的贫困人口提供能够满足基本生存需求的金钱、物资等，以保证其基本生活，防止其收入跌落至贫困线下的扶贫方式。通过社会保障制度体系扶贫的方式日益受到重视。《中共中央 国务院关于打赢脱贫攻坚战的决定》中指出："完善农村最低生活保障制度，对无法依靠产业扶持和就业帮助脱贫的家庭实行政策性保障兜底。"社会保障兜底扶贫方式主要包括低保救助、特困人员供养救助、医疗救助、灾害救助与临时救助等救助政策兜底扶贫方式以及鼓励和帮助贫困人口参加养老保险等具体形式。

社会保障兜底扶贫方式的提出，是为了回应当前我国扶贫进入新阶段出现的新特征。在当前阶段，一方面，通过开发式扶贫方式能够解决的绝对贫困人口正在减少，而因灾、因病、因学、因残等致贫的脆弱性致贫人口所占比例显著提高；另一方面，由于农村的社会风险程度也在上升，通过完善的制度帮助农村人口防范社会风险的需求日益显现。因此，提高社会保障兜底扶贫方式在反贫困中的运用，是顺应时代发展之举。

在运用社会保障兜底扶贫时需注意，提供给贫困人口的救助与福利应当同时考虑本地区财政承受能力和福利在单个贫困家庭上的累加程度；另外，也应当适当扩大救助的范围，注意到贫困边缘群体的基本生存和发展需求，防止出现"福利悬崖"现象的发生。

（一）低保救助制度

1. 概念及应用情景　低保救助制度是指对无法依靠产业扶持和就业脱贫的家庭实行政策性保障兜底。

应用情景：当贫困人口无法依靠产业扶持和就业帮助来实现脱贫时，则需要将其纳入低保制度中实现脱贫。

2. 在扶贫中的作用

（1）低保救助制度解决的是保障农村最弱势的群体的基本生存权、维护其作为人的基本尊严的作用。

（2）低保制度是脱贫攻坚的最后一道底线，是在 2020 年实现脱贫攻坚目标的安全网。

3. 需要的条件

（1）广泛的政策宣传。

（2）基层工作人员进行入户调查，确保申请人的实际可见情况与申请中所述一致。

（3）组织召开村级或社区的民主评议会，并将结果公示。

（4）建立起完善的退出机制和资金监管机制，以提高低保资金的使用效果和效率。

4. 具备的优点

（1）扶贫资金将直接为贫困人口所用，而不用经历中间的转化过程。

（2）受助对象是凭借其"身份"而非再次付出努力而使其收入浮动至贫困线以上，因此从短期来看，该项扶贫最能直接有效地达到贫困人口脱贫的目的。

5. 存在的问题与风险

（1）由于维持制度运行的资金来自地方财政，因此可能会出现资金供应不足、保障水平过低。

（2）可能会出现在条件边缘的贫困人口是否纳入制度的争议、引起民众不满。

（3）若退出机制不完善、信息更新不及时，则可能会出现已不再满足低保条件的人仍旧留在制度内，从而引发"制度养懒汉"的问题。

（4）因民主评议机制运行不畅而引发"错保""关系保""人情保"等问题。

案　例：

河南省罗山县青山镇青山村因石山口水库扩建而被淹没，青山村应该移民的 900 人中，有 100 户 326 人贫困，其中 35 户因为水库扩容连宅基地都没有，包德华家就是其中之一。

当地政府决定划出一片土地，专门安置贫困移民。可是一座100平方米的房屋就得12.8万元，这可难坏了包德华一家。包德华的孩子在南方打工，月薪一两千元，吃吃花花剩不下几个钱。他和老伴儿年龄太大，什么工作都没法干，只有在家待着。罗山县政府知道贫困移民实在太困难，就利用最低生活保障、住房补助等政策争取上级支持，最后每个村民可以得到补助两万多元。五口之家，只要拿出两万多块钱就可以入住了。2016年正月初十，包德华一家搬进了新房。"咋也没想到能住进这么好的房子。一个月能领几百块钱，逢年过节干部们还给俺送米、送油。感谢啊！"包德华说起来，语气里透着满足和感激。

（案例链接：http://news.dahe.cn/2016/06-23/107036925.html）

📝 案例点评：

青山村利用低保兜底救助措施，解决了无法通过发展方式脱贫的贫困人口的基本生活保障问题。其经验在于：将遭受生活困难的老年人，凡是符合低保条件的，及时纳入低保救助范围，保障其基本生活需求；主动帮助低保贫困对象争取救助款项，及时避免因贫困人口被遗漏而导致恶性事件发生；对低保对象不仅采取资金上的补贴，还采取了实物的补助，使低保对象切实感受到来自社会的关怀。

📖 政策链接：

（1）2015年11月29日发布的《中共中央　国务院关于打赢脱贫攻坚战的决定》中明确提出："完善农村最低生活保障制度，对无法依靠产业扶持和就业帮助脱贫的家庭实行政策性保障兜底。……进一步加强农村低保申请家庭经济状况核查工作，将所有符合条件的贫困家庭纳入低保范围，做到应保尽保。……抓紧建立农村低保和扶贫开发的数据互通、资源共享信息平台，实现动态监测管理、工作机制有效衔接。"

（2）2016年11月23日，国务院印发的《"十三五"脱贫攻坚规划》中指出，"率先对建档立卡贫困家庭学生以及非建档立卡的家庭经济困难残疾学生、农村低保家庭学生、农村特困救助供养学生实施普通高中免除学杂费。"

（3）2016年2月10日发布的《国务院关于进一步健全特困人员救助供养制度的意见》中提出："立足经济社会发展水平，科学合理制定救助供养标准，加强与其他社会保障制度衔接，实现特困人员救助供养制度保基本、全覆盖、可持续。"并提出相关保障措施，"卫生计生、教育、住房城乡建设、人力资源社会保障等其他社会救助管理部门要依据职责分工，……财政部门要做好相关资金保障工作。"

（二）特困人员供养制度

1. 概念及应用情景　特困人员包括城市"三无"（无劳动能力，无收入来源，无法定赡养、抚养、扶养人）人员和农村"五保"（保吃、保穿、保医、保住、保葬或孤儿保教）对象。2014 年 5 月 1 日起施行的《社会救助暂行办法》第十四条规定："国家对无劳动能力、无生活来源且无法定赡养、抚养、扶养义务人，或者其法定赡养、抚养、扶养义务人无赡养、抚养、扶养能力的老年人、残疾人以及未满 16 周岁的未成年人，给予特困人员供养。"特困人员供养的内容包括：①提供基本生活条件；②对生活不能自理的给予照料；③提供疾病治疗；④办理丧葬事宜。特困人员可以在当地的供养服务机构集中供养，也可以在家分散供养。特困人员供养标准，由各省（区、市）或者设区的市级人民政府确定、公布。特困人员供养与城乡居民基本养老保险、基本医疗保障、最低生活保障、孤儿基本生活保障等制度相衔接。

应用情景：城乡老年人、残疾人以及未满 16 周岁的未成年人，同时具备以下条件的，应当依法纳入特困人员救助供养范围：①无劳动能力；②无生活来源；③无法定赡养、抚养、扶养义务人或者其法定义务人无履行义务能力。

2. 在扶贫中的作用　特困人员供养制度是传统农村"五保"供养制度的延续与发展，它进一步明确了救助供养的对象、程序、内容和标准等。特困人群在经济上没有收入来源和劳动能力，在社会心理上缺少基本的家庭照料，在生理上老、幼、残、疾，属于社会中最最困难的群体，尽管其占社会总人口的比例小，但特困人员的救助供养是守护社会基本价值底线、维持社会稳定的核心环节。脱贫攻坚战中，特困人员供养制度发挥着社会保障"兜底线"的作用。

3. 需要的条件　依据民政部印发的《特困人员认定办法》，符合下列情形之一的，应当认定为《特困人员认定办法》所称的无劳动能力：①60 周岁以上的老年人；②未满 16 周岁的未成年人；③残疾等级为一级、二级的智力、精神残疾人，残疾等级为一级的肢体残疾人；④各省（区、市）人民政府规定的其他情形。

收入总和低于当地最低生活保障标准，且财产符合当地特困人员财产状况规定的，应当认定为《特困人员认定办法》所称的无生活来源。

法定义务人符合下列情形之一的，应当认定为《特困人员认定办法》所称的无履行义务能力：①具备特困人员条件的；②60 周岁以上或者重度残疾的最低生活保障对象，且财产符合当地特困人员财产状况规定的；③无民事行为能力、被宣告失踪、或者在监狱服刑的人员，且财产符合当地特困人员财产状况规定的；④各省（区、市）人民政府规定的其他情形。

此外，申请特困人员救助供养，应当由本人向户籍所在地乡镇人民政府（街道办事处）提出书面申请。本人申请有困难的，可以委托村（居）民委员会或者他人代为提出申请。申请材料主要包括：本人有效身份证明，关于劳动能力、生活来源、财产状况以及赡养、抚养、扶养情况的书面声明，承诺所提供信息真实、完整的承诺书，残疾人还应当提供第二代"中华人民共和国残疾人证"。

4. 具备的优点　目前，我国有 3 万多个乡镇，基本上实现每个乡镇自建（或几个乡镇共建）有一个特困老人供养机构、每个地（市）建有一个特困儿童供养机构和重症残疾人供养机构。在日常民政救助工作中，实现了对特困供养人员的全覆盖，民政部门发挥了社会保障"兜底线"的作用。

5. 存在的问题与风险

（1）特困供养对象的认定标准存在差异。各省（区、市）对特困人员供养中所限定的"三无"人员认定不统一，甚至有的可能会放宽到"一无"人员。

（2）特困人员的供养标准存在差异。目前特困人员供养经费的基本部分来源于地方政府的一般性财政转移支付，中央财政转移在东部、中部、西部地区比例不同，最后的地方政府的支付水平就有很多差别。

（3）集中供养水平低。供养机构存在人员设施不足、服务不足的问题。

（4）对分散供养人员的救助供养服务缺少统一的标准。基层供养机构的设施相对较为落后，缺乏护理人员，人员工资和机构维护经费来源不一。大部分能够自理的特困人员多倾向于独立居住在熟悉的社区内，即选择分散供养。社区供养或第三方寄养是一种救助供养的模式，但几个供养方的责、权、利缺少清晰界定。从贫困深度来看，该类群体的贫穷困难程度最深，只能依靠政府的兜底来保障其基本生活、医疗和住房需求，而且挑战更大的是，对这部分群体不是简单的转移支付就能解决他们的需求，他们中的相当部分还需要具体的生活照料服务[1]。

> ② **案　例：**
>
> 青海省尖扎县集中供养特困老人 488 人。从资金来源看，尖扎县"五保"老人集中供养标准为每人每年 6 891 元。高龄补贴：70～79 周岁的老人每人每月 70 元，80～89 周岁的老人每人每月 80 元，90～99 周岁的老人每人每月 100 元，100 周岁以上老人每人每月 140 元。"五保"对象的医疗救

---

① 左停. 要把特困人员救助供养工作作为脱贫攻坚的重要支点 [J]. 中国民政，2016 年第 5 期，第 20—22 页．

助标准是每人每年 360 元，残疾人补贴要从集中供养金中扣除，养老金每人每月 75 元。尖扎县敬老院建造于 2007 年 5 月，2009 年正式运营，专门对农村"五保"人员实行集中供养。2013 年，敬老院被评为三星级敬老院。敬老院共有 120 个床位，分两人间、3 人间。其中，两人间主要供残疾人居住。目前，敬老院已供养 109 位老人，主要以未婚单身老人和聋哑残疾人为主。从性别看，有 69 名女性，40 名男性；从年龄看，最高的年龄是 94 岁，最低的年龄是 42 岁（重度残疾人），平均年龄 79 岁，60 岁以上的"五保"供养人员占 70%；30% 的"五保"供养人员为残疾人；从民族看，只有 5 个人是汉族，其余均为藏族。全院共有 32 名职工，其中，5 人有事业编制。临时聘用的大中专生主要是护理人员，每人每月工资在 1 250 元左右；其他人如清洁、餐饮等工作人员，每人每月工资在 1 150 元左右。护理人员与供养人员的比例为 1∶4。

（案例链接：http://www.jianzha.gov.cn/html/5637/363859.html）

案例点评：

尖扎县敬老院工作人员薪酬较低，护理人员与特困对象的配备比例远远没有达到国家法定的要求，失能老人的照料服务问题急需得到关注。

政策链接：

（1）《农村五保供养工作条例》（中华人民共和国国务院令第 456 号），2006 年 1 月 21 日发布，2006 年 3 月 1 日起施行。

（2）《社会救助暂行办法》（中华人民共和国国务院令第 649 号），2014 年 2 月 21 日发布，2014 年 5 月 1 日起施行。

（3）《国务院关于进一步健全特困人员救助供养制度的意见》（国发〔2016〕14 号），2016 年 2 月 10 日发布。

（4）《民政部关于印发〈特困人员认定办法〉的通知》（民发〔2016〕178 号），2016 年 10 月 10 日印发。

（三）医疗救助制度

1. **概念及应用情景**　医疗救助制度是指通过政府拨款和社会捐助等多渠道筹资建立基金，对患大病的农村五保户和贫困农民家庭、城市居民最低生活保障对象中未参加城镇职工基本医疗保险人员、已参加城镇职工基本医疗保险但个人负担仍然较重的人员以及其他特殊困难群众给予医疗费用补助（农村医疗救助也可以资助救助对象参加当地新型农村合作医疗）的救助制度。从各地的实践看，医疗救助的主要类型为：门诊救助、住院救助和资助贫困群众参加城镇职工医疗保险、居民医疗保险及参加新农合等。

应用情景：①开展新型农村合作医疗的地区，资助医疗救助对象缴纳个人应负担的全部或部分资金，参加当地合作医疗，享受合作医疗待遇。因患大病经合作医疗补助后个人负担医疗费用过高，影响家庭基本生活的，再给予适当的医疗救助。②尚未开展新型农村合作医疗的地区，对因患大病个人负担费用难以承担，影响家庭基本生活的，给予适当医疗救助。③国家规定的特种传染病救治费用，按有关规定给予补助。

2. 在扶贫中的作用　国家通过财政专款给予经济支持，以政策和技术为支撑，引导社会慈善力量参与医疗救助，为那些不能负担医疗费用的贫困人口或因高额医疗支出而陷入财政困难的家庭提供必需的医疗服务，最大限度地减轻救助对象的经济压力，保障其具有生存能力，改善其健康状况。

3. 需要的条件　医疗救助对象必须同时符合以下条件：必须为贫困人口，必须为伤病患者，必须无力支付医疗费用。具体的范围包括：①既无劳动能力且无法定赡养人、抚养人、扶养人又无生活来源的人，即"三无"人员；②因自然灾害导致伤病的农村灾民；③参加基本医疗保险但个人负担医疗费用有困难的城市贫民；④享受城市居民最低生活保障待遇家庭中丧失劳动能力的伤病无业人员，60周岁以上的伤病无业老人和16周岁以下的伤病未成年人；⑤伤残军人，孤老复员军人及孤老烈属等重点优抚对象；⑥其他经各种救助仍有困难自负医疗费用的特困人员。

4. 具备的优点

（1）医疗救助的范围不断扩大，由单一的大病救助，转变为实施大病医疗救助、推行门诊救助、探索定额救助、鼓励医疗机构优惠减免，建立了多方面、多层次的医疗救助方式。

（2）由于救助对象是贫困或优抚者之中的疾病患者，即贫病交加者，很容易得到社会尤其是慈善者的捐助。

（3）医疗救助制度发挥的托底保障作用，在很大程度上减轻了困难群众的医疗支出负担，受到了困难群体的广泛赞誉和社会的普遍好评。

5. 存在的问题与风险　由于我国医疗救助制度建立时间不长，且受各种条件的限制（如低保救助与医疗救助"挂钩"），还存在救助资金不足、救助对象范围偏窄、重特大疾病医疗救助补偿水平低、能力建设滞后等困难和问题，其兜底性保障功能也没有充分发挥[①]。由于救助对象是病人，救助途径必须经过医疗机构，医疗机构的医术、服务、价格等因素会直接影响医疗救助资金的

---

① 王治坤，民政部低收入家庭认定指导中心.2015中国社会救助发展报告2013［M］.北京：中国社会出版社.

使用及救助效果等①。

❓ 案　例：

2015 年 6 月 18 日，青海省人民政府办公厅发布了《关于进一步健全完善医疗救助制度的通知》，其中规定重特大疾病医疗救助对象为本省户籍的居民，按其家庭医疗费用负担能力，分为以下三类：①重点救助对象，主要指特困供养人员（含城市"三无"人员、农村"五保"户、孤儿与低收入家庭中的重度残疾人等）；②低收入救助对象；③支出型贫困救助对象。

对重点救助对象进行医疗救助的政策包括以下几个方面：①重点救助对象参加城乡居民基本医疗保险，给予全额资助并代缴；②对重点救助对象每人每年门诊补助 360 元，患重大疾病重点救助对象在门诊治疗发生的政策范围内的费用，经基本医疗保险报销后，剩余部分按 100% 给予医疗救助；③重点救助对象在定点医疗机构住院期间发生的医疗费用，经政策减免、基本医疗保险和居民大病医疗保险报销后，剩余在政策范围内的费用或合规医疗费按 100% 给予救助；④患重特大疾病患的重点救助对象在定点医疗机构住院发生的医疗费用，经政策减免、基本医疗保险和大病医疗保险报销或事故责任方赔付后，个人负担费用（含自费部分）仍然较大的（重点救助对象个人负担费用年累计达到 3 万元以上），按 60% 给予重特大疾病医疗救助。每人每年救助限额为 10 万元。

（案例链接：http://www.qhcl.org/html/17/5102.html）

📝 案例点评：

青海省健全医疗救助制度，在以往救助对象基础上，将支出型贫困救助对象纳入了救助范围，并调整参加医疗保险的缴费资助标准。

📕 政策链接：

（1）《民政部　卫生部　财政部关于实施农村医疗救助的意见》（民发〔2003〕158 号），2003 年 11 月 18 日发布。

（2）《国务院办公厅转发民政部等部门关于进一步完善医疗救助制度全面开展重特大疾病医疗救助工作意见的通知》（国办发〔2015〕30 号），2015 年 4 月 21 日发布。

（3）民政部等部门《关于进一步加强医疗救助与城乡居民大病保险有效衔接的通知》（民发〔2017〕12 号），2017 年 1 月 16 日印发。

---

① 王广彬．2009．社会保障法［M］．北京：中国政法大学出版社．

（四）灾害救助与临时救助

1. 概念及应用情景　受灾人员救助制度（以下简称灾害救助）是对遭受到自然灾害的人员进行救助的社会救助制度。救灾的形式包括：①灾害发生时提供应急生活物资、医疗物资、临时住所等；②灾害危险消除后提供资金、物质等帮助恢复重建。

临时救助制度（以下简称临时救助）是指对突然遭遇重大变故而使生活陷入严重困难的人员进行救助的社会救助制度。"突然重大变故"包括遭遇了不可抗的人为灾害、突发的经济困难以及其他特殊困难等。救助的形式包括资金救助、实物救助、帮助流浪人员返家等。

应用情景：当发生了自然灾害而导致人民财产损失时，采用灾害救助；当发生了火灾、交通事故等人为灾害，或者当居民个体因为突发的状况而无法维持生活时，或者安顿流浪人口时，则采用临时救助。

2. 在扶贫中的作用　如果说社会保障兜底脱贫是脱贫攻坚战的"安全网"的话，那么灾害救助与临时救助则是社会救助体系的"安全网"，它们使得社会救助体系在应对突发事件时也能够有一套完整的应对流程。

3. 需要的条件　针对突然发生的自然或人为灾害，需要具备的条件如下：①对本地的自然地理特征及人文地理特征都有较为翔实、准确的掌握；②针对潜在的突发状况，制订多部门联动的灾害应急计划；③在未发生灾害时，应当组织部门和民众进行演练，以完善应急计划、普及应急常识；④建立起严格的资金、财务监管制度。

4. 具备的优点

（1）临时救助和灾害救助具有特色鲜明的"救急"功能。

（2）很容易引起社会公众的关注，因此也十分容易调动起社会组织的力量来共同进行社会救助的工作。

（3）救助对象明确，特征相较于其他的扶贫和救助对象较为明显，准入与准出的标准设定相对容易。

5. 存在的问题与风险

（1）救助措施具有短期性，往往是灾害结束、意外事故发生一段时间后，政府的救助措施即停止，因此受救助人的返贫风险大。

（2）受困人员申请救助的处置机制运转缓慢、多部门之间协作不佳。

（3）由于缺乏有效的资金使用监督机制，资金被滥用。

❓ 案　例：

2015 年 3 月，贵州省毕节市大方县红旗街道办事处蔬菜村村民余志高突遭意外亡故，家庭陷入困境，他的妻子向"救助服务窗口"求助后，很快得到及时救助，令这个变故家庭感到了温暖；2015年5月，毕节市七星关区普宜镇木窝村的少女何群，本就父母双亡，自己又被查出患全身淋巴结肿大疾病，当地民政部门突破医疗救助资金"封顶线"，为她解决了2万元医疗救助资金。在构筑"救急难"这个扶危救困的第一道保护屏障上，毕节市始终从解决困难群众最关心、最迫切的问题入手，认真落实社会救助法规政策，基本建立了与经济社会发展水平相适应的社会救助体系，在社会保障兜底扶贫工作中发挥了重要作用。自从2014年"救急难"工作正式启动以来，毕节市始终坚持"托底线、救急难、可持续"的原则，在脱贫攻坚"兜底一批"上迈开了坚实的步伐。两年来，毕节市共设立"社会救助服务窗口"219个。仅2015年，毕节市就支出急难救助资金1 214万元，实施急难救助1 193例。

（案例链接：http://news.bjsyqw.com/2016/0405/70338.shtml）

 案例点评：

毕节市利用社会救助中的临时救助制度，解决了贫困人口在遭遇重大变故时的"救急"问题。其经验在于：着力依托于临时救助和灾害救助制度，构建起"救急难"体系，并且增加直接面对群众的"社会救助服务窗口"，力求让救急难体系真正与其他社会救助政策相衔接，为贫困人口化解临时性重大事故引起的社会风险，同时减轻低保制度的压力。

政策链接：

（1）2011年12月中共中央、国务院印发的《中国农村扶贫开发纲要（2011—2020年）》。

（2）2015年11月29日发布的《中共中央　国务院关于打赢脱贫攻坚战的决定》。

（3）2016年11月23日国务院印发的《"十三五"脱贫攻坚规划》。

（4）2016年9月17日民政部等部门提出的《关于做好农村最低生活保障制度与扶贫开发政策有效衔接的指导意见》中，提出"对返贫的家庭，按规定程序审核后，相应纳入临时救助、医疗救助、农村低保等社会救助制度和建档立卡贫困户扶贫开发政策覆盖范围。"

（五）其他社会救助政策

1. 概念及应用情景　根据《社会救助暂行办法》，我国社会救助制度体系包括最低生活保障、特困人员供养、受灾人员救助、医疗救助、教育救助、住房救助、就业救助以及临时救助八项，同时鼓励社会力量参与社会救助，形成社会救助的"8+1"体系。与低保救助和特困人员供养救助相配合的专项社会救助政策如表2-2所示。

表 2-2 与低保救助和特困人员供养救助相配合的专项社会救助政策

序号	救助制度	救助对象	救助形式
1	医疗救助	低保家庭成员，特困供养人员，县级以上人民政府规定的其他特殊困难人员	（1）补贴参加社会医疗保险的个人缴费部分；（2）补贴在基本医疗保险、大病保险和其他补充医疗保险支付后仍需个人缴费的部分
2	教育救助	（1）最低生活保障家庭成员、特困供养人员中：在义务教育、高中教育（含中等职业教育）、普通高等教育阶段就学者；（2）不能入学接受义务教育的残疾儿童	根据教育阶段不同，采取减免相关费用、发放助学金、给予生活补助、安排勤工助学等方式
3	住房救助	符合规定标准的住房困难的最低生活保障家庭、分散供养的特困人员	农村易地扶贫搬迁与危房改造等方式
4	就业救助	最低生活保障家庭中有劳动能力并处于失业状态的成员	贷款贴息、社会保险补贴、岗位补贴、培训补贴、费用减免、公益性岗位安置等
5	受灾人员救助	遭受自然灾害、基本生活受到自然灾害严重影响的人员	灾害发生时，提供应急生活物资、医疗物资、临时住所等；灾害危险消除后，提供资金、物质等帮助恢复重建
6	临时救助	（1）因火灾、交通事故等意外事件，家庭成员突发重大疾病等原因，导致基本生活暂时出现严重困难的家庭；（2）因生活必需支出突然增加超出家庭承受能力，导致基本生活暂时出现严重困难的最低生活保障家庭；（3）遭遇其他特殊困难的家庭	包括资金、实物、帮助流浪人员返家等，具体事项和标准由县级以上地方人民政府确定
7	在不同地区自主实行的社会救助政策	包括低保对象和特困供养人员在内的建档立卡贫困人口	补贴电费、水费、交通费、供暖费或直接发放实物等

应用情景：当贫困人口因遭遇发展上的困难而陷入贫困时，针对贫困人口的具体情况，分别实施医疗、教育、住房、就业以及地方特色的救助措施。

2. 在扶贫中的作用 教育、住房和医疗救助主要解决的是贫困人口"两不愁、三保障"（不愁吃、不愁穿、义务教育、基本医疗和住房安全有保障）中的"三保障"问题。要在到2020年时，实现社会保障对2 000多万农村贫困人口的兜底任务，单靠低保救助制度难以完成，专项救助措施的作用无法被低保救助制度与特困人员供养救助制度所替代。

3. 需要的条件

（1）充分的政策宣传，从而让贫困人员清楚了解能够获得哪些方面的救助。

（2）负责民政事务的政府部门与其他部门协同配合，及时更新低保信息。

（3）对贫困农户进行排查，看是否存在能够通过专项救助进行帮扶的情况。

4. 具备的优点

（1）专项救助，对症下药，使贫困人员符合自身情况的救助措施。

（2）相比于低保与特困人员供养制度，专项社会救助制度能够帮助的贫困人员更多，制度更具有普惠性。

（3）能够提供更为专业的帮扶措施，这是低保制度所无法实现的。

5. 存在的问题与风险

（1）政策宣传不到位，导致贫困人员在遭受困难时无法及时利用专项社会救助来获得帮助。

（2）当地方财政资金有限时，原本包含了更广泛的救助对象的救助措施被规定仅限于低保对象，从而导致低保制度本身附加过多福利，即低保的"身份化"问题。

（3）单项社会救助制度不完善，导致专项救助制度应有的作用无法正常发挥。

案 例：

福建省泉州市高度重视社会救助工作，到2016年，全市已建立起以城乡低保为基础，以医疗、住房、教育等专项救助为辅助，以临时救助、社会互助和慈善捐赠为补充的新型社会救助体系。具体包括：①低保兜底。泉州市在福建省率先建立健全城乡低保标准、补助水平与当地最低工资标准和农民人均收入挂钩的自然增长机制。2014年至2016年10月，泉州市累计发放低保金达9亿元。综合考虑精准扶贫需要，泉州市还将推进最低生活保障线和市定贫困线"两线合一",计划于2017年提标后实现。②特困帮扶。泉州市"三无"人员补助标准和"五保"对象供养标准稳步提升,从每人每月480元和725元,提高到每人每月860元,分别提高了79%和19%。全市现有113所乡镇敬老院。③医疗救助。泉州市已基本形成"五位一体"的城乡医疗救助体系,资助(含部分资助)城乡低保对象49万人参加城镇居民医疗保险或新型农村合作医疗保险,缴纳保费5 412万元。④教育资助。从学前教育到高等教育全覆盖。⑤住房保障。3 227户农村低保家庭搬进新居。⑥就业服务。共帮助零就业家庭至少一人实现就业89户,帮助零就业家庭实现就业97人,做到发现一户、帮助一户,实现了动态消除零就业家庭。

(案例链接:http://news.163.com/16/1011/08/C335RKN700014AEE.html)

📝 案例点评:

泉州市利用与低保救助和特困人员供养救助相配合的其他社会救助制度体系,解决了贫困人口的支出型贫困问题,满足贫困人口的发展性需求。其经验在于:积极推进"两线合一",逐步破解社会救助制度体系与扶贫政策相衔接的障碍;统筹城乡救助标准,打破城乡二元结构体系,为农村居民融入城市和市民化铺平道路;将医疗救助、教育救助等专项救助政策的资金落到实处,切实解决贫困人口主要致贫原因。

📚 政策链接:

国务院于2016年12月2日印发的《"十三五"脱贫攻坚规划》中提出:"指导贫困地区健全特困人员救助供养制度,全面实施临时救助制度,积极推进最低生活保障制度与医疗救助、教育救助、住房救助、就业救助等专项救助制度衔接配套,推动专项救助在保障低保对象的基础上向低收入群众适当延伸,逐步形成梯度救助格局,为救助对象提供差别化的救助。合理划分中央和地方政府的社会救助事权和支出责任,统筹整合社会救助资金渠道,提升社会救助政策和资金的综合效益。"

(六)鼓励贫困人口参加养老保险

1. **概念及应用情景**　鼓励贫困人口参加养老保险,是指鼓励建档立卡的贫困人口按规定缴纳社会养老保险,通过政府补贴养老保险参保费用的形式达到贫困人口"早参保、多缴费、不断保"的目的。

应用情景:当农村贫困人口具有参加新农合或城乡居民基本养老保险条件时,应当由财政代缴部分或全部养老保险参保费用,帮助贫困人口参加社会养老保险。

2. **在扶贫中的作用**　鼓励贫困人口参加养老保险的重要作用在于：①提升社会保障各项制度之间衔接；②社会保险资金依靠国家、企业和个人三方负担，因此贫困人口参加养老保险有利于减小对于单项救助制度的资金压力。

3. **需要的条件**

（1）能够建立起长期缴费激励补助机制，根据贫困程度由财政垫付不同程度的个人缴费部分的费用。

（2）地方财政能够建立起较为固定的帮贫困家庭垫付养老保险个人缴费部分的资金支持系统。

（3）积极做好政策宣传，使贫困人口能够意识到缴纳社会养老保险的重要性。

（4）更高的社会养老保险统筹层次。

（5）农村地区社会养老保险具有与当前社会救助大致相当甚至更高的给付水平。

4. **具备的优点**

（1）资金来源更加丰富，资金保障更加健全。

（2）从所政策依据来看，社会养老保险有《中华人民共和国社会保险法》这部国家层面的法律作为依据，法律效力更高。

（3）从长期来看，让更多的贫困人口成为社会保险体系中的一员，也有利于推动城乡统筹。

5. **存在的问题与风险**

（1）若新农保或城乡居民养老保险的给付水平过低，则无法吸引贫困人口主动参与养老保险，从而无法充分实现社会保障制度兜底作用。

（2）地方财政财力不足，则无法持续为缴费困难的人员垫付个人缴费部分，从而出现缴费中断的情况。

（3）若社会保障信息的区域统筹水平过低，当贫困人口跨地区流动时，则可能会出现无法顺畅持续缴费，从而同样出现缴费中断情况，甚至出现退保情况。

案　例：

山东省青岛市贫困人口基本养老保险每人每年补100元。2016年11月22日，青岛市人力资源和社会保障局下发了《关于落实青岛市社会保障扶贫工作有关问题的通知》，指出自2016年起，贫困人口参加居民基本养老保险可以选择最低每人每年100元的标准缴费，其个人缴费部分由区（市）按照每人每年 100 元的标准给予补贴。贫困人口个人缴纳的居民医疗保险费，由区（市）财政给予全额补贴。其中，自 2017 年度起，成年居民个人缴费部分按一档标准全额补贴。

据介绍，社保扶贫对象范围是青岛市扶贫政策已建立"青岛市建档立卡农村贫困人口就业与社会保障情况精准识别卡"的建档立卡农村贫困人口。贫困人口范围根据市扶贫协作工作办公室年度识别的建档立卡贫困人口进行动态管理。

（案例链接：http://www.dzwww.com/shandong/sdnews/201611/t20161123＿15182754.htm）

📝案例点评：

青岛市利用社会救助与社会保险相衔接的政策措施，解决了贫困人口在年老后的生活来源的问题。其经验在于：政府政策向贫困老年人口倾斜，落实代缴养老保险的政策，帮助贫困人口持续参保、续保；统筹城乡社会养老保险制度，打破城乡二元制度体系，为农村老年人进城铺平道路；完善帮扶对象动态管理机制，提高扶贫财政资金的使用效率。

📚政策链接：

（1）中共中央、国务院于 2015 年 12 月 1 日印发的《中国农村扶贫开发纲要（2011—2020 年)》中提出要"加快新型农村社会养老保险制度覆盖进度，支持贫困地区加强社会保障服务体系建设"。

（2）2015 年 11 月 29 日发布的《中共中央　国务院关于打赢脱贫攻坚战的决定》中指出："加快完善城乡居民基本养老保险制度，适时提高基础养老金标准，引导农村贫困人口积极参保续保，逐步提高保障水平。有条件、有需求地区可以实施'以粮济贫'。"

（3）2016 年 8 月 4 日发布的《人力资源社会保障部关于在打赢脱贫攻坚战中做好人力资源社会保障扶贫工作的意见》（人社部发〔2016〕71 号）提出："引导建档立卡农村贫困人口积极参保续保，实现法定人员参加基本养老、医疗保险全覆盖。"

七、农村危房改造与易地扶贫搬迁方式

为了解决农村困难群众的基本居住安全问题，改善农村人居环境，党中央和国务院实施农村危房改造和异地扶贫搬迁政策。全国农村危房改造工作始于2008 年，住房和城乡建设部、国家发展和改革委员会、财政部联合发布了

《关于 2009 年扩大农村危房改造试点的指导意见》（建村〔2009〕84 号）、《关于做好 2010 年扩大农村危房改造试点工作的通知》（建村〔2010〕63 号）、《关于做好 2011 年扩大农村危房改造试点工作的通知》（建村〔2011〕62 号）和《关于做好 2012 年扩大农村危房改造试点工作的通知》（建村〔2012〕87 号），以及《关于做好 2013 年农村危房改造工作的通知》（建村〔2013〕90 号）、《关于做好 2014 年农村危房改造工作的通知》（建村〔2014〕76 号）和《关于做好 2015 年农村危房改造工作的通知》（建村〔2015〕40 号）。"十二五"时期，中央财政累计安排资金 1 440 亿元，支持 1 794 万农户改造危房。建立了农村危房改造农户档案管理信息系统，实现一户一档。

《中国农村扶贫开发纲要（2001—2010 年）》（2001 年 6 月 13 日印发）要求搬迁扶贫工作"在搞好试点的基础上，制定具体规划，有计划、有组织、分阶段地进行"。《中华人民共和国国民经济和社会发展第十一个五年规划纲要》中明确指出："对生存条件恶劣的贫困地区，实行易地扶贫"，并把易地扶贫搬迁确定为"中央政府投资支持的重点领域"。

2015 年 11 月 29 日发布的《中共中央　国务院关于打赢脱贫攻坚战的决定》和《中华人民共和国国民经济和社会发展第十三个五年规划纲要》中指出，"稳定实现农村贫困人口不愁吃、不愁穿，义务教育、基本医疗和住房安全有保障"。农村危房改造和易地扶贫搬迁作为脱贫攻坚的重要配套政策，有效地改善了困难群众的住房条件。

（一）农村危房改造

1. 概念及应用情景　农村危房改造是由国家引导实施的，为解决住房最危险、经济最困难农户的最基本住房安全而实施的一项民生工程。其中，危房是指依据《农村危险房屋鉴定技术导则（试行）》鉴定属于整栋危房（D 级）或局部危险（C 级）的房屋。

应用情景：危房改造必须满足"一户一宅"的要求，危房改造方式有原址重建、修缮加固和集中改造三种。按照农户自愿申请、村民会议或村民代表会议民主评议、乡（镇）审核、县级审批等补助对象的认定程序，最终县级政府与经批准的危房改造农户签订合同或协议。同时，补助对象基本信息和各审查环节的结果需在村务公开栏公示。

2. 在扶贫中的作用　2016 年，中央补助标准为每户平均 7 500 元，在此基础上对贫困地区每户增加 1 000 元补助，对陆地边境县边境一线贫困农户、建筑节能示范户每户分别增加 2 500 元补助。2016 年以来，中央财政重点加大了对四类重点对象（低保户、农村分散供养特困人员、贫困残疾人家庭和建档立卡贫困户）的危房改造支持力度。

3. **需要的条件**　危房改造资金补助对象重点是居住在危房中的农村分散供养"五保"户、低保户、贫困残疾人家庭和其他贫困户。农村危房改造资金以农民自筹为主、中央和地方政府补助为辅，并通过银行信贷和社会捐赠等多渠道筹集。按照中央下达的任务数，各级财政对符合条件的农村危房改造户给予一定的补助。

4. **具备的优点**　农村危房改造有利于改善农村困难群众居住条件，带动农村消费，推动社会主义新农村建设，转变农村群众的居住观念，激发广大群众发展生产、脱贫致富奔小康的信心和决心，密切党群干群关系。

5. **存在的问题与风险**

（1）对农村危房改造户的申报程序不规范，档案管理不严谨，系统数据不真实，出现非贫困户享受住房保障待遇的现象。

（2）补助资金管理不严格，滞留专项资金，致使其未能直接发放到农户账号中。

（3）建设面积太小或超标，房屋验收不过关。

（4）工程质量监管不力，部分房屋尚未达到抗震的要求，有的地方还出现徇私舞弊等违规行为。

？案　例：

山东省潍坊市临朐县蒋峪镇姬家庄村村民李庆伟，2016 年时他已 52 岁，与 80 岁的母亲相依为命，因患有心脏病，稍微重点的活就干不了，家里就靠 2 亩地的收成维持生计。住了 40 多年的土坯房早已破旧不堪，透风漏雨，存在较大安全隐患。2016 年，当地政府出资 5 万余元，利用村里的空闲地，为李庆伟一家重新规划建设了一套建筑面积 60 平方米的砖瓦房，厨房、厕所、铝合金门窗、水电，一应设施配套齐全。看着这套属于自己的新房子，李庆伟心里高兴不已。他说："住进这么好的房子，以前想都不敢想。以前炉子烧着也不暖和，现在烧着这个炉子，屋里就很暖和，也不感冒了。"

潍坊市制定出台了《潍坊市农村建档立卡贫困户危房改造暂行办法》，要求全面做好农村建档立卡贫困户危房改造。按照"农户个人申请、村集体评议、镇街审核、县级审批"，规范危房改造贫困户的认定审批程序。2016 年，改造任务重点向已鉴定的 D 级危房倾斜。改造后住房建筑面积达到人均 13 平方米以上；户均一般控制在 60 平方米以内，但 3 人以上农户的人均不得超过 18 平方米。改造资金首先统筹利用省级以上补助资金，非建档立卡户分类补助调整的结余资金全部用于建档立卡贫困户危房改造；资金缺口部分，由县级及以下政府负责兜底，通过县镇财政、包村帮扶、村民出劳、社会捐助等多种渠道解决。

（案例链接：http://weifang. sdchina. com/show/3933725. html）

📝 案例点评：

潍坊市政府规范危房改造贫困户的认定审批，明确危房改造时限，严格危房改造标准，落实危房改造资金，使像李庆伟一样的贫困群众终于可以圆自己的"新房梦"。

📚 政策链接：

2016年7月6日，住房和城乡建设部印发的《住房城乡建设事业"十三五"规划纲要》中指出，"按照优先帮助住房最危险、经济最贫困农户解决最基本安全住房的要求，将农村危房改造试点范围扩大到全国，提高中央补助标准。""加大农村危房改造力度，统筹推进农房抗震改造，基本完成现有农村危房改造任务。优先解决建档立卡贫困农户住房安全问题，提前完成中央扶贫目标'两不愁、三保障'中保障住房安全任务。"

（二）易地扶贫搬迁

1. **概念及应用情景**　"易地扶贫搬迁"是脱贫攻坚战略中"五个一批"（发展生产脱贫一批，易地扶贫搬迁脱贫一批，生态补偿脱贫一批，发展教育脱贫一批，社会保障兜底一批）的重要内容。易地扶贫移民搬迁是指对居住在生存条件恶劣、生态环境脆弱、自然灾害频发等地区的农村贫困人口，加快实施易地扶贫搬迁工程来实现脱贫的办法。

应用情景：主要针对"一方水土养不起一方人"的地区。易地扶贫搬迁对象主要为居住在山区、交通不便、地质灾害频发，生态环境脆弱，限制或禁止开发地区的农村建档立卡贫困人口。

2. **在扶贫中的作用**　2015年9月20日，国家发展和改革委员会印发《全国"十三五"易地扶贫搬迁规划》，提出在"十三五"期间，中央政府计划投资6 000亿元，利用5年时间，完成1 000万贫困人口的搬迁任务，尤其是将居住地生存环境差、不具备基本发展条件，以及生态环境脆弱、限制或禁止开发地区的农村建档立卡贫困人口搬迁出去。

3. **需要的条件**　从搬迁模式上看，可分为"有土安置"和"无土安置"。"有土安置"是指政府在移民搬迁过程中为农户提供专门生产用地的搬迁模式，其最大特点是搬迁农户增加了生产用地（迁往县外的部分是租用土地），生计有所保障。

4. **具备的优点**　安置点的交通、医疗、水电等基础设施和居民生活生产条件得到改善。通过调整土地，落实易地安置点的住房建设和各项基础设施建设用地，不安排安置农户生产用地，政府开发配套产业，引进劳动密集型企业，为搬迁劳动力提供就业岗位，同时通过技能培训，有组织地引导安置农户外出务工或就近务工、经商、创业等，以增加安置农户的收入，保障其家庭经济收入来源。

5. 存在的问题与风险

（1）搬迁任务繁重艰巨。5 年需要搬迁的建档立卡贫困人口约 1 000 万人，搬迁数量在中外历史上前所未有，时间紧迫，任务艰巨。

（2）安置资源约束日益凸显。搬迁人口高度集中的中西部地区，山地、高原、荒漠化土地、生态脆弱区域占比高，适宜安置的水土资源匹配条件、选址空间日益受限。

（3）搬迁对象贫困程度更深。目前尚未搬迁的贫困人口，生存环境和居住条件更为恶劣、贫困程度更深，属于经过多轮扶持仍未啃下来的"硬骨头"。

（4）工程实施难度更大。易地扶贫搬迁涉及面广、政策性强，是一项复杂的系统工程，既要精心组织，做好公共服务设施建设，也要扎实推进产业培育、就业培训等后续工作①。

? 案 例：

2016 年，贵州省黔西南布依苗族自治州（简称"黔西南州"）计划搬迁 61 835 人（其中，建档立卡贫困人口 45 554 人，非建档立卡对象 16 281 人）。易地扶贫搬迁对象主要为生存条件恶劣、人地矛盾突出、不具备基本发展条件，生态环境脆弱、限制或禁止开发，距乡（镇）所在地和交通干道较远，基础设施和公共服务设施难以延伸，村寨人口规模较小（50 户以下）、贫困发生率较高（50% 以上）、扶贫成本高，地质灾害多发、安全隐患较大的"一方水土养不起一方人"地区的建档立卡贫困户。其中 50 户以下、贫困发生率 50% 以上的自然村寨（组）以整寨搬迁为主，零星搬迁的必须是建档立卡贫困户。2016 年，以自然村寨整寨搬迁为主。

易地扶贫搬迁住房建设标准：城镇安置建档立卡贫困人口人均不超过 20 平方米，此标准为控制线，不得突破；对于整村搬迁中的非贫困人口，人均住房面积可适当放宽；每户户型、住房面积根据家庭实际人口合理确定。搬迁项目建设资金构成包括：①建档贫困人口住房人均补助 2 万元，旧房拆除后每人奖励 1.5 万元，基础设施配套人均 2 万元；②整村搬迁的非贫

---

① 国家发改委关于印发全国"十三五"易地扶贫搬迁规划的通知 . 2016 年 9 月 20 日 . 中华人民共和国发展和改革委员会网，http://www.ndrc.gov.cn/zcfb/zcfbtz/201610/t20161031 _824886.html.

困人口人均住房补助 1.2 万元，旧房拆除后每人奖励 1.5 万元，基础设施配套人均 2 万元。此外，安置点搬迁群体在迁出地已享受的各种惠农政策保持不变，同等享受迁入地各种保障政策。

（案例链接：http://finance.sina.com.cn/roll/2017-02-23/doc-ifyavwcv8559555.shtml）

案例点评：

易地扶贫搬迁是脱贫攻坚战略中"五个一批"的脱贫措施之一，是精准脱贫的重要举措。黔西南州在易地扶贫搬迁工作中，坚持因地制宜的原则，对搬迁对象、搬迁方式、房屋标准、补奖金额及其他政策兜底措施进行了具体规定，真正实现了困难群众"搬得出、稳得住、能发展"目标。

政策链接：

2015 年 11 月 29 日发布的《中共中央 国务院关于打赢脱贫攻坚战的决定》中指出："对居住在生存条件恶劣、生态环境脆弱、自然灾害频发等地区的农村贫困人口，加快实施易地扶贫搬迁工程。坚持群众自愿、积极稳妥的原则，因地制宜选择搬迁安置方式，合理确定住房建设标准，完善搬迁后续扶持政策，确保搬迁对象有业可就、稳定脱贫，做到搬得出、稳得住、能致富。……为符合条件的搬迁户提供建房、生产、创业贴息贷款支持。支持搬迁安置点发展物业经济，增加搬迁户财产性收入。探索利用农民进城落户后自愿有偿退出的农村空置房屋和土地安置易地搬迁农户。"

八、生态保护和生态补偿扶贫方式

"生态补偿带动一批"是脱贫攻坚战略中"五个一批"的重要内容。2015 年 11 月 29 日发布的《中共中央 国务院关于打赢脱贫攻坚战的决定》中指出："国家实施的退耕还林还草、天然林保护、防护林建设、石漠化治理、防沙治沙、湿地保护与恢复、坡耕地综合整治、退牧还草、水生态治理等重大生态工程，在项目和资金安排上进一步向贫困地区倾斜，提高贫困人口参与度和受益水平。加大贫困地区生态保护修复力度，增加重点生态功能区转移支付。结合建立国家公园体制，创新生态资金使用方式，利用生态补偿和生态保护工程资金使当地有劳动能力的部分贫困人口转为护林员等生态保护人员。合理调整贫困地区基本农田保有指标，加大贫困地区新一轮退耕还林还草力度。开展贫困地区生态综合补偿试点，健全公益林补偿标准动态调整机制，完善草原生态保护补助奖励政策，推动地区间建立横向生态补偿制度。"

（一）生态补偿扶贫

1. **概念及应用情景** 生态补偿脱贫是指国家实施的退耕还林还草、天然林保护、防护林建设、石漠化治理、防沙治沙、湿地保护与恢复、坡耕地综合整治、退牧还草、水生态治理等重大生态工程，在项目和资金安排上进一步向贫困地区倾斜，提高贫困人口参与度和受益水平的脱贫措施。生态补偿扶贫的对象主要为根据中央扶贫标准、地方扶贫标准认定的农村贫困家庭和贫困人口。

应用情景：对于生存条件差、生态系统重要、需要保护修复的地区，结合生态环境保护与治理，探索生态脱贫新路子。

2. **在扶贫中的作用** 这种"造血型"生态补偿靶向疗法从根本上找准了生态保护的切入点，可有效解决贫困地区生态工程建设资金不足、贫困人口因保护生态环境收入不高的问题，确保这些贫困地区生态屏障功能的稳定。

3. **需要的条件** 生态补偿扶贫是以保护生态环境、促进人与自然和谐发展为目的，根据生态系统服务价值、生态保护成本、发展机会成本，运用政府和市场手段，调节生态保护利益相关者之间利益关系的激励性制度安排。生态补偿扶贫是平衡协调区域发展的重要政策工具，需要国家继续出台相关政策予以支持。

4. **具备的优点** 通过创新资金使用方式，利用生态补偿引导贫困人口有序转产转业，使当地有劳动能力的部分贫困人口转化为生态保护人员，引导贫困群众依托当地优势资源发展"绿色产业"，这是确保这些地区真正脱贫的根本所在。

5. **存在的问题与风险** 生态补偿扶贫一定要以保护环境为第一前提，处理好发展与保护的关系，要严格落实生态保护机制，在农民发展和生态保护之间寻求平衡，精准派人，解决"最后一公里"的问题，提高扶贫实效，是一个紧迫而关键的问题。

案　例：

近年来，贵州省江口县以"绿水青山就是金山银山"为理念，以保护和发展生态为目标，大力实施生态保护补偿，有效带动精准扶贫。森林生态效益补偿是中央、贵州省委和省政府的一项惠民政策，是关系到广大林农切身利益的大事。自从 2011 年实施森林生态补偿政策以来，江口县每年都及时足额兑现生态公益林补偿资金，严禁个人滞留、贪污、挪用集体公益林补偿资金。为确保涉农资金公开、公平、公正，及时足额兑现生态公益林补偿资金，江口县规定，公益林补偿资金清册必须在村组张榜公示。据统计，江口县有国家级公益林 3.436 万公顷，共涉及 10 个乡镇和街道办事处，17 843 户农户，62 868 人。其中，建档立卡贫困户 380 户 1 056 人受益于公益林补偿。江口县地方公益林 1.8 万公顷，涉及 67 个行政村，9 696 户农户，34 069 人。其中，精准扶贫户 345 户 985 人享受地方公益林补偿。

2016 年年初，为扎实做好林业扶贫和精准脱贫工作，江口县按照"精准、自愿、公开、公平、公正"原则在辖区围内聘请 250 名建档立卡贫困户为生态护林员，以管护森林的形式带动精准脱贫。工作开展过程中，江口县林业局还给每人按月发放管护费 900 元，每名护林员的年收入可达 1.08 万元；截至 2016 年年底，江口县护林员一共有 274 名建档立卡贫困户。2017 年工作开展过程中，林业局还计划再争取选聘 150 名建档立卡贫困户为生态护林员。

江口县高度重视退耕还林对贫困和生态脆弱地区的重要意义，大力实施退耕还林，确保以实现生态产业化和产业生态化的方式带动群众致富。据统计，2015 年，江口县实施退耕还林 320 公顷，涉及 7 个乡镇 18 个行政村，470 余户建档立卡贫困户脱贫。2016—2018 年，江口县规划 8 753.33 公顷退耕还林建设任务，其中 2016 年实施 6 万亩。江口县委、县政府充分认识到"碳汇城市"生态名片所带来的生态补偿效益，利用江口县森林覆盖率高、碳汇量大、生态环境优美、县域无污染企业、碳排放量极低、生物多样性丰富等优势，积极申报碳汇城市。2016 年 12 月，江口县荣获"碳汇城市"称号，成为全国第三个碳汇城市，是西南片区第一个被授予"碳汇城市"称号的城市。"碳汇城市"这一荣誉称可最大限度获得国家生态补偿，增加老百姓直接收入；可通过碳排放权交易平台，出售碳汇信用指标，实现生态服务市场化、货币化；带动碳汇造林项目发展，惠及林区群众，助推脱贫攻坚。2016 年 7 月江口县 666.67 公顷碳汇造林建设项目已获得国家发展和改革委员会备案公示。

（案例链接：http://tr.gog.cn/system/2017/06/06/015766656.shtml）

📝 案例点评：

积极创造条件，在村内设置一批适合贫困人员就业且具有保护环境功能的岗位，帮助有就业愿望和一定劳动能力的贫困户实现"就地就近"就业的愿望。实施过程中，尊重贫困群众在脱贫致富中的主体地位和意愿，引导群众充分发挥主体作用，积极主动参与项目建设，由"要我脱贫"变"我要脱贫"。

📚 政策链接：

2016 年 4 月 28 日，《国务院办公厅关于健全生态保护补偿机制的意见》

（国办发〔2016〕31 号）中提出："到 2020 年，实现森林、草原、湿地、荒漠、海洋、水流、耕地等重点领域和禁止开发区域、重点生态功能区等重要区域生态保护补偿全覆盖，补偿水平与经济社会发展状况相适应，跨地区、跨流域补偿试点示范取得明显进展，多元化补偿机制初步建立，基本建立符合我国国情的生态保护补偿制度体系，促进形成绿色生产方式和生活方式。"

（二）林业

1. **概念及应用情景**　林业是指保护生态环境和生态平衡，培育和保护森林以取得木材和其他林产品、利用林木的自然特性以发挥防护作用的生产部门，是国民经济的重要组成部分之一。

应用情景：林业项目适用于多山林的生态环境保护地，以及多荒坡、荒山、荒滩、盐碱地等生态环境脆弱不适宜发展种植业的地区。

2. **在扶贫中的作用**

（1）保护生态环境和生态平衡。

（2）提供就业岗位，增加贫困地区居民收入，改善贫困人口生计；改善人居环境。

（3）为改进林业技术、培育新品种创造条件。

3. **需要的条件**

（1）技术支撑，选育优良品种。技术支撑包括了良种的选择、推广、深加工以及林下经济的选择等。

（2）完整的资金链。林业的投资回报周期一般比种植业长，资金链的完整性对其来说也非常重要。

（3）对树林的持续管理。管理包括对森林火灾的预防应急机制、对树木病虫害的防治、对乱砍滥伐等违法行为的监督管理等。

4. **具备的优点**

（1）发展林业对环境带来的正效应是其他扶贫方式所不可比的。

（2）林间管理相比于种养业较为轻松，林木的照管工作，劳动能力稍弱的贫困人口也可以从事。

（3）产业链条较长。林业产业覆盖范围广，产业链条长，可同时带动本地区第一、第二、第三产业的兴起，例如林下种养、木材加工、干鲜果品、药材加工、林产化工、旅游采摘等。

5. **存在的问题与风险**

（1）自然风险。自然风险主要包括火灾、旱灾、风雪、水灾、病虫害等，其中森林火灾和森林病虫害是林业面临的最主要的自然风险。

（2）市场风险。林业项目回报周期较长，多数林木品种从幼林到成熟的时间都长达数 10 年，因此林产品供求失衡导致市场价格波动之后，林农对此也难以快速做出积极反应。

（3）管理风险。幼林成长期时管理不善会导致林木成活率低下。除此之外，坚决制止砍滥伐、毁林开荒也是林业管理需要面对的重大挑战和长期任务。

案　例：

2016 年，河南省灵宝市林业局通过狠抓绿色工程建设、林业技术推广、林业经济发展、惠民政策落地四项工作，全面推进林业精准扶贫工作。2016 年，灵宝市着力健全全市林技推广体系、完善科技服务机制、创新科技推广模式，以林农增收、林业增效为目标，通过开展现代林业科技培训示范、林业新品种推广、新技术应用、新产品示范及林业科技服务下乡等活动，打通服务群众的"最后一千米"。在发展林业特色产业方面，灵宝市按照"基地设施化、品牌区域化"的要求，通过发展森林旅游、休闲康养、经济林果、苗木花卉等生态经济，不断培育林业经济新增长点；鼓励森林旅游业优先聘用周边贫困人口从事服务性岗位或季节性工种；合理引导附近贫困人员参与经营"农家乐"等配套餐饮、服务项目。灵宝市注重落实集体公益林生态效益补偿、退耕还林直补和造林补助等林业惠农资金的兑现，确保应发尽发；依托天然林保护工程，提供公益性岗位；同时，简化林权抵押贷款、林业项目贴息贷款、政策性农业保险、林地使用、林木采伐审批等办理流程，并减免部分费用。

（案例链接：http://halb.forestry.gov.cn/28041/28043/242656.html）

案例点评：

灵宝市通过立足本地资源优势，解决了过去守着丰厚林业资源却无法转化为收入的问题。其经验在于：多维度开发森林的经济、生态、文化的价值，满足群众的多种需求；基于林业，为贫困人口提供政策倾斜，保障补贴资金到位，使林业经济成为山区群众脱贫致富的利器，让林农享受到实实在在的林业发展红利。

政策链接：

（1）2016 年 3 月 23 日国家发展改革委等部门联合发布的《关于实施光伏发电扶贫工作的意见》（发改能源〔2016〕621 号）提出"可以结合农业、林业开展多种'光伏＋'应用"。

（2）2014 年 8 月 7 日国务院批准的《新一轮退耕还林还草总体方案》提出："坚持尊重规律，因地制宜。根据不同地理、气候和立地条件，宜乔则乔、宜灌则灌、宜草则草，有条件的可实行林草结合，不再限定还生态林与经济林的比例，重在增加植被盖度。"

（3）2016 年 11 月 23 日国务院印发的《"十三五"脱贫攻坚规划》中提出："大力发展林产业。结合国家生态建设工程，培育一批兼具生态和经济效益的特色林产业。因地制宜大力推进木本油料、特色林果、林下经济、竹藤、花卉等产业发展，打造一批特色示范基地，带动贫困人口脱贫致富。着力提高木本油料生产加工水平，扶持发展以干鲜果品、竹藤、速生丰产林、松脂等为原料的林产品加工业。"

（4）地方性政策。例如《四川省林业扶贫攻坚实施方案（2015—2020年）》。

（三）生态农业

1. **概念及应用情景** 生态农业是运用生态学、生态经济学原理和系统科学的方法，通过合理的外部能源投入，把现代科学技术成就与传统农业技术的精华有机结合，根据资源、环境特色，通过技术、知识密集，将农业生产、农村经济发展和生态环境治理与保护、资源培育与高效利用融为一体的良性循环综合农业体系。我国认证的生态农产品有无公害农产品、绿色食品、有机食品三种。

应用情景：当本地区具有较好的生态环境且具备发展生态农业的基础设施时，可以发展生态农业。

2. **在扶贫中的作用**

（1）通过利用本地区生态环境良好的优势解决贫困户就业问题，增加收入。

（2）协调发展与保护环境之间的关系。

（3）累积优质农产品的品牌效应，抢占未来优质农产品市场的先机。

3. **需要的条件**

（1）自然条件。生态农业对农业生产的周边自然环境的要求较高，包括水源、土壤、空气等。

（2）技术条件。生产的农产品符合无公害农产品、绿色食品和有机食品标准。

（3）市场条件。生态农业农产品价格较高。在发展生态农业扶贫产业之前要做好目标消费群体的调查和分析，不能盲目生产；同时，还要和生产者签订销售合同，以保障贫困户利益。

4. 具备的优点

（1）保护生态环境和维护生物多样性，更符合环境友好型发展方式的需求。

（2）农业资源损耗更少，重复利用率更高。

（3）生产出的农产品质量较高，更安全，价格较高，收益更好。

5. 存在的问题与风险

（1）技术与管理风险。生态农业属于现代农业的范畴，需要高技术的现代农业生产要素以支持生态农业的生产格局，但是农户一时难以摒弃使用农药、化肥的习惯，为了增加产量而不合理地使用不合规的农药、化肥、杀虫剂，会导致农产品质量不达标。

（2）市场风险。生态农业价格高，一定程度上阻碍了其市场销量，因此可能会出现供大于求、销售不畅的问题。

 案　例：

四川省泸州市古蔺县以精准扶贫为着眼点，以"精准扶贫，有机农业"为主题，通过当地龙头企业的带动作用，帮助贫困户脱贫致富。2016年，古蔺县椒园乡以精准扶贫为抓手，大力发展特色农业产业，拓宽农民增收渠道。为促进当地经济发展，椒园乡引进贵州源泉实业有限公司，该公司拟在水田村投入1.47亿元发展有机特色农业，主要种植甜橙、提子等有机农产品。同时，公司成立了古蔺县源泉生态有机农业产业专业合作社，帮助当地居民参与有机农业发展。有了公司的支持，又有合作社的指导，再加上椒园乡政府负责流转土地和完善基础设施建设，古蔺县生态农业扶贫措施初见成效。据公司负责人介绍，贫困户每户贷款2万元，每年可享受有补助保底帮扶金500元，在项目投产后，可以享有每亩土地上项目产生的利益分配权，扣除相应成本及税收后的利润有49%可供分配。非贫困户的其他农户可以通过流转土地、转移劳动力等方式参与合作社。

截至2016年12月，椒园乡已开始种植"不知火杂柑""琯溪蜜柚""塔罗科血橙"三种有机橙。计划下一步将在5年内实现2万亩的甜橙种植、1万亩的提子种植、2万亩的其他农产品种植，覆盖整个水田村，水田村856户4 319人以及全乡826户贫困户4 091人将从中受益。

（案例链接：http://news.xinhuanet.com/energy/2016－12/20/c_1120154866.htm）

案例点评：

泸州市通过利用龙头企业带动当地农户发展生态农业的方式解决了过去想发展生态农业而缺资金、技术和人才的问题。其经验在于：合作社为产业发展搭建了一个良好的平台，通过"公司＋合作社＋贫困户"的形式，让合作社在打造有机农业中起到关键作用；抓住国家鼓励发展生态农业的政策机遇，推动产业扶贫，发展特色产业，激活农村发展内生动力，推动农业产业结构调整。

政策链接：

（1）2016 年 2 月国务院办公厅印发的《关于加大脱贫攻坚力度支持革命老区开发建设的指导意见》中提出："依托老区良好的自然环境，积极发展休闲农业、生态农业，打造一批具有较大影响力的养生养老基地和休闲度假目的地。"

（2）2016 年 11 月 23 日国务院印发的《"十三五"脱贫攻坚规划》中提出："促进产业融合发展。……加快发展无公害农产品、绿色食品、有机农产品和地理标志农产品。"

（3）地方政策。例如，浙江杭州淳安县《关于加快生态农业发展的实施意见》（县委〔2010〕55 号）、贵州省毕节市《毕节市人民政府关于发展山地高效生态农业板块经济的实施意见》（毕府发〔2015〕5 号）等。

九、健康扶贫工程

中国健康扶贫工程（以下简称"健康扶贫工程"）是我国政府承诺世界卫生组织提出的"人人享有卫生保健"战略目标，由中国初级卫生保健基金会主办，中共中央统战部、中国农工民主党中央委员会和卫生部、文化部、国家食品药品监督管理局、国家邮政局为支持单位的，继希望工程之后的又一项济世利民的大型公益活动。据扶贫部门发布的数据显示，我国因病致贫或因病返贫的贫困人口占到农村贫困人口的 44％。健康扶贫工程是解决老百姓"因病致贫、因病返贫"的有力措施，是强国富民实现小康社会的一项重要内容。

为打赢脱贫攻坚战的重要战略部署，国家卫生和计划生育委员会与国务院扶贫开发领导小组办公室等 15 部委于 2016 年 6 月 20 日联合发布了《关于实施健康扶贫工程的指导意见》，其目的是："到 2020 年，贫困地区人人享有基本医疗卫生服务，农村贫困人口大病得到及时有效救治保障，个人就医费用负担大幅减轻；贫困地区重大传染病和地方病得到有效控制，基本公共卫生指标接近全国平均水平，人均预期寿命进一步提高，孕产妇死亡率、婴儿死亡率、传染病发病率显著下降；连片特困地区县和国家扶贫开发工作重点县至少有一所医院（含中医院）达到二级医疗机构服务水平，服务条件明显改善，服务能力和可及性显著提升；区域间医疗卫生资源配置和人民健康水平差距进一步缩小，因病致贫、因病返贫问题得到有效解决。"

2016 年 12 月 27 日国务院印发的《"十三五"卫生与健康规划》中指出："实施健康扶贫工程。保障贫困人口享有基本医疗卫生服务，努力防止因病致贫、因病返贫。对符合条件的贫困人口参加城乡居民基本医疗保险个人缴费部分按规定由财政给予补贴。新型农村合作医疗和大病保险制度对贫困人口实行政策倾斜，门诊统筹率先覆盖所有贫困地区。将贫困人口按规定纳入重特大疾病医疗救助范围。对患大病和慢性病的农村贫困人口进行分类救治。建立贫困人口健康卡。明显改善贫困地区医疗服务能力。实施军地三级医院与集中连片特困地区县和国家扶贫开发工作重点县县级医院稳定持续的一对一帮扶，深入推进二级以上医疗机构对口帮扶贫困县（乡、镇）卫生院。积极促进远程医疗服务向贫困地区延伸。"

（一）贫困地区儿童营养改善项目

1. 概念及应用情景 为了科学解决贫困地区儿童早期成长过程中的营养缺失问题，贯彻落实《中国儿童发展纲要（2011—2020 年）》和《中国农村扶贫开发纲要（2011—2020 年）》的精神，改善贫困地区婴幼儿营养和健康状况，提高儿童家长科学喂养知识水平。原卫生部（2013 年改为国家卫生和计划生育委员会）从 2012 年起与中华全国妇女联合会合作实施了贫困地区儿童营养改善项目，通过为项目试点地区半岁至两岁的婴幼儿每天提供一包富含蛋白质、维生素和钙、铁、锌、硒等矿物质的辅食营养补充品（以下简称"营养包"），以及开展儿童营养知识宣传和健康教育，达到改善贫困地区儿童营养状况的目的。

应用情景：贫困地区经济条件差又无能力支付儿童食品消费支出的家庭，可以申请儿童营养改善项目。

2. 在扶贫中的作用 实施贫困地区儿童营养改善项目，有利于缓解我国儿童营养状况存在明显的城乡差异和地区差异，减少社会不公平现象。通过发放"营养包"，普及婴幼儿科学喂养知识与技能，可以改善贫困地区儿童营养和健康状况。目前，在降低贫困地区婴幼儿低体重率、生长迟缓率和贫血患病率等方面取得了良好的效果。

3. 需要的条件 针对 6～24 月龄婴幼儿补充"营养包"的具体操作流程是：由省级卫生行政部门按照每月平均任务数确定年度"营养包"需求量，集中招标采购后按计划统一配送到各项目县（区）或各乡（镇）卫生院。

4. 具备的优点 实施贫困地区儿童营养改善项目，是以直接提供"营养包"以及营养知识教育的方式对农村学龄儿童进行营养干预，开展儿童营养知识宣传和健康教育。同时，该项目有中央财政提供项目经费支持，并且近年来资金不断增加。

　　5. **存在的问题与风险**　"营养包"涉及食品安全问题，各部门必须严把质量关，防止损害儿童健康事件的发生。另外，"营养包"的发放需要项目地区县、乡、村相关人员合作完成，而项目地区基层人员普遍较少，有些贫困地区村民居住较为分散，留守儿童又是一个特殊的群体。种种因素导致目前"营养包"的发放率还没有达到预期目标。

❓ 案　例：

　　2013 年，国家卫生和计划生育委员会与中华全国妇女联合会继续合作在集中连片特殊困难地区 341 个县（市、区）实施贫困地区儿童营养改善项目，具体目标包括：（1）项目地区县、乡、村相关人员培训覆盖率达到 80％以上，提高项目地区儿童看护人对"营养包"的知晓率；（2）"营养包"发放率达到 80％以上，"营养包"有效服用率达到 60％以上；（3）提高项目地区儿童看护人婴幼儿科学喂养知识水平，看护人健康教育覆盖率达到 80％以上。（4）项目地区 6～24 月龄婴幼儿贫血患病率在基线调查基础上下降 20％，生长迟缓率在基线调查基础上下降 5％。截至 2016 年 8 月，河南省共发放"营养包"186 万盒，累计受益儿童达 15.1 万余人，在服"营养包"的婴幼儿达 11.2 万多人，贫困地区儿童营养健康状况得到有效改善，公众对儿童科学喂养知识认知水平提高，婴幼儿低体重率、生长迟缓率和贫血患病率降低。其中，项目试点县洛宁县贫困地区儿童贫血患病率已从 34％降至 14.6％，儿童生长迟缓率由 9.7％降至 4.6％。

　　（案例链接：http://www.nhfpc.gov.cn/fys/s3585/201311/25bcc2db06774177bd30-e0bcc516c67e.shtml）

📝 案例点评：

　　对于贫困地区农村家庭来说，孩子成长因得不到营养方面的支撑而导致的疾病会让整个家庭陷入贫困的恶性循环，改善儿童的营养状况刻不容缓。

📘 政策链接：

　　（1）国务院于 2014 年 12 月 25 日印发的《国家贫困地区儿童发展规划（2014—2020 年）》。

　　（2）全国妇联儿童工作部和国家卫生计生委妇幼健康服务司于 2015 年 5 月 22 日发布的《中国贫困地区 0～6 岁儿童营养及家庭养育状况》报告。

（二）降低孕产妇死亡率和消除新生儿破伤风项目

1. 概念及应用情景 为解决危害妇女儿童健康的问题，实现《中国妇女发展纲要（2000—2010 年）》提出到 2010 年将全国孕产妇死亡率在 2000 年的基础上降低 1/4 的目标，2000 年财务部、卫生部等在我国西部农村 378 个县开展了降低孕产妇死亡率、消除新生儿破伤风（以下简称"降消"）项目。

应用情景："降消"项目是国家为了提高孕产妇住院分娩率、降低孕产妇死亡率、消除新生儿破伤风而投入经费实施的一个卫生项目，适用于所有有上述需求的妇女。

2. 在扶贫中的作用 通过健康教育，普及妇幼保健知识，增强了孕妇住院分娩的必要性、安全性的意识，降低孕产妇死亡率和消除新生儿破伤风的风险，改善贫困地区妇女儿童的健康状况，提升贫困地区基本医疗卫生服务水平，使因病致贫、因病返贫问题得到有效控制。

3. 需要的条件 项目的实施需要医疗机构、相关组织、产妇家庭及其家人的密切配合，其中，享受"降消"项目补助资金对象包括：项目实施范围内的所有农村孕产妇、农村低保对象家庭的孕产妇（需出示"农村低保证"）和城镇低保对象家庭的孕产妇（需出示"低保证"）[①]。

具体流程：由乡镇妇女联合会和计划生育办公室对有孕产妇的家庭进行摸底，对于较贫困的家庭发放"贫困孕产妇救助资金申请表"，贫困家庭按要求填写申请表上交村民委员会讨论确定后交乡镇妇女联合会及计划生育办公室，公示 5 天后上报县"降消"项目领导小组办公室。县"降消"项目领导小组审批后将贫困孕产妇救助卡由乡镇妇女联合会和卫生院下发至贫困孕产妇手中。

4. 具备的优点 通过实施贫困救助，减免接生费用，提高住院分娩率，保证项目目标落实。强化乡镇（社区）卫生院建设，将原来的村级接生员转变为保健员，其职能由原来的新法接生转变为孕产妇管理、产前检查和产后访视。

5. 存在的问题与风险 受主客观因素的影响，直接让群众接受健康教育知识，改变传统习惯，绝非一朝一夕之事，需要长时间的努力。

❓ 案　例：

西藏自治区从 2009 年起，在全区实施"降消"项目。自治区财政专项补助每县 20 万元，自治区安排 1 480 万元，实现全区"降消"项目全覆盖。

---

① "农村低保证""低保证"，是指享受最低生活保障的城乡困难人群的身份证明。我国各地对于此类证件的全称并不统一。

2010 年，卫生部办公厅印发了《2010 年妇幼卫生综合项目管理方案》中明确指出，"降消"项目目标：①孕产妇死亡率：到 2010 年年底，孕产妇死亡率以省（自治区、市）为单位在 2001 年的基础上下降 55%；②新生儿破伤风发病率：以县为单位下降到 0.1% 以下；③消毒接生率≥99%；④产前检查覆盖率≥95%；⑤县（乡）医疗保健机构产科"三基"（基础理论、基本知识、基本技能）考核合格率≥85%。2012 年，《卫生部关于印发贯彻 2011—2020 年中国妇女儿童发展纲要实施方案的通知》（卫妇发〔2012〕2 号）中强调，继续实施"降消"项目，总目标为：到 2015 年，全国孕产妇死亡率下降到 22∶100 000，婴儿和 5 岁以下儿童死亡率分别下降到 1.2% 和 1.4%；到 2020 年，全国孕产妇死亡率下降到 20∶100 000，婴儿和 5 岁以下儿童死亡率分别下降到 1% 和 1.3%。

（案例链接：http://www.xizang.gov.cn/xwzx/shfz/201702/t20170215 _ 120599.html）

📝 案例点评：

"降消"项目在全国覆盖率很高，政府支持力度很大。

📚 政策链接：

《中华人民共和国母婴保健法（主席令第三十三号）》（2017 年修正本），1995 年 6 月 1 日起施行，2017 年 11 月 4 日依据第十二届全国人民代表大会常务委员会第三十次会议通过的相关决定做出修正。

（三）农村孕产妇住院分娩补助项目

1. **概念及应用情景** 为保障母婴安全、降低孕产妇死亡率，落实《国务院关于印发医药卫生体制改革近期重点实施方案（2009—2011 年）》精神，根据卫生部、财政部《关于印发〈关于进一步加强农村孕产妇住院分娩工作的指导意见〉的通知》（卫妇社发〔2009〕12 号），财政部、卫生部《关于印发〈农村孕产妇住院分娩专项补助资金管理暂行办法〉的通知》（财社〔2009〕36 号）的要求，利用中央财政专项补助经费，在全国 31 个省（区、市）范围内实施农村孕产妇住院分娩补助项目。各省（区、市）卫生、财政部门要按照《关于进一步加强农村孕产妇住院分娩工作的指导意见》和《农村孕产妇住院分娩专项补助资金管理暂行办法》的要求，结合地方实际共同编制本地农村孕产妇住院分娩补助实施方案和资金管理办法，确定本地区的住院分娩基本服务项目和限价标准，地方财政承担相应的支出责任，并统筹使用各级财政补助资金。

应用情景：农村地区住院分娩基本服务项目包括正常产、阴道手术助产、剖宫产三种形式，涵盖基本护理（床位，护理）、常规检查（一般检查和辅助检查）、接产服务（观察产程、接生、新生儿护理、新生儿窒息复苏、产房观察等）、基本药物（缩宫素、生理盐水、抗生素、眼药等）四项具体内容。符合条件的孕产妇都可申请，均享受上述服务内容。

2. 在扶贫中的作用 农村孕产妇住院分娩补助项目对促进农村孕产妇住院分娩、减轻产妇家庭经济负担发挥了重要的作用。提高农村孕产妇住院分娩率，对于对降低农村孕产妇、婴儿和 5 岁以下儿童死亡率，消除新生儿破伤风，提高人均期望寿命起到了积极作用，使农村的基本公共卫生和计划生育服务指标接近全国平均水平。

3. 需要的条件 农村孕产妇住院分娩补助项目的对象是农业户籍孕产妇。参加新型农村合作医疗的农村孕产妇在财政补助之外的住院分娩费用，可按当地新型农村合作医疗制度的规定给予补偿。对个人负担较重的贫困孕产妇，可由农村医疗救助制度按规定给予救助。

4. 具备的优点 孕产妇家中分娩这种方式为出现产科并发症和造成婴儿死亡埋下了极大的隐患。而在全国范围内实施农村孕产妇住院分娩补助，大大降低了这一风险产生的可能性，提高了孕前优生服务的可及性，为解决因经济困难不能住院分娩的农村孕产妇提供了帮助。

5. 存在的问题与风险 孕妇分娩可能会引发一些其他疾病，对这部分的报销补助比例不高，自费部分也会给困难家庭带来了更大压力。

❓ 案　例：

云南省禄丰县农村孕产妇住院分娩的限价政策和补助标准包括：①单胎顺产（含会阴切开与缝合术），乡镇卫生院每例限价 500 元，新农合报销 400 元，项目补助 100 元；县级医疗保健机构每例限价 700 元，新农合报销 400 元，项目补助 100 元，自付 200 元。②阴道手术助产（胎头吸引、产钳、臀位助产、臀位牵引术），乡镇卫生院每例限价 850 元，新农合报销 539 元，项目补助 155.50 元，自付 155.50 元；县级医疗保健机构医院每例限价 1 100 元，新农合报销 495 元，项目补助 202.50 元，自付 202.50 元。③剖宫产，乡镇卫生院每例限价 1 500 元，新农合补助 994 元，项目补助 253 元，自付 253 元；县级医疗保健机构每例限价 2000 元，新农合补助 990 元，项目补助 505 元，自付 505 元。④未参加新农合的孕产妇，只享受项目经费补助的部分。⑤孕产妇发生宫颈裂伤、胎盘残留、产科出血、产科并发症等四种特殊情况的，执行新农合限价标准，项目按单胎顺产补助 100 元，其余费用由产妇个人自付。

（案例链接：http://www.ynlf.gov.cn/ContentView.aspx? departmentId＝1&id＝33372)

案例点评：

新农合、"降消"项目以及农村孕产妇住院分娩补助项目需要做好衔接工作，才能最大限度减轻农村贫困人口的医疗支出负担。

政策链接：

（1）《卫生部 财政部关于印发〈关于进一步加强农村孕产妇住院分娩工作的指导意见〉的通知》（卫妇社发〔2009〕12 号），2009 年 1 月 20 日。

（2）《财政部 卫生部关于印发〈农村孕产妇住院分娩专项补助资金管理暂行办法〉的通知》（财社〔2009〕36 号），2009 年 6 月 1 日。

（四）新型农村合作医疗制度

1. 概念及应用情景 2002 年 10 月 19 日，《中共中央 国务院关于进一步加强农村卫生工作的决定》（中发〔2002〕13 号）中提出，要建立以大病统筹为主的新型合作医疗制度和医疗救助制度。新农合是新型农村合作医疗制度的简称，是由政府组织、引导、支持，农民自愿参加，个人、集体和政府多方筹资，以大病统筹为主的农民医疗互助共济制度。《国务院办公厅转发民政部等部门关于进一步完善医疗救助制度全面开展重特大疾病医疗救助工作意见的通知》（国办发〔2015〕30 号）中指出，最低生活保障家庭成员和特困供养人员是医疗救助的重点救助对象。要逐步将低收入救助对象以及县级以上人民政府规定的其他特殊困难人员纳入救助范围。

应用情景：适当拓展重特大疾病医疗救助对象范围，积极探索对发生高额医疗费用、超过家庭承受能力、基本生活出现严重困难家庭中的重病患者实施救助。

2. 在扶贫中的作用 实现新农合、大病保险和重特大疾病医疗救助对农村贫困人口实现全覆盖，有助于提升农村贫困人口医疗保障和健康水平，补上贫困地区医疗服务"短板"，解决农村贫困人口因病致贫和返贫问题。同时，减少农村贫困人口家庭医疗支出，维持其正常的劳动能力。

3. 需要的条件 需要人力资源社会保障、财政部和民政部等部门做好衔接，确保农村贫困人口免费享受国家基本公共卫生服务。

4. **具备的优点** 实施分类救治，帮助贫困人口尽快恢复生产生活能力。通过新农合、大病保险和重特大疾病医疗救助等政策把贫困人口纳入健全的医疗保障体系中，提高兜底水平。

5. **存在的问题与风险** 基本医保对农村贫困人口要给予更多扶持，建立与大病保险、医疗救助、商业健康保险等制度的衔接机制，实现"三覆盖、两倾斜、两加大、一窗口"（"三覆盖"就是新农合、大病保险和重特大疾病医方救助三项制度对农村贫困人口实现全覆盖；"两倾斜"就是新农合、大病保险对农村贫困人口实行政策倾斜；"两加大"就是加大商业健康保险和临时救助对健康扶贫的支持力度；"一窗口"就是定点医疗机构设立服务窗口)，协同互补，形成保障合力。一旦部门协同治理和制度衔接上有一些缝隙，整体合力的效果就难以发挥。

？ 案 例：

吉林省提出"五提高、一降低、一增加、三减免"的健康脱贫措施。其中，"五提高"是指：提高 32 种常见慢性病门诊报销比例，提高 42 种特殊疾病门诊报销比例，提高住院患者报销比例，提高 42 种重大疾病住院补偿比例，提高新农合大病保险报销比例。"一降低"是指：新农合大病保险起付线由 1 万元降至 6 000 元。"一增加"是指：增加 23 个残疾人医疗康复纳入新农合保障范围。"三减免"是指：对贫困参合患者实行分类救治，吉林省人民医院针对患有肺癌、食道癌等 28 种重大疾病且需手术治疗的低保家庭、五保供养对象、孤儿等特定贫困参合患者，实现目录内医药费用全免，其中目录内医药费用经各种政策性报销后，剩余部分由吉林省人民医院与省慈善总会各承担一半；吉林省人民医院针对 28 种重大疾病外的住院贫困参合患者，给予目录内医药费用 5% 的减免政策；依托吉林心脏病医院承担全省农村心脏病贫困参合患者医疗救治，免费为适应症患者开展心脏支架、搭桥等手术项目，所需费用除新农合正常支付外，其余部分由吉林省青少年发展基金会承担。

（案例链接：http://www.jl.xinhuanet.com/2012jlpd/2016 - 07/12/c_1119205675. htm）

📝 案例点评：

医疗保障和医疗困难救助机制过程中，通过新农合、大病保险和重特大疾病医疗救助，实现对农村贫困人口全覆盖，合理制定报销标准，以解决"因病致贫""因病返贫"等问题。

政策链接：

(1)《中共中央   国务院关于进一步加强农村卫生工作的决定》（中发〔2002〕13号），2002年10月19日。

(2) 2012年8月24日，国务院办公厅、国家发展和改革委员会、卫生部等六部门联合发布了《关于开展城乡居民大病保险工作的指导意见》（发改社会〔2012〕2605号）。

(3) 2015年4月21日，《国务院办公厅转发民政部等部门关于进一步完善医疗救助制度全面开展重特大疾病医疗救助工作意见的通知》（国办发〔2015〕30号）。

（五）两升两降

1. **概念及应用情景** "两升两降"是升比例、升封顶、降门槛、降押金的简称。让百姓看得起病，是健康扶贫的核心。通过"两升两降"的办法，实现新农合健康扶贫。具体来说，提高农村参加新农合的贫困人口住院报销的比例和报销比例的封顶线，农村参加新农合的贫困人口在县（乡）新农合定点医疗机构可以先住院，后结算，不用交押金，入院的押金在原有基础上也有所下降。降低入院的门槛和缴纳押金的费用，方便了农村贫困人口看病。

应用情景：对所有统筹区域一级医疗机构农村参合贫困人口住院不设起付线，合规费用全额纳入新农合报销，同时各级各类新农合定点医疗机构，对于符合分级诊疗规范、按照新农合技术转诊要求规范执行的农村参合贫困人口住院报销比例，在现有报销比例基础上均提高5个百分点。各新农合统筹区域对于农村参合贫困人口慢性病患者，将提高报销比例封顶线，且要求提高比例不低于现有封顶线的20%。

2. **在扶贫中的作用** 通过提高贫困人口住院报销的比例和报销比例的封顶线，使困难群体有更多的机会得到救治，且自付费用比例明显变小，缓解了家庭的经济负担；通过降低入院的门槛和缴纳押金的费用，方便了农村贫困人口看病，或者说是敢去看病，做到"病有可医"，切实减少了因病致贫、因病返贫现象发生的可能性。

3. **需要的条件** 需要不断推进医药卫生体制改革、巩固新农合制度、完善医疗基础设施建设和基本药物制度，提升现有基层医疗人员业务水平，加大贫困地区传染病、地方病、慢性病防控力度，提升农村贫困人口健康意识，树立"无病早防、有病早治"的新观念。

4. **具备的优点** 在集新农合报销、大病保险、医疗救助于一体的医疗保障体系的基础上，实施"两升两降"的办法，对贫困群体实施精准扶贫，能使扶贫资源发挥出最大的效益。这一做法既提高了医疗服务水平，又节省了贫困患者因报销而耗费的时间和精力，改善贫困群体的健康水平。

5. **存在的问题与风险** 贫困地区基层（乡镇和村）医疗水平普遍不高，医疗基础设施和人才队伍较为薄弱，优质医疗资源难以下沉。各项服务还不够规范、管理方法相对落后，成本短期内无法降低。

❓ 案　例：

陕西省咸阳市长武县昭仁街道办事处居民崔小平，为了给儿子娶媳妇，于2015年花10几万元盖了新房，没想到2016年他得了一场大病，患了动脉夹层瘤。"医院住院总费用就是十六万五千多块钱，一下子把人就打得趴下了。"就在崔小平一筹莫展之际，陕西省的健康扶贫大病救助政策帮他解了燃眉之急。长武县新农合经办中心副主任张丽红说："（崔小平）新农合的住院报销报了六万四千六百零九块钱，还有一个新农合的大病二次补偿，等于这个人虽然花了十六万多看病，但是他最后支付了五万九。"

陕西省安康市宁陕县城关镇汤坪村低保户柯友能一直和年迈的老母亲一起生活，2016年6月他在山上割草时，不慎从山上摔了下来。因为有健康扶贫政策做后盾，尽管家里穷，但他的治疗一点也没耽误。他母亲说："要是没有这个本本，我儿子（已经）不在了。"老人家说的"本本"，就是宁陕县在健康扶贫中针对全县贫困人群中的4 200名低保困难群众颁发的"宁陕县困难群众医疗保障证"，低保患者凭这个证就能在宁陕县新农合定点医疗机构窗口享受到基本医保、大病保险、医疗救助和社会慈善救助等多项优惠政策。宁陕县医院院长陈玖浩说："持有'宁陕县困难群众医疗保障证'的患者到我们医院住院，实行先入院、后报销这样一个政策，整个报销比例测算后，（患者报销）可能要增加17%。"

（案例链接：http://sn.ifeng.com/a/20160909/4957652＿0.shtml）

📝 案例点评：

精准扶贫以来，长武县针对全县5 657个像崔小平这样"因病致贫、因病返贫"的困难群众，启动了集新农合报销、大病保险、民政救助于一体的多重保障机制，开展健康扶贫。

📑 政策链接：

2016年6月20日，国家卫生和计划生育委员会等15个部门联合发布《关于实施健康扶贫工程的指导意见》。

（六）计划生育奖补政策

1. 概念及应用情景　计划生育奖补政策是对计划生育政策的补充。计划生育家庭是指严格执行了国家计划生育政策，并且持有独生子女证的家庭。计划生育奖补政策是指政府运用经济利益手段，引导育龄夫妇按国家的生育政策约束自己生育行为的一系列扶助、优先、优惠、帮扶、保障政策总和。为解决独生子女伤残死亡家庭的特殊困难，2004 年 2 月，人口和计划生育委员会与财政部联合发布了《关于开展对农村部分计划生育家庭实行奖励扶助制度试点工作意见的通知》；2004 年 12 月，又联合发布了《农村部分计划生育家庭奖励扶助制度试点方案（试行）》；2004 年 5 月，人口和计划生育委员会发布了《农村部分计划生育家庭奖励扶助对象确认条件的政策性解释》等相关条文。2006 年，农村部分计划生育奖励扶助制度开始在全国推广。

应用情景：计生奖补政策包括农村计划生育家庭奖励扶助制度（简称"奖励扶助制度"）和计划生育家庭特别扶助制度（简称"特别扶助制度"）两项具体制度。其中，奖励扶助制度是在各地现行计划生育奖励优惠政策基础上，针对农村只有一个子女或两个女孩、夫妇年满 60 周岁的计划生育家庭，由中央和地方财政安排专项资金进行奖励扶助的一项基本制度；而特别扶助制度是解决独生子女伤残死亡家庭的特殊困难，针对独生子女家庭所做的一项基本制度安排。

2. 在扶贫中的作用　通过国家政策性奖励扶助，引导更多农民少生快富，有利于转变生育观念，从根本上扭转"越穷越生、越生越穷"的恶性循环，减少新增贫困人口，促进消除贫困，提高农民生活水平和生活质量。

3. 需要的条件　补助对象需要同时符合以下几个条件：①1933 年 1 月 1 日以后出生；②女方年满 49 周岁；③只生育一个子女或合法收养一个子女；④现无存活子女或独生子女被依法鉴定为残疾（伤病残达到三级以上）。

4. 具备的优点　计生奖补政策体现我国人口和计划生育工作以人为中心的发展理念，有助于调动农民实行计划生育的积极性和自觉性，奖励扶助资金的发放能够缓解计划生育家庭在生产、生活和养老方面的特殊困难，使他们精神上获得慰藉，生活上得到帮助，进而确保已实施的制度正常、稳定、可持续地运行。

5. 存在的问题与风险

（1）计划生育家庭养老问题突出。缺少子女供养，不能有效满足已经或即将进入老年阶段的独生子女父母的养老需要。

（2）计划生育奖励标准低。随着物价水平和收入水平的不断攀升，计划生育奖励早已经失去了它的实际意义。

（3）计划生育奖励政策的持续性问题。部分省份在特定时期制定的计划生育优惠政策有悖于国家构建和谐社会的发展要求，缺乏公平性，同时会给地方财政带来巨大压力。

案　例：

浙江省卫生和计划生育委员会于 2015 年 9 月 22 日发布了《浙江省卫生计生委等部门关于进一步完善计划生育特殊家庭扶助关怀政策的意见》，针对现有计划生育手术并发症人群、独生子女死亡或伤残的家庭实施新政，新政内容涉及生活保障、养老照料、精神慰藉等多方面：①提高现有计划生育手术并发症人员扶助标准，对一级、二级、三级计划生育手术并发症人员的扶助金，分别由目前每人每月 300 元、200 元、100 元的扶助金标准，提高到每人每月 600 元、400 元、200 元；将女方年满 49 周岁未满 60 周岁的独生子女伤残死亡家庭中夫妻一方或双方失能、失智等生活不能自理的特别扶助金标准，由目前的每人每月 500 元提高到 700 元；另外，独生子女死亡家庭依法收养子女的，按户给予一次性 5 万元补助；独生子女死亡的父母以个体工商户身份参加企业职工基本养老保险的，对其个人缴费部分给予一定补贴。②独生子女死亡的父母中，一方或双方失能、失智等生活不能自理、或 70 周岁及以上、本人有意愿的，由县（市、区）民政部门指定公办养老机构予以安排和接收；一方或双方符合托养条件、本人有意愿的残疾人，由县（市、区）残联优先纳入重度残疾人托（安）养服务，并安排残疾人托养机构予以接收和照料；独生子女死亡的父母亡故后，符合农村"五保"对象和城镇"三无"人员条件的，由民政部门根据有关殡葬管理规定为其办理丧葬事宜；无监护人的孤寡独居对象，经本人同意，由村民委员会（社区居民委员会）作为监护人，主要履行该对象入住养老院、医疗手术等监护人职责；各级医疗机构开通"绿色通道"，为独生子女死亡的父母住院就医、转诊提供便利条件，具体办法由各县（市、区）卫生计生部门制定。③"失独家庭"心理关怀。政府通过购买服务、志愿服务相结合等方式，根据计划生育特殊家庭需求，为他们提供生活照料、生产帮扶、精神慰藉和心理援助等社会关怀服务。

（案例链接：http://www.panan.gov.cn/wshjhsyj/zcwj_1386/sjzcwj/201510/t20151023_140899.shtml）

案例点评：

浙江省的计划生育奖补政策涉及生活保障、养老照料、精神慰藉等多方面，对奖补对象、标准、程序等内容进行了具体的说明。

政策链接：

（1）2007 年 8 月 31 日，人口和计划生育委员会、财政部联合发布的《关于印发全国独生子女伤残死亡家庭扶助制度试点方案》。

（2）2008 年 11 月 28 日发布的《国家人口计生委　财政部关于实施"三项制度"工作的通知》。

（3）2011 年发布的《人口计生委　财政部关于将符合规定的"半边户"农村居民一方纳入农村部分计划生育家庭奖励扶助制度的通知》。

（4）2013 年，国家卫生和计划生育委员会等 5 部门联合下发的《关于进一步做好计划生育特殊困难家庭扶助工作的通知》。

（七）农村厕所改造项目

1. 概念及应用情景　20 世纪 90 年代，我国在农村掀起了一场"厕所革命"。1992 年国务院下达的《九十年代中国儿童发展规划纲要》，将普遍提高"卫生厕所普及率"列入"九十年代我国儿童生存、保护和发展的主要目标"。截至 2013 年年底，官方公布的我国农村卫生厕所普及率已从 1993 年的 7.5% 提高到 2013 年的 74.1%，在一定程度上改变了我国农村过去普遍脏、乱、差的如厕环境。

应用情景：目前，农村厕所改造通常有 4 种模式。在城镇污水管网覆盖到的村庄和农村新型社区，推广使用水冲式厕所；在一般农村地区，推广使用三格化粪池式、双瓮漏斗式厕所改造；在重点饮用水源地保护区内的村庄，全面采用水冲式厕所；在山区或缺水地区的村庄，推广使用粪尿分集式厕所等[①]。

2. 在扶贫中的作用　农村厕所改造减少了寄生虫卵和细菌，使臭气浓度下降，明显降低蚊蝇密度，减少土壤和水质污染，有效降低肠道传染病，并带动农村居民生活环境的改善。随着农村厕所改造项目逐步推进，村容村貌明显改善，农民健康指数不断提升，农村厕所改造项目对促进经济发展和社会和谐起到了重要作用，厕所改造项目越来越得到农民的认可和支持。

3. 需要的条件　需要引导农民转变不卫生习俗，使农村厕所改造项目越来越深入人心。同时，地方政府也要投入资金，保证项目的顺利实施。

4. 具备的优点　农村厕所改造项目是爱国卫生运动的重要内容，国家有专项财政支持，贫困地区居民不必承担过多的经济开支，也能享有清洁、舒适

---

①　山东农村"厕所革命"效果图曝光—回老家不怕如厕 . 2016 年 6 月 6 日 . 腾讯网新闻，http://news.qq.com/a/20160605/011117.htm.

及卫生的人居环境。

5. 存在的问题与风险 受习惯和经济等多方面的因素影响，有些地方的农村厕所改造项目收效还不明显。因此，必须因地制宜，尊重当地人的风俗习惯，合理选择厕所改造方式。此外，农村厕所改造后，垃圾粪便处理等后续问题也需要关注。

案　例：

"小康不小康，不看厨房看茅房。"这朴素的语言反映了精神与生活渐渐富裕起来的农民对整洁卫生的如厕环境的渴望。然而，由于传统观念、经济条件及宣传力度的不足，辽宁省沈阳市农村厕所改造曾经步履维艰。

"在常见的传染病中，肠道传染病如痢疾、伤寒、肝炎等占了70%以上。而与肠道传染病关系最密切的因素有三个：水、饮食、粪便。"沈阳市卫生局人士称，沈阳市以前在农村暴发的传染性流行病，大多数与粪便污染水源、食物有关。

从 2000 年开始，沈阳市开始把农村厕所改造作为社会主义新农村建设的一项重要内容来抓。今年，市政府将厕所改造工作纳入卫生工作目标责任状，国家补助资金 200.5 万元，沈阳市财政配套资金 230 万元，各区县（市）财政配备 131.9 万元，共计 562.4 万元，为厕所改造顺利进行提供有利的资金保障。同时，在生态区厕所改造工作中，区级财政又投入 493.6 万元，修建了 3 647 座无害化卫生厕所。

在各方的努力下，沈阳今年共完成国家厕所改造建设任务 8 000 座，其中，户外厕所改造 135 座，修建"三位一体"沼气式厕所 3 100 座，整体上楼厕所改造 2 388 座；此外，还新建了 3 647 座无害化卫生厕所，其中，沈阳北新区有 2 400 座，棋盘山有 867 座，东陵区有 380 座。

（案例链接：http://news. sohu. com/20081216/n261233480. shtml？type＝2）

案例点评：

沈阳市农村厕所改造项目的优点是：①改善农村的人居环境和农村居民的生活方式，推动农村精神文明建设迈向了新台阶；②降低了疾病隐患发生的可能性；③为当地居民创造了更多的就业机会，户外公厕改造后，当地政府会提供公厕粪液清掏及日常清理、管理的公益性岗位。

政策链接：

（1）2016 年 6 月 20 日，国家卫生和计划生育委员会同国务院扶贫开发领导小组办公室等 15 个部门制定印发《关于实施健康扶贫工程的指导意见》（国卫财务发〔2016〕26 号）。

（2）2015 年 3 月，全国爱国卫生运动委员会下发《全国城乡环境卫生整洁行动方案（2015—2020 年)》。

十、基础设施建设项目

基础设施主要包括交通运输、机场、港口、桥梁、通信、水利和城市供排水、供气、供电设施，以及提供无形产品或服务于科学、教育、文化、卫生等部门所需的固定资产，它是一切企业、单位和居民生产经营工作和生活的共同的物质基础，是城市主体设施正常运行的保证，既是物质生产的重要条件，也是劳动力再生产的重要条件。基础设施对于贫困地区经济社会的发展具有重要的作用。《中华人民共和国国民经济和社会发展第十三个五年规划纲要》中指出："加强贫困地区基础设施建设。因地制宜解决贫困地区通路、通水、通电、通网络等问题。构建贫困地区外通内联的交通运输通道。建设 15.2 万千米通建制村沥青（水泥）路。加强贫困地区水利建设，全面解决贫困人口饮水安全问题，大力扶持贫困地区农村水电开发。加大贫困地区农网改造力度。宽带网络覆盖 90%以上的贫困村。加大以工代赈投入力度，支持贫困地区中小型公益性基础设施建设。继续实施整村推进，加快改善贫困村生产生活条件。"

（一）以工代赈

1. **概念及应用情景**　以工代赈是指政府投资建设基础设施工程，受赈济者参加工程建设获得劳务报酬，以此取代直接救济的一种扶持政策。现阶段，国家安排以工代赈的建设内容包括县（乡、村）公路、农田水利、基本农田、小流域治理和其他工程[①]。贫困农民参加以工代赈工程建设，获得劳务报酬，直接增加收入。

应用情景：当所在社区的自然条件较差、村庄基础设施建设落后，且村民人均收入相对较低时，政府可以考虑采取以工代赈的方式实现精准扶贫。

2. **在扶贫中的作用**

（1）以工代赈可以让农村劳动力有稳定的工作和收入，使农户不出门就能增加家庭收入。

---

① 国家发展和改革委员会．国家以工代赈管理办法（中华人民共和国发展和改革委员会令第 41 号），2005 年 12 月 27 日．

（2）可以加强乡村道路建设，改善人畜饮水工程，开展水土保持、小流域治理和片区综合开发，加快农村基础设施的升级换代，夯实农村发展的基础。

3. 需要的条件

（1）政策支持。以工代赈是一项特殊的扶持困难群众的政策措施，其特有的基本属性构成了以工代赈政策的特殊性和复杂性。只有正确认识和把握以工代赈的基本特性，才能执行好、运用好以工代赈政策。

（2）资金保障。以工代赈是政府投资基础设施建设工程，并且要保证受赈济者能够从中获取酬劳而增加收入，这是一项资金需求量巨大的工程。因此，需要整合涉农资金，加大资金投入力度，才能保证以工代赈的扶贫效果。

（3）监督管理。以工代赈需要按照国家《中央财政专项扶贫资金管理办法》和《国家以工代赈管理办法》的有关要求，严格监管资金，确保资金的高效规范使用。

4. 具备的优点

（1）政府高位推动，有利于涉农资金的整合，有利于推动贫困地区农村基础设施建设顺利进行，改善贫困农村生产生活条件，优化贫困地区发展环境，促进贫困人口增收脱贫。

（2）以工代赈实现了扶贫由"输血"到"造血"的方式转变，组织贫困群众开展基础设施建设，同时给予参与建设的群众劳动报酬，既改善了贫困地区的生产生活条件，同时又增加了贫困群众的收入，可谓是一举双得。

5. 存在的问题与风险

以工代赈虽可在农村扶贫中通过组织赈济对象参加工程建设，使其得到必要的和基本的生活保障，以达到赈济的目的。同时，可加强贫困地区农村的基础设施建设，改善贫困居民的生活条件。但是，由于以工代赈项目申请周期太长、实施周期长等问题的存在，也影响了以工代赈项目的扶贫效果。

❓ 案　例：

　　按照安徽省发展和改革委员会要求，定远县及时建立了以工代赈"十二五"规划项目库，按照省规定的以工代赈投资方向、投资规模、建设内容，定远县要求每个乡镇编制上报3～4个建设项目，经审查汇总后上报省规划项目库。安徽省每年下达投资计划后，定远县根据投资计划规模，按照轻重缓急和优先安排"老、少、边、穷"乡（镇、村、组）的原则，从省项目库中将项目提取分解落实；同时，要求各乡镇编制项目实施方案和预算，经汇编后上报安徽省发展和改革委员会。安徽省发展和改革委员会与财政厅审批文件下达后，要求乡镇及时在镇村公示栏及时公示。安徽省每年下达定远县的以工代赈资金投资规模不大，各乡镇基础设施建设投资缺口均较多，因此按照轻重缓急和综合平衡原则安排项目，每个单体工程建设规模不大，基本上为10万～30万元，所有以工代赈扶贫项目基本上投向了定远县最贫困落后的村（组）。按照安徽省以工代赈管理办法规定投资方向和建设内容，定远县以工代赈资金全部安排为农村道路、水利基础设施建设，主要建设内容均为偏远村（组）"断头路"和小塘坝等边边角角工程，有效地弥补了农村公路"村村通""小农水"等其他农村扶贫项目政策的局限性和不足，有效改善了当地群众出行交通、农田水利等状况和条件，拉动了当地经济社会的发展，加速了贫困地区群众的脱贫解困步伐，提高了群众的生产生活水平，受当地广大干部群众的欢迎和拥护，取得了较好的经济和社会效益。

（案例链接：http://ah.anhuinews.com/system/2014/10/19/006574475.shtml）

📝案例点评：

定远县认真筛选项目，做好项目前期工作，推行项目公示制，按照以工代赈项目管理办法管理，严把质量关。

📚政策链接：

（1）《中共中央　国务院关于印发〈中国农村扶贫开发纲要（2011—2020年）〉的通知》（中发〔2011〕10号）。

（2）《中共中央办公厅　国务院办公厅印发〈关于创新机制扎实推进农村扶贫开发工作的意见〉的通知》（中办发〔2013〕25号），2013年12月18日发布。

（3）国家发展和改革委员会于2005年12月27日发布的《国家以工代赈管理办法》（中华人民共和国国家发展和改革委员会令第41号）。

（二）一事一议、财政奖补

1. **概念及应用情景**　村级公益事业一事一议、财政奖补，是政府对村民一事一议筹资筹劳开展村级公益事业建设进行奖励或补助的政策，财政奖补资金主要由中央和省级以及有条件的市、县财政安排。

应用情景：当所在贫困社区历史欠账多、城乡差距大，相当一部分农村基本生活生产条件还比较差，但农户对农田水利基本建设、道路修建、植树造林、农业综合开发等有关土地治理项目，以及其他村民认为需要兴办的集体生产生活等公益事业项目建设有巨大需求时，可考虑采取一事一议、财政奖补。

2. 在扶贫中的作用

（1）推动贫困山区连片治理，规模效应突出。可以充分利用农村综合改革信息系统，提高工作的前瞻性和科学性，有利于推进贫困村连片治理。

（2）改善农村人居环境，提高农村贫困人口的生存质量。

（3）完善民主议事机制，真正还权于民。以民主议事为前提，以民办公助为手段，以农民需求为导向，真正还权于民，在农村扶贫中可调动农民参与的积极性和主动性。

3. 需要的条件　一事一议、财政奖补政策实行时需要遵循以下工作程序：①开会讨论；②联名提出；③召开村民会议；④相互协商；⑤初审和复审。筹资筹劳方案报经乡镇人民政府初审后，报县级人民政府农民负担监督管理部门复审[①]。

4. 具备的优点

（1）为农民参与村级公益事业建设和管理提供了途径。

（2）提供了公共财政直接支持村内基础设施建设的重要载体。

（3）有利于改善农户的生活环境，提高农户的收入。

（4）搭建了基层干部服务广大农民群众的桥梁纽带[②]。

5. 存在的问题与风险

（1）操作程序过于复杂，会出现"有事难议"的现象。

（2）议事容易，办事难。在目前的一事一议制度下，农户不掏钱的事相对好议，而需要农民自掏腰包和出劳力的事情就比较难议了，即便是组织大家进行议事，仍会面临议而不决、决而难行的问题。

（3）缺乏经费来源，无钱议事。

？ **案　例：**

　　青岛市财政局 2016 年投入村级公益事业一事一议财政奖补资金 1.64 亿元，其中 6 000 万元定向用于贫困村，占资金总额的 37%。重点包括以下几项措施：①项目方案村民议，决策更精准。坚持"议"字当先，保障村民的决策权，项目的选择、方案的制订均通过村民民主议事确定，优先安排农民需求最迫切、反映最强烈、受益最直接的道路硬化等项目，让财政资金投入到困难群众最需要的地方。②项目实施村民定，监督更到位。项目工程的实

---

①　国务院办公厅. 村民一事一议筹资筹劳管理办法. 2007 年 1 月 16 日.

②　胡静林. 用好一事一议财政奖补机制推进农村人居环境改善和美丽乡村建设［J］. 中国财政，2013 年第 21 期.

施既可以由村民委员会组织村民自主实施，也可以通过招标议标等方式委托具有相应资质的建筑单位施工，并成立村民监督小组对施工过程进行全程监督，有效保障了工程建设质量。③项目验收村民评，参与更直接。项目竣工后，首先由村民代表组成的村级验收小组对工程质量进行评价，把群众是否满意作为首要评价标准，村级验收通过后才能申请上级部门验收，充分调动了村民参与家园建设的积极性。④资金使用要公示，财务更透明。建立资金公示制和项目标识制，项目资金的筹集和使用情况通过村务公开栏进行公示，同时要在项目所在地设立项目标识牌，载明项目名称、建设内容和建设时间等，保障村民知情权，自觉接受群众监督。

（案例链接：http://qdf.gov.cn/n32206386/n32206387/160612105716404532.html）

案例点评：

村级公益事业一事一议财政奖补项目在加快村级公益事业发展发挥了重要的作用，资金筹措渠道日益多元化，各项工作公开、透明，群众参与社会事务的积极性增加，村容村貌发生了变化，农村基层民主政权建设在不断加强。

政策链接：

（1）《国务院办公厅关于转发农业部村民一事一议筹资筹劳管理办法的通知》（国办发〔2007〕4号）。

（2）《国务院农村综合改革工作小组　财政部　农业部关于开展村级公益事业建设一事一议财政奖补试点工作的通知》（国农改〔2008〕2号）。

（3）《国务院农村综合改革工作小组　财政部　农业部关于扩大村级公益事业建设一事一议财政奖补试点的通知》（国农改〔2009〕3号）。

（4）《关于做好2010年扩大村级公益事业建设一事一议财政奖补试点工作的通知》（国农改〔2010〕1号）。

（5）《财政部关于印发〈村级公益事业建设一事一议财政奖补资金管理办法〉的通知》（财预〔2011〕561号）。

十一、精神扶贫

在当前的扶贫过程中，传统式的扶贫主要以满足贫困人口的物质需求为导向，而精神扶贫是在满足贫困人口的物质需求的基础上以兼顾贫困人口物质、精神和心理多方面的发展。精神扶贫也是进行"扶志"的一种重要表现形式，是实现贫困人口全面发展的重要举措。"扶贫先扶志""扶贫必扶智"和"精准扶贫"是习近平总书记提出的扶贫方略。精神扶贫注重对于贫困人口思想观念的转变，主要通过相关措施的干预实现贫困人口自信的建立，从而从心理、观念、意志等方面来促进贫困人口的全面发展。

（一）文化引领工程

1. 概念及应用情景　所谓文化引领工程是指借助文化产业所开展的惠民工程，这些文化产业主要是通过文化符号的形式来推动贫困地区的发展。旨在进一步丰富贫困地区的文化产业，促进贫困地区的公共文化基础设施建设和文化带头人的培养。

应用情景：从贫困地区的文化发展来看，贫困人口的文化获得普遍匮乏，村庄一级的文化基础设施落后，严重阻碍了贫困村文化的繁荣和发展，在这种情况下，可以通过一系列的文化引领工程积极推进贫困村文化建设的实施和文化的发展。

2. 在扶贫中的作用　文化引领工程的实施在精准扶贫中发挥着非常大的作用。

（1）将会进一步促进贫困地区文化的繁荣，为贫困户的脱贫提供相应的精神支撑。

（2）通过文化基础设施的建设，进一步促进村庄一级的文化发展，为广大贫困人口提供良好的文化氛围。

（3）通过贫困地区的文化发展，可以进一步提高贫困人口的文化自信。

3. 需要的条件

（1）国家政策的大力支持。文化引领工程是一项需要长期实施的工程，所以需要国家的长期的支持才能有效果。

（2）资金的大力支持。贫困村一级财政资金的缺乏是导致文化产业发展滞后的主要原因，所以需要国家财政资金的支持。

（3）需要进一步挖掘和培育地方文化、在地方文化的基础上促进贫困村文化的繁荣。

4. 具备的优点

（1）可以有效地丰富贫困地区和贫困人口的精神文化事业，有效地改善贫困人口的精神风貌。

（2）可以有效繁荣村庄一级的文化事业，从而进一步提升村级治理的软实力。

（3）通过此项工程的实施，可以更好的挖掘地方的传统文化和民族文化，促进传统文化和民族文化的传承。

5. 存在的问题与风险　文化引领工程在具体的实施过程中也存在一定的困难，主要表现为以下几点：

（1）随着传统文化和民族文化的衰落，很多贫困地区缺乏发展文化产业的意识。

（2）村庄一级的文化发展缺乏相应的带头人，文化发展很难实施。

（3）贫困人口较低的文化素质很难适应国家所推行的一系列惠民工程。

案　例：

　　重庆市秀山土家族苗族自治县近年来尝试走出了一条"立足当地文化特色，精准对接精准扶贫"的新路子，并且成效显著。具体包括：①弘扬当地的革命老区的"红色文化"；②发掘当地的"绿色生态文化"；③立足当地民族地区的特征来发展民族文化。在当地的扶贫过程中，很多贫困户抱有"我是贫困户我怕谁"和等着政府"送小康"的心态，其根源在于很多贫困户缺乏感恩和自强的意识。面对这种情况，秀山积极挖掘当地的"红色文化"，通过红色文化墙、书画、国画、漫画等形式将红军当年对当地穷困人民的爱戴呈现出来。随着这种红色文化在当地的兴起，绝大多数贫困户的思想观念有了相应的改观，纷纷表达了自己浓浓的感恩之心和极强的脱贫决心。在这种红色文化的感召之下，当地贫困户的精神风貌有了相应的改善，扶贫干部和贫困户之间的关系也到了极大的改善。

　　（案例链接：http://theory. people. com. cn/n1/2016/1130/c401815 - 28914883. html）

案例点评：

　　秀山依靠当地的红色文化有效地改善了贫困户整体的精神风貌，从而有效地改善了贫困户的消极心态和在扶贫过程中被动接受国家扶持的行为，对于提高贫困户的自信心将发挥很大的作用。

政策链接：

　　（1）2017年1月，中共中央办公厅、国务院办公厅印发的《关于实施中华优秀传统文化传承发展工程的意见》。

　　（2）2017年5月25日，中华人民共和国文化部发布的《"十三五"时期文化扶贫工作实施方案》。

（二）扶贫和扶志相结合

1. 概念及应用情景　扶贫与扶志相结合是指在扶贫开发过程中不但要满足贫困人口的物质需求，而且要不断满足贫困人口的精神需求，从而实现贫困人口的全面发展。

应用情景：从贫困人口的特性来看，很多贫困地区的贫困人口存在懒散和缺乏自信的情况，有些贫困人口过于依赖于国家的政策，从而在扶贫过程中失去了一定的脱贫信心。扶贫和扶志相结合的扶贫模式将会有效的提升扶贫人口的自我发展能力的提升。

2. 在扶贫中的作用 扶贫和扶志相结合的方式将会从根本上转变贫困人口的思想观念，从思想上和精神上给予贫困人口相应的扶持，从而有效地克服贫困人口长期所形成的"等、靠、要"的消极思想，从意志和精神层面为贫困户提供相应的帮扶。

3. 需要的条件 扶贫和扶志相结合，需要在帮扶过程中调整扶贫思路和工作方式，需要从以下几个方面着手：①将扶贫和扶志放在同等重要的位置；②在具体的实施过程中要配备相应的专业人员，如社会工作者等；③在实施过程中要经常和贫困户进行交流，了解他们在想什么、在干什么。

4. 具备的优点 扶贫和扶志相结合，可以有效地改变当前的扶贫模式，更大地激发贫困人口的发展潜力，从思想观念和意识形态方面改变贫困户的生计模式，从而为贫困户的发展提供一定的智力支撑。

5. 存在的问题与风险

（1）这种扶贫和扶志相结合是一个长期的过程，需要不断的干预和影响。

（2）在扶贫和扶志相结合的过程中需要相应的专业人员的介入，相应的人才储备还比较缺乏。

（3）有些贫困户长期形成的观念根深蒂固很难进行改变。

？ 案 例：

在脱贫攻坚过程中，湖北省大悟县结合当地的实际情况大力实施精神扶贫，在此过程中，积极推行各种措施。大悟县通过春季攻势"大走访、回头看"活动，开展干部主动走亲结对活动，到贫困户家里坐一坐，真正把贫困户当亲戚走，了解他们家庭基本情况、劳动力状况、年收入和支出状况，重在发现问题、反映民心、查找工作中的破绽和不足。剖析造成"精神贫困户"的原因，虽然根子在于物质的贫困，但又有其余因素的累加性影响，使得他们对生活的信心不足，甚至有自暴自弃的心理。这就需要干部们真正有一种身临其境的民生情怀，把贫困户当做本人的家庭一样去对待，把他们的艰苦当做亲人的难处去倾听，用自己的爱心和诚心敲开他们的心灵之门，摸清他们的"精神之痛"在哪里。

（案例链接：http://www.hbfp.gov.cn/zwdt/dfkx/31328.htm）

案例点评：

　　大悟县通过干部与贫困户走亲结对的方式实现了帮扶人员和贫困户的有效沟通，从而极大地改变了贫困户的思想观念，通过爱心发现了贫困户的真正贫困的原因。

政策链接：

　　《民政部　财政部　国务院扶贫办关于支持社会工作专业力量参与脱贫攻坚的指导意见》（民发〔2017〕119号），2017年6月27日。

第三部分 国家打赢脱贫攻坚战相关政策摘编

一、中央全局性减贫政策摘要

(一)《中共中央 国务院关于打赢脱贫攻坚战的决定》

(2015 年 11 月 29 日)

《中共中央 国务院关于打赢脱贫攻坚战的决定》中指出,我国扶贫开发已进入啃硬骨头、攻坚拔寨的冲刺期,必须在现有基础上不断创新扶贫开发思路和办法,坚决打赢这场攻坚战。并进一步明确了扶贫总体目标、扶贫对象和扶贫范围。扶贫总体目标为:到 2020 年,稳定实现农村贫困人口不愁吃、不愁穿,义务教育、基本医疗和住房安全有保障;实现贫困地区农民人均可支配收入增长幅度高于全国平均水平,基本公共服务主要领域指标接近全国平均水平;确保我国现行标准下农村贫困人口实现脱贫,贫困县全部摘帽,解决区域性整体贫困。

《中共中央 国务院关于打赢脱贫攻坚战的决定》中明确了精准扶贫方略,具体包括以下几个方面:

(1)健全精准扶贫工作机制。对贫困人口进行建档立卡,使其中有 5 000 万人左右通过产业扶持、转移就业、易地搬迁、教育支持、医疗救助等措施实现脱贫,其余完全或部分丧失劳动能力的贫困人口实行社会保障政策兜底脱贫;并对建档立卡贫困村、贫困户和贫困人口定期进行全面核查和动态管理。

(2)发展特色产业脱贫。因地制宜发展种养业、传统手工业、贫困村"一村一品"产业、农产品加工业、乡村旅游扶贫工程等,调整完善贫困地区资源开发收益分配政策。

(3)引导劳务输出脱贫。以就业为导向开展培训,加大职业技能提升计划和贫困户教育培训工程实施力度,建设县(乡)基层劳动就业和社会保障服务平台，鼓励地方对跨省务工的农村贫困人口给予交通补助，加大对贫困地区农民工返乡创业政策扶持力度等。

（4）实施易地搬迁脱贫。易地扶贫搬迁工程的实施要做到搬得出、稳得住、能致富。

（5）结合生态保护脱贫。实施诸多重大生态工程，提高贫困人口参与度和受益水平；创新生态资金使用方式，如将有劳动能力的贫困户转为生态保护员；加大贫困地区新一轮退耕还林还草力度和开展贫困地区生态综合补偿试点等。

（6）着力加强教育脱贫。加快实施教育扶贫工程，国家教育经费向贫困地区、基础教育倾斜；稳步推进贫困地区农村义务教育阶段学生营养改善计划；加大对乡村教师队伍建设的支持力度，特岗计划、国培计划向贫困地区基层倾斜，全面落实连片特困地区乡村教师生活补助政策，建立乡村教师荣誉制度；对建档立卡的家庭经济困难学生实施普通高中免除学杂费、中等职业教育免除学杂费，实施教育扶贫结对帮扶行动计划等。

（7）开展医疗保险和医疗救助脱贫。新型农村合作医疗和大病保险制度对贫困人口实行政策倾斜；加大农村贫困残疾人康复服务和医疗救助力度，扩大纳入基本医疗保险范围的残疾人医疗康复项目；对贫困人口大病实行分类救治和先诊疗后付费的结算机制；为贫困地区县（乡）医疗卫生机构订单定向免费培养医学类本专科学生等。

（8）实行农村最低生活保障制度兜底脱贫。完善农村最低生活保障制度；加大农村低保省级统筹力度；尽快制订将农村最低生活保障制度与扶贫开发政策有效衔接的实施方案；加大临时救助制度在贫困地区落实力度；提高农村特困人员供养水平，改善供养条件等。

（9）探索资产收益扶贫。例如，有些具备条件的项目资产可折股量化给贫困村和贫困户；支持农民合作社和其他经营主体通过土地托管、牲畜托养和吸收农民土地经营权入股等方式带动贫困户增收；贫困地区水电、矿产等资源开发，赋予土地被占用的村集体股权，让贫困人口分享资源开发收益等。

（10）健全留守儿童、留守妇女、留守老人和残疾人关爱服务体系。加强儿童福利院、救助保护机构、特困人员供养机构、残疾人康复托养机构、社区儿童之家等服务设施和队伍建设，不断提高管理服务水平；建立家庭、学校、基层组织、政府和社会力量相衔接的留守儿童关爱服务网络；全面建立困难残疾人生活补贴和重度残疾人护理补贴制度；对低保家庭中的老年人、未成年人、重度残疾人等重点救助对象，提高救助水平，确保其基本生活等。

《中共中央　国务院关于打赢脱贫攻坚战的决定》中还提出从交通、水利、电力建设，"互联网＋"，农村危房改造和人居环境整治等方面加强贫困地区基础设施建设；同时指出要加大财政扶贫投入和金融扶贫力度、完善扶贫开发用地政策、发挥科技和人才的支撑作用。《中共中央　国务院关于打赢脱贫攻坚战的决定》中还提出要广泛动员社会力量，合力推进脱贫攻坚，主要包括健全东西部扶贫协作机制、定点扶贫机制和社会力量参与扶贫机制。

> **📚 延伸阅读：**
>
> （1）黄承伟，覃志敏，《我国农村贫困治理体系演进与精准扶贫》，《开发研究》2015 年第 2 期，第 56—59 页。
>
> （2）《中共中央　国务院关于打赢脱贫攻坚战的决定》，2015 年 11 月 29 日，中华人民共和国中央人民政府网，http：//www.gov.cn/xinwen/2015 - 12/07/content＿5020963.htm。
>
> （3）易棉阳，《论习近平的精准扶贫战略思想》，《贵州社会科学》2016 年第 5 期。
>
> （4）莫光辉，陈正文，《脱贫攻坚中的政府角色定位及转型路径——精准扶贫绩效提升机制系列研究之一》，《浙江学刊》，2017 年第 1 期，第 156—163 页。

（二）《中国农村扶贫开发纲要（2011—2020 年）》（2011 年 12 月 1 日）

《中国农村扶贫开发纲要（2011—2020 年）》中明确了扶贫总体目标、扶贫对象和扶贫范围。扶贫总体目标为：到 2020 年，稳定实现扶贫对象不愁吃、不愁穿，保障其义务教育、基本医疗和住房；贫困地区农民人均纯收入增长幅度高于全国平均水平，基本公共服务主要领域指标接近全国平均水平，扭转发展差距扩大趋势。扶贫工作主要对象为在扶贫标准以下具备劳动能力的农村人口。

《中国农村扶贫开发纲要（2011—2020 年）》中还明确了专项扶贫、行业扶贫、社会扶贫、国际合作和政策保障的具体扶贫方式。专项扶贫主要包括易地扶贫搬迁、整村推进、以工代赈、产业扶贫、就业促进、扶贫试点和革命老区建设等几个方面；行业扶贫的内容主要包括明确部门职责、发展特色产业、开展科技扶贫、完善基础设施、发展教育文化事业、改善公共卫生和人口服务管理、完善社会保障制度、重视能源和生态环境建设；社会扶贫主要包括加强定点扶贫、推进东西部扶贫协作、发挥军队和武警部队的作用、动员企业和社会各界参与扶贫等几个方面；国际合作主要是指借鉴国际社会减贫理论和实践，开展减贫项目合作；而政策保障具体涉及政策体系、财税支持、投资倾斜、金融服务、产业扶持、土地使用、生态建设、人才保障，以及对少数民族、妇女儿童和残疾人等重点群体的扶贫。同时，《中国农村扶贫开发纲要（2011—2020 年）》中还指出要强化扶贫开发责任、加强基层组织建设、加强扶贫机构队伍建设、加强扶贫资金使用管理、加强扶贫研究和宣传工作、加强扶贫统计与贫困监测和加强扶贫工作法制化建设。

📚 延伸阅读：

（1）《〈中国农村扶贫开发纲要（2011—2020 年）〉印发》，2011 年 12 月 1 日，中华人民共和国中央人民政府网，http：//www. gov. cn/jrzg/2011 - 12/01/content_2008462. htm.

（2）《解读〈中国农村扶贫开发纲要（2011—2020 年）〉》，2011 年 12 月 1 日，中华人民共和国中央人民政府网，http：//www. gov. cn/jrzg/2011 - 12/01/content_2008683. htm.

（3）《国务院关于印发中国农村扶贫开发纲要（2001—2010 年）的通知》（国发〔2001〕23 号），2001 年 6 月 13 日，中华人民共和国中央人民政府网，http：//www. gov. cn/zhengce/content/2016 - 09/23/content_5111138. htm.

（三）《"十三五"脱贫攻坚规划》（2016 年 11 月 23 日印发）

《"十三五"脱贫攻坚规划》中明确提出：到 2020 年，稳定实现现行标准下农村贫困人口"两不愁、三保障"；贫困地区农民人均可支配收入比 2010 年翻一番以上，增长幅度高于全国平均水平，基本公共服务主要领域指标接近全国平均水平；确保我国现行标准下农村贫困人口实现脱贫，贫困县全部摘帽，解决区域性整体贫困。

《"十三五"脱贫攻坚规划》中明确提出了全面而细致的精准扶贫方略。

（1）产业发展脱贫。具体涉及农林产业扶贫、旅游扶贫、电商扶贫、资产收益扶贫和科技扶贫五个方面。

（2）转移就业脱贫。具体涉及职业培训、稳定就业和转移就业。

（3）易地搬迁脱贫。具体工作包括精准识别搬迁对象、稳妥实施搬迁安置和促进搬迁群体稳定脱贫。

（4）教育扶贫。具体工作包括提升基础教育水平、降低贫困家庭就学负担、加快发展职业教育和提高高等教育服务能力四个方面。

（5）健康扶贫。具体内容为提升医疗卫生服务能力、提高医疗保障水平、加强疾病预防控制和公共卫生。

（6）生态保护扶贫。具体工作包括加大生态保护修复力度和建立健全生态保护补偿机制。

（7）兜底保障。具体工作包括健全社会救助体系、逐步提高贫困地区基本养老保障水平、健全"三留守"人员（留守儿童、留守妇女、留守老人）和残疾人关爱服务体系。

（8）社会扶贫。具体包括东西部扶贫协作、定点帮扶、企业帮扶、军队帮扶、社会组织和志愿者帮扶、国际交流合作。

（9）提升贫困地区区域发展能力。具体包括继续实施集中连片特困地区规划、着力解决区域性整体贫困问题、加强贫困地区重大基础设施建设和加快改善贫困村生产生活条件。

（10）保障措施。主要涉及创新体制机制、加大政策支持和强化组织实施。

📖 **延伸阅读：**

《国务院关于印发"十三五"脱贫攻坚规划的通知》（国发〔2016〕64号），2016 年 11 月 23 日，中华人民共和国中央人民政府网，http：//www.gov.cn/zhengce/content/2016–12/02/content_5142197.htm。

二、国家层面具体减贫管理政策摘要

（一）《关于创新机制扎实推进农村扶贫开发工作的意见》（2013 年 12 月 18 日）

《关于创新机制扎实推进农村扶贫开发工作的意见》中提出创新扶贫开发工作机制，具体包括：①改进贫困县考核机制。贫困县考核机制由主要考核地区生产总值向主要考核扶贫开发工作成效转变，对限制开发区域和生态脆弱的国家扶贫开发工作重点县取消地区生产总值考核，把提高贫困人口生活水平和减少贫困人口数量作为主要指标。②建立精准扶贫工作机制。由国家制定统一的扶贫对象识别办法，按照县为单位、规模控制、分级负责、精准识别、动态管理的原则，对每个贫困村、贫困户建档立卡，建设全国扶贫信息网络系统。③健全干部驻村帮扶机制。在各省（区、市）现有工作基础上，普遍建立驻村工作队（组）制度。可分期分批安排，确保每个贫困村都有驻村工作队（组），每个贫困户都有帮扶责任人。④改革财政专项扶贫资金管理机制。提出探索以奖代补等竞争性分配办法，项目审批权限原则上下放到县，以扶贫攻坚规划和重大扶贫项目为平台，整合扶贫和相关涉农资金等。⑤完善金融服务机制。引导和鼓励商业性金融机构创新金融产品和服务，加快推动农村合作金融发展，增强农村信用社支农服务功能，规范发展村镇银行、小额贷款公司和贫困村资金互助组织，推广小额信用贷款，推进农村青年创业小额贷款和妇女小额担保贷款工作等。⑥创新社会参与机制。建立和完善广泛动员社会各方面力量参与扶贫开发制度。

《关于创新机制扎实推进农村扶贫开发工作的意见》中还提出组织实施扶贫开发10项重点工作，具体包括：①村级道路畅通工作。到2020年，实现具备条件的建制村通沥青、水泥路和通班车。②饮水安全工作。到2020年，农村饮水安全保障程度和自来水普及率进一步提高。③农村电力保障工作。到2015年，全面解决无电人口用电问题。④危房改造工作。到2020年，完成贫困地区存量农村危房改造任务，解决贫困农户住房安全问题。⑤特色产业增收工作。到2020年，初步构建特色支柱产业体系。⑥乡村旅游扶贫工作。到2020年，扶持约6 000个贫困村开展乡村旅游，带动农村劳动力就业。⑦教育扶贫工作。到2020年，贫困地区基本普及学前教育，义务教育水平进一步提高，普及高中阶段教育，基础教育办学质量有较大提升，职业教育体系更加完善，教育培训就业衔接更加紧密，高等教育服务区域经济社会发展能力和继续教育服务劳动者就业创业能力持续提高。⑧卫生和计划生育工作。进一步健全贫困地区基层卫生计生服务体系，加强妇幼保健机构能力建设，加大重大疾病和地方病防控力度，采取有效措施逐步解决因病致贫、因病返贫问题。到2020年，贫困地区群众获得的公共卫生和基本医疗服务更加均等，服务水平进一步提高，低生育水平持续稳定，逐步实现人口均衡发展。⑨文化建设工作。加强贫困地区公共文化服务体系建设，提高服务效能，积极推进公共数字文化建设。到2020年，全面实现广播电视户户通。⑩贫困村信息化工作。推进贫困地区建制村接通符合国家标准的互联网，努力消除"数字鸿沟"带来的差距。到2020年，自然村基本实现通宽带。

延伸阅读：

《〈关于创新机制扎实推进农村扶贫开发工作的意见〉印发》，2014年1月25日，中华人民共和国中央人民政府网，http：//www. gov. cn/zhengce/2014－01/25/content_2640104. htm.

（二）《建立精准扶贫工作机制实施方案》（2014年5月12日）

《建立精准扶贫工作机制实施方案》中明确六大重点工作：①建档立卡与信息化建设。②建立干部驻村帮扶工作制度。③培育扶贫开发品牌项目。例如，雨露计划，对参加中等、高等职业教育或两年及以上职业技能培训的建档立卡贫困学生家庭发放生活补助，提供扶贫贴息贷款支持，提升贫困户新成长劳动力就业技能和创业能力；扶贫小额信贷，对没有外出就业、有一定技能又有创业意愿的贫困户发放小额信贷贴息贷款，支持发展特色优势产业；易地扶贫搬迁，对不具备生存发展条件，就地脱贫成本高、难度大的贫困户实施易地扶贫搬迁，要充分尊重搬迁户的意愿，并着力解决好搬迁户的就业、教育、医疗、社会保障和社会融入等问题。④提高扶贫工作的精准性和有效性。⑤提高社会力量参与扶贫的精准性、有效性。例如，搭建社会扶贫信息服务平台，国务院扶贫开发领导小组办公室统筹建设中国扶贫网，各地也要根据实际，搭建社会扶贫信息服务平台；完善社会扶贫帮扶形式，鼓励引导各级定点扶贫单位、参加扶贫协作的东部省（市）、军队和武警部队及民主党派、工商联、无党派人士、各类企业、社会组织、个人等社会扶贫参与主体，到贫困地区开展形式多样的扶贫帮扶活动。⑥建立精准扶贫考核机制。

延伸阅读：

《关于印发〈建立精准扶贫工作机制实施方案〉的通知》（国开发办〔2014〕30号），2014年5月12日，国务院扶贫开发领导小组办公室网，http：//www.cpad.gov.cn/art/2014/5/26/art_50_23765.html。

（三）《国务院办公厅关于进一步动员社会各方面力量参与扶贫开发的意见》（2014年11月19日）

《国务院办公厅关于进一步动员社会各方面力量参与扶贫开发的意见》中指出，要培育多元社会扶贫主体，大力倡导民营企业扶贫，积极引导社会组织扶贫，广泛动员个人扶贫，深化定点扶贫工作，强化东西部扶贫协作。并且提出了参与扶贫开发的创新参与方式：①开展扶贫志愿行动。②打造扶贫公益品牌。继续发挥现有扶贫公益品牌效应，动员社会各方面力量参与"雨露计划"、扶贫小额信贷和易地扶贫搬迁等扶贫开发重点项目，不断打造针对贫困地区留守妇女、儿童、老人、残疾人等特殊群体的一对一结对、手拉手帮扶等扶贫公益新品牌。③构建信息服务平台。④推进政府购买服务。支持参与社会扶贫的各类主体通过公开竞争的方式，积极参加政府面向社会购买服务工作，政府部门择优确定扶贫项目和具体实施机构。

《国务院办公厅关于进一步动员社会各方面力量参与扶贫开发的意见》中还明确了完善扶贫开发的保障措施：①落实优惠政策。例如扶贫捐赠税前扣除、税收减免等扶贫公益事业税收优惠政策，以及各类市场主体到贫困地区投资兴业、带动就业增收的相关支持政策。降低扶贫社会组织注册门槛，简化登记程序，对符合条件的社会组织给予公益性捐赠税前扣除资格。对积极参与扶贫开发、带动贫困群众脱贫致富、符合信贷条件的各类企业给予信贷支持，并按有关规定给予财政贴息等政策扶持。鼓励有条件的企业自主设立扶贫公益基金。②建立激励体系。③加强宣传工作。④改进管理服务。⑤加强组织动员。

> **延伸阅读：**
>
> 　　《国务院办公厅关于进一步动员社会各方面力量参与扶贫开发的意见》（国办发〔2014〕58号），2014年11月19日，中华人民共和国中央人民政府网，http://www.gov.cn/gongbao/content/2014/content_2792640.htm。

（四）《关于加大脱贫攻坚力度支持革命老区开发建设的指导意见》（2016年2月）

　　《关于加大脱贫攻坚力度支持革命老区开发建设的指导意见》中明确提出八大主要任务：①加快重大基础设施建设，尽快破解发展瓶颈制约；②积极有序开发优势资源，切实发挥辐射带动效应；③着力培育壮大特色产业，不断增强"造血"功能；④切实保护生态环境，着力打造永续发展的美丽老区；⑤全力推进民生改善，大幅提升基本公共服务水平；⑥大力促进转移就业，全面增强群众增收致富能力；⑦深入实施精准扶贫，加快推进贫困人口脱贫；⑧积极创新体制机制，加快构建开放型经济新格局。同时，提出了六项支持政策：①加强规划引导和重大项目建设。②持续加大资金投入。例如，部分资金向贫困老区倾斜，加大中央集中彩票公益金支持老区扶贫开发力度，严格落实国家在贫困地区安排的公益性建设项目取消县级和西部集中连片特困地区地市级配套资金的政策，支持具备条件的民间资本在老区依法发起设立村镇银行、民营银行等金融机构，鼓励保险机构开发老区特色优势农作物保险产品等。③强化土地政策保障。例如，鼓励通过城乡建设用地增减挂钩优先解决老区易地扶贫搬迁安置所需建设用地；对不具备开展增减挂钩条件的，优先安排搬迁安置所需新增建设用地计划指标；在贫困老区开展易地扶贫搬迁，允许将城乡建设用地增减挂钩指标在省域范围内使用；支持有条件的老区开展历史遗留工矿废弃地复垦利用、城镇低效用地再开发和低丘缓坡荒滩等未利用地开发利用试点。④完善资源开发与生态补偿政策。例如，支持将符合条件的贫困老区纳入重点生态功能区补偿范围，建立地区间横向生态保护补偿机制，支持符合条件的老区启动实施湿地生态效益补偿和生态还湿等。⑤提高优抚对象优待抚恤标准。具体涉及优抚对象的生活补助标准、医疗保障、殡葬服务、住房、家庭成员就业等多方面。⑥促进干部人才交流和对口帮扶。

延伸阅读：

（1）《中共中央办公厅　国务院办公厅印发〈关于加大脱贫攻坚力度支持革命老区开发建设的指导意见〉》，2016 年 2 月 1 日，中华人民共和国中央人民政府网，http：//www. gov. cn/zhengce/2016 - 02/01/content _ 5038157. htm。

（2）《四川川陕革命老区振兴发展规划实施方案公开征集意见》，2017 年 3 月 31 日，中华人民共和国中央人民政府网，http：//www. gov. cn/xinwen/2017 - 03/31/content _ 5182406. htm。

（五）《国务院关于进一步健全特困人员救助供养制度的意见》（2016 年 2 月 10 日）

《国务院关于进一步健全特困人员救助供养制度的意见》中明确提出，救助供养的对象为无劳动能力、无生活来源、无法定赡养（抚养、扶养）义务人或者其法定义务人无履行义务能力的城乡老年人、残疾人以及未满 16 周岁的未成年人。救助供养内容包括提供基本生活条件、对生活不能自理的给予照料、提供疾病治疗、办理丧葬事宜等。特困人员救助供养标准包括基本生活标准和照料护理标准。特困人员救助供养形式分为在家分散供养和在当地的供养服务机构集中供养。具备生活自理能力的，鼓励其在家分散供养；完全或者部分丧失生活自理能力的，优先为其提供集中供养服务。

延伸阅读：

（1）《国务院关于进一步健全特困人员救助供养制度的意见》（国发〔2016 年〕14 号），2016 年 2 月 10 日，中华人民共和国中央人民政府网，http：//www. gov. cn/zhengce/content/2016 - 02/17/content _ 5042525. htm。

（2）《贵州健全特困人员救助供养制度　基本生活标准不低于低保的 1.3 倍》，2017 年 2 月 21 日，中华人民共和国中央人民政府网，http：//www. gov. cn/xinwen/2017 - 02/21/content _ 5169780. htm。

（六）《省级党委和政府扶贫开发工作成效考核办法》（2016年2月9日起施行）

《省级党委和政府扶贫开发工作成效考核办法》中指出，考核工作从2016年到2020年，每年开展一次。考核内容包括：①减贫成效，即考核建档立卡贫困人口数量减少、贫困县退出、贫困地区农村居民收入增长情况；②精准识别，即考核建档立卡贫困人口识别、退出精准度；③精准帮扶，即考核对驻村工作队和帮扶责任人帮扶工作的满意度；④扶贫资金，即依据财政专项扶贫资金绩效考评办法，重点考核各省（区、市）扶贫资金安排、使用、监管和成效等。考核工作于每年年底开始实施，次年2月底前完成，具体步骤为：省级总结、第三方评估、数据汇总、综合评价和沟通反馈。考核结果由国务院扶贫开发领导小组予以通报。

> **延伸阅读：**
>
> 《中共中央 国务院办公厅印发〈省级党委和政府扶贫开发工作成效考核办法〉》，2016年2月16日，中华人民共和国中央人民政府网，http://www.gov.cn/zhengce/2016-02/16/content_5041672.htm.

（七）《国务院办公厅关于支持贫困县开展统筹整合使用财政涉农资金试点的意见》（2016年4月12日）

《国务院办公厅关于支持贫困县开展统筹整合使用财政涉农资金试点的意见》中指出，试点范围为：2016年，各省（区、市）在连片特困地区县和国家扶贫开发工作重点县范围内，优先选择领导班子强、工作基础好、脱贫攻坚任务重的贫困县开展试点，试点贫困县数量不少于贫困县总数的1/3，具备条件的可扩大试点范围；2017年，推广到全部贫困县。

统筹整合使用的资金范围是各级财政安排用于农业生产发展和农村基础设施建设等方面资金。中央层面的资金具体涉及20项。教育、医疗、卫生等社会事业方面资金，也要结合脱贫攻坚任务和贫困人口变化情况得到精准有效的使用。

具体的工作措施包括以下五个方面：增强贫困县财政保障能力、加大对贫困县倾斜支持力度、发挥贫困县统筹整合使用资金主体作用、创新财政涉农资金使用机制和构建资金统筹整合使用制度体系。并从建立沟通协调机制、加强规划有效衔接、全面推行公开公示制度和实行严格监督评价四个方面组织保障贫困县统筹整合使用财政涉农资金试点的开展。

📖 **延伸阅读：**

（1）《国务院办公厅关于支持贫困县开展统筹整合使用财政涉农资金试点的意见》（国办发〔2016〕22号），2016年4月12日，中华人民共和国中央人民政府网，http://www.gov.cn/zhengce/content/2016-04/22/content_5066842.htm。

（2）《宁夏贫困县试点统筹整合使用财政涉农资金》，2016年8月26日，中华人民共和国中央人民政府网，http://www.gov.cn/xinwen/2016-08/26/content_5102508.htm。

（3）《贵州省50个贫困县开展统筹整合使用财政涉农资金试点》，2016年7月24日，中华人民共和国中央人民政府网，http://www.gov.cn/xinwen/2016-07/24/content_5094302.htm。

（八）《关于建立贫困退出机制的意见》（2016年4月）

《关于建立贫困退出机制的意见》中提出了退出标准和程序，具体可分为：①贫困人口退出。贫困人口退出以户为单位，主要衡量标准是该户年人均纯收入稳定超过国家扶贫标准且吃穿不愁，义务教育、基本医疗、住房安全有保障。贫困户退出，由村党支部委员会和村民委员会组织民主评议后提出，经村党支部委员会和村民委员会及驻村工作队核实，并经拟退出贫困户认可，在村内公示无异议后，公告退出，并在建档立卡贫困人口中销号。②贫困村退出。贫困村退出以贫困发生率为主要衡量标准，统筹考虑村内基础设施、基本公共服务、产业发展、集体经济收入等综合因素。原则上贫困村贫困发生率降至2%以下（西部地区为降至3%以下），在乡镇内公示无异议后，公告退出。③贫困县退出。贫困县包括国家扶贫开发工作重点县和集中连片特困地区县。贫困县退出以贫困发生率为主要衡量标准。原则上贫困县贫困发生率降至2%以下（西部地区为降至3%以下），由县级扶贫开发领导小组提出退出，市级扶贫开发领导小组初审，省级扶贫开发领导小组核查，确定退出名单后向社会公示征求意见。公示无异议的，由各省（区、市）扶贫开发领导小组审定后向国务院扶贫开发领导小组报告。

📖 **延伸阅读：**

《中共中央办公厅 国务院办公厅印发〈关于建立贫困退出机制的意见〉》，

2016 年 4 月 28 日，中华人民共和国中央人民政府网，http://www.gov. cn/zhengce/2016 - 04/28/content _ 5068878. htm。

（九）《脱贫攻坚责任制实施办法》（2016 年 10 月 11 日起施行）

《脱贫攻坚责任制实施办法》中提出，脱贫攻坚按照中央统筹、省负总责、市县抓落实的工作机制，构建责任清晰、各负其责、合力攻坚的责任体系。明确了党中央、国务院和国务院扶贫开发领导小组以及有关中央和国家机关、中央纪委各自的职责；明确了省级党委和政府的具体职责；明确了市级党委和政府以及县级党委和政府的具体职责；明确了参与东西扶贫和对口支援、定点扶贫的主体以及其他扶贫参与主体的职责。

📗 延伸阅读：

《中共中央办公厅　国务院办公厅印发〈脱贫攻坚责任制实施办法〉》，2016 年 10 月 17 日，中华人民共和国中央人民政府网，http://www.gov. cn/zhengce/2016 - 10/17/content _ 5120354. htm。

（十）《关于进一步加强东西部扶贫协作工作的指导意见》（2016 年 12 月）

《关于进一步加强东西部扶贫协作工作的指导意见》提出从三个方面加强东西部扶贫协作和对口支援工作：①调整东西部扶贫协作结对关系。在完善省际结对关系的同时，实现对民族自治州和西部贫困程度深的市（州）全覆盖。②开展携手奔小康行动。东部省份组织本行政区域内经济较发达县（市、区）与扶贫协作省份和市（州）扶贫任务重、脱贫难度大的贫困县开展携手奔小康行动。探索在乡镇之间、行政村之间结对帮扶。③深化对口支援。对口支援西藏、新疆和四省藏区工作在现有机制下继续坚持向基层倾斜、向民生倾斜、向农牧民倾斜，更加聚焦精准扶贫、精准脱贫，瞄准建档立卡贫困人口精准发力，提高对口支援实效。

《关于进一步加强东西部扶贫协作工作的指导意见》提出加强东西部扶贫协作的五项主要任务：①开展产业合作。帮扶双方要把东西部产业合作、优势互补作为深化供给侧结构性改革的新课题，研究出台相关政策，大力推动落实。②组织劳务协作。帮扶双方要建立和完善劳务输出精准对接机制，提高劳务输出脱贫的组织化程度。③加强人才支援。帮扶双方要选派优秀干部挂职，广泛开展人才交流，促进观念互通、思路互动、技术互学、作风互鉴。④加大资金支持。东部省份要根据财力增长情况，逐步增加扶贫协作和对口支援财政投入，并列入年度预算；西部地区要以扶贫规划为引领，整合扶贫协作和对口支援资金，提高资金使用效益。⑤动员社会参与。鼓励民营企业、社会组织、公民个人积极参与东西部扶贫协作和对口支援；充分利用全国扶贫日和中国社会扶贫网等平台，组织扶贫活动。

> **延伸阅读：**
>
> （1）《中办 国办印发〈关于进一步加强东西部扶贫协作工作的指导意见〉》，2016 年 12 月 7 日，中华人民共和国中央人民政府网，http://www.gov.cn/zhengce/2016-12/07/content_5144678.htm。
>
> （2）《我国东西部扶贫协作扩大帮扶范围并调整结对关系》，2016 年 12 月 28 日，中华人民共和国中央人民政府网，http://www.gov.cn/xinwen/2016-12/08/content_5145258.htm。

三、中央政府各部门的减贫政策摘要

（一）《贫困地区发展特色产业促进精准脱贫指导意见》（2016 年 5 月 27 日）

《贫困地区发展特色产业促进精准脱贫指导意见》明确提出，重点从八个方面推进产业扶贫：①科学确定特色产业。科学分析贫困县资源禀赋、产业现状、市场空间、环境容量、新型主体带动能力和产业覆盖面，选准适合自身发展的特色产业。②促进一二三产业融合发展。积极发展特色产品加工，拓展产业多种功能，大力发展休闲农业、乡村旅游和森林旅游休闲康养，拓宽贫困户就业增收渠道。③发挥新型经营主体带动作用。支持新型经营主体在贫困地区发展特色产业，与贫困户建立稳定带动关系，向贫困户提供全产业链服务，提高产业增值能力和吸纳贫困劳动力就业能力。④完善利益联结机制。鼓励开展股份合作，农村承包土地经营权、农民住房财产权等可以折价入股，集体经济组织成员享受集体收益分配权；有关财政资金在不改变用途的情况下，投入设施农业、养殖、光伏、水电、乡村旅游等项目形成的资产，具备条件的可折股量化给贫困村和贫困户。⑤增强产业支撑保障能力。大力发展电子商务，积极培育特色产品品牌。加快有关科研成果转化应用，推进信息进村入户。加强贫困地区新型职业农民培育和农村实用人才带头人培养。⑥加大产业扶贫投入力度。各级各类涉农专项资金可以向贫困地区特色产业倾斜的，要加大倾斜力度。使用财政专项扶贫资金发展种养业的，扶贫部门应会同农业、林业等部门加强指导。财政专项扶贫资金进一步加大对产业精准扶贫的支持力度。⑦创新金融扶持机制。鼓励金融机构创新符合贫困地区特色产业发展特点的金融产品和服务方式，鼓励地方积极创新金融扶贫模式。⑧加大保险支持力度。积极发展特色产品保险，探索开展价格保险试点，鼓励保险机构和贫困地区开展特色产品保险和扶贫小额贷款保证保险。

《贫困地区发展特色产业促进精准脱贫指导意见》要求：①加强组织领导，中央和国家机关有关部门建立产业精准扶贫工作部门协调机制，各省（区、市）明确由农业、扶贫部门会同相关产业部门共同推动产业扶贫工作，县级党委和政府承担主体责任。②组织规划编制，组织编制省、县两级产业精准扶贫规划，科学设计项目，明确带动主体，确保贫困人口精准受益。③建立调度机制，建立建档立卡贫困户参与产业脱贫信息报送制度，动态跟踪、及时更新产业扶贫信息，实现精准化管理与考核。④加强督查考核，建立产业扶贫县域考核指标体系，开展联合督查、行业督查、第三方评估，把产业精准扶贫工作督查结果作为对各地脱贫攻坚成效考核的重要内容。

> **延伸阅读：**
>
> 　《农业部等九部门联合印发〈贫困地区发展特色产业促进精准脱贫指导意见〉》，2016 年 5 月 27 日，中华人民共和国中央人民政府网，http://www.gov.cn/xinwen/2016-05/27/content_5077245.htm。

（二）《农业部关于加大贫困地区项目资金倾斜支持力度促进特色产业精准扶贫的意见》（2016 年 9 月 1 日）

《农业部关于加大贫困地区项目资金倾斜支持力度　促进特色产业精准扶贫的意见》从六个方面推进农业部建设项目和财政资金向贫困地区倾斜，支持特色产业精准扶贫：①加强农业生产基础设施建设。积极推动农业基础设施建设项目向贫困地区倾斜，不断夯实贫困地区产业发展基础。②强化农业科技推广服务。加大对贫困地区农业科技推广项目的实施力度，促进贫困地区特色资源优势转化为产业发展优势。③构建现代农业产业体系。围绕种养结合、链条延伸、功能拓展，支持贫困地区完善特色农业产业体系，促进农业增效、农民增收。④支持新型经营主体发展。鼓励贫困地区开展各级农民合作社示范社、示范家庭农场创建，推动涉农建设项目、财政补助补贴资金将贫困地区农业产业化龙头企业、农民合作社、家庭农场列为优先支持对象，鼓励中高等学校特别是农业职业院校毕业生、新型职业农民和农村实用人才、务工经商返乡人员等在贫困地区领办兴办农民合作社、家庭农场。⑤提高农业防灾减灾能力。着力加强贫困地区农业防灾减灾体系建设，推动贫困地区特色农业减损增效。⑥加强资源环境保护。统筹贫困地区影响农业资源与生态环境保护的各种要素，优先在贫困地区设置国家农业可持续试验示范区，优先实施生活循环农业等生态工程，新增退耕还林还草任务优先向贫困县倾斜，等等。

《关于加大贫困地区项目资金倾斜支持力度　促进特色产业精准扶贫的意见》从三个方面强化保障，提高倾斜支持效率：①建立上下联动机制。农业部各有关司局要依据现有规划和资金渠道，加强与发展和改革委员会、财政等部门沟通协调，省级农业部门要加强贫困地区项目组织申报实施的指导和服务，贫困地区农业部门要根据特色产业精准扶贫等规划，积极谋划项目并督促做好项目实施工作。②创新项目支持方式。严格落实国家在贫困地区安排的公益性建设项目取消县级和西部连片特困地市级配套资金的政策，并加大中央和省级财政投资补助比重。创新项目审批方式，允许国家级贫困县以主导产业为依托打捆申报项目。对中央农业项目资金和财政补助资金形成的经营性固定资产，要探索股权量化到贫困户的有效实现形式，确保扶贫对象长期稳定受益。积极争取专项建设基金、各类金融资金投入贫困地区特色产业发展。有关特色产业项目要把建档立卡贫困户精准受益作为支持安排的重要条件，完善带动贫困户脱贫增收的利益联结机制，强化贫困户"造血"功能，带动贫困户增收脱贫。③加强事中事后指导与监察。

📖 延伸阅读：

《农业部关于加大贫困地区项目资金倾斜支持力度　促进特色产业精准扶贫的意见》，2016 年 9 月 1 日，中国农业部网，http://www.moa.gov.cn/zwllm/zcfg/nybgz/201609/t20160907_5267792.htm。

（三）《全国农产品加工业与农村一二三产业融合发展规划(2016—2020 年)》（2016 年 11 月 17 日）

《全国农产品加工业与农村一二三产业融合发展规划（2016—2020 年)》

中明确发展目标为：到 2020 年，产业融合发展总体水平明显提升，产业链条完整、功能多样、业态丰富、利益联结更加稳定的新格局基本形成，农业生产结构更加优化，农产品加工业引领带动作用显著增强，新业态新模式加快发展，产业融合机制进一步完善，主要经济指标比较协调、企业效益有所上升、产业逐步迈向中高端水平，带动农业竞争力明显提高，促进农民增收和精准扶贫、精准脱贫作用持续增强。

《全国农产品加工业与农村一二三产业融合发展规划（2016—2020 年）》中提出四个方面的主要任务：①做优农村第一产业，夯实产业融合发展基础。发展绿色循环农业，推进优质农产品生产，优化农业发展设施条件。②做强农产品加工业，提升产业融合发展带动能力。大力支持发展农产品产地初加工，全面提升农产品精深加工整体水平，努力推动农产品及加工副产物综合利用。③做活农村第三产业，拓宽产业融合发展途径。大力发展各类专业流通服务，积极发展电子商务等新业态新模式，加快发展休闲农业和乡村旅游。④创新融合机制，激发产业融合发展内生动力。培育多元化产业融合主体，发展多类型产业融合方式，建立多形式利益联结机制。

《全国农产品加工业与农村一二三产业融合发展规划（2016—2020 年）》中明确了三大重点布局：①融合发展区域功能定位，具体包括粮油生产核心区、经济作物生产优势区、养殖产品优势区、大中城市郊区及都市农业区和贫困地区；②融合发展重点产业结构，具体包括粮棉油糖加工业、果蔬茶加工业、畜禽加工业、水产品加工业、休闲农业和乡村旅游；③农产品加工园区和产业融合先导区建设。

《全国农产品加工业与农村一二三产业融合发展规划（2016—2020 年）》中提出实施四项重大工程：专用原料基地建设工程、农产品加工业转型升级工程、休闲农业和乡村旅游提升工程和产业融合试点示范工程。

《全国农产品加工业与农村一二三产业融合发展规划（2016—2020 年）》要求从六个方面保障发展规划的整体发展，即加强组织领导、完善产业扶持政策、深化体制机制改革、强化公共服务体系建设、激发农民创业创新活力和营造产业融合发展良好社会环境。

📖 **延伸阅读：**

《农业部关于印发〈全国农产品加工业与农村一二三产业融合发展规划（2016—2020 年）〉》，2016 年 11 月 17 日，中华人民共和国农业部网，http://www.moa.gov.cn/zwllm/ghjh/201611/t20161117_5366803.htm.

（四）《国务院扶贫办　教育部　人力资源和社会保障部关于加强雨露计划支持农村贫困家庭新成长劳动力接受职业教育的意见》（2015 年 6 月 2 日）

《国务院扶贫办　教育部　人力资源和社会保障部关于加强雨露计划支持农村贫困家庭新成长劳动力接受职业教育的意见》明确了扶持对象为子女接受中等职业教育（含普通中专、成人中专、职业高中、技工院校）、高等职业教育的农村建档立卡贫困家庭。扶持方式：符合条件的贫困学生无论在何地就读，其家庭均在户籍所在地申请扶贫助学补助，补助资金通过一卡通（一折通）直接补给贫困家庭。具体扶持政策包括：贫困家庭子女参加中、高等职业教育，给予家庭扶贫助学补助；学生在校期间，其家庭每年均可申请补助资金；各地根据贫困家庭新成长劳动力职业教育工作开展的实际需要，统筹安排中央和省财政专项扶贫资金和地方财政扶贫资金，确定补助标准，可按每生每年 3 000 元左右的标准补助建档立卡贫困家庭。享受上述政策的同时，农村贫困家庭新成长劳动力接受中、高等职业教育，符合条件的，享受国家职业教育资助政策。

《国务院扶贫办　教育部　人力资源和社会保障部关于加强雨露计划支持农村贫困家庭新成长劳动力接受职业教育的意见》中还明确了相关部门的职责分工：扶贫部门要加强与教育、人力资源和社会保障等部门的沟通协调，排查摸底建档立卡贫困家庭子女接受教育培训情况，落实雨露计划扶贫助学补助，引导初中、高中毕业的孩子接受职业教育，开展效果监测评估；教育部门要督促地方落实国家职业教育相关资助政策，加快发展贫困地区现代职业教育，鼓励国家示范性高等职业院校增加面向中西部地区招生计划，利用完善的教育体系，宣传贫困家庭子女职业教育扶持政策，为贫困家庭提供信息和咨询服务，保证贫困家庭子女职业教育质量；人力资源和社会保障部门要加强对所属技工院校的监督管理，保障参加职业教育贫困家庭学生的就学质量，落实职业技能鉴定补贴政策，加大对贫困家庭学生的补贴力度，加强对就业创业工作的组织领导，提供就业信息服务，促进贫困家庭子女毕业后尽快实现就业。

延伸阅读：

《国务院扶贫办　教育部　人力资源和社会保障部关于加强雨露计划支持农村贫困家庭新成长劳动力接受职业教育的意见》（国开办发〔2015〕19号），2015 年 6 月 2 日，中华人民共和国人力资源和社会保障部网，http://www.mohrss.gov.cn/gkml/xxgk/201507/t20150715_214897.html。

（五）《人力资源社会保障部 国务院扶贫办关于开展技能脱贫千校行动的通知》（2016年7月26日）

《人力资源社会保障部 国务院扶贫办关于开展技能脱贫千校行动的通知》中明确了支持政策，具体为：对于接受技工教育的贫困家庭学生，各地要按规定落实国家助学金、免学费政策，并制定减免学生杂费、书本费和给予生活费补助的政策，所需资金从中央财政和地方财政中等职业教育学生资助补助经费中列支。落实《国务院扶贫办 教育部 人力资源社会保障部关于加强雨露计划支持农村贫困家庭新成长劳动力接受职业教育的意见》（国开办发〔2015〕19号）要求，对子女接受技工教育的农村建档立卡贫困家庭，按照每生每年3 000元左右的标准给予补助，所需资金从财政扶贫资金中列支。对于承担中央确定的东西扶贫协作的省份，鼓励帮扶省（市）加大对受帮扶省（市）贫困家庭就读技工院校的学生给予生活费补助，所需经费可由帮扶省（市）从财政援助资金中列支。对于接受职业培训的贫困家庭学员，要落实免费职业培训政策，由政府全额补贴培训费用，所需资金从就业补助资金中列支，同时，根据培训时间和当地实际情况，给予交通费、生活费补助，所需资金由各地统筹安排。各级人力资源社会保障部门要为建档立卡贫困学生（学员）落实职业技能鉴定补贴政策，免费鉴定、免费发证，所需资金从就业补助资金中列支。对于开展精准技能扶贫工作成效显著的技工院校，在实施国家高技能人才振兴计划相关项目、开展高技能人才评选表彰、实施企业新型学徒制试点和职业训练院试点、校长教师轮训等工作中，优先给予支持。

📚 **延伸阅读：**

（1）《人力资源社会保障部 国务院扶贫办关于开展技能脱贫千校行动的通知》（人社部发〔2016〕68号），2016年7月26日，中国人保部网，http：//www. mohrss. gov. cn/SYrlzyhshbzb/rencaiduiwujianshe/zcwj/jinengrencai/201607/t20160720_244522. html。

（2）《技能脱贫千校行动开展》，2016年8月2日，中华人民共和国中央人民政府网，http://www. gov. cn/xinwen/2016 - 08/02/content_5096716. htm。

（3）《人社部 国务院扶贫办联合开展技能脱贫千校行动》，2016年8月2日，中华人民共和国中央人民政府网，http://www. gov. cn/xinwen/2016 - 08/02/content_5096763. htm。

（六）《国务院办公厅关于支持农民工等人员返乡创业的意见》（2015 年 6 月 21 日）

《国务院办公厅关于支持农民工等人员返乡创业的意见》中指出要健全基础设施和创业服务体系，具体包括：加强基层服务平台和互联网创业线上线下基础设施建设，依托存量资源整合发展农民工返乡创业园，强化返乡农民工等人员创业培训工作，完善农民工等人员返乡创业公共服务，改善返乡创业市场中介服务，引导返乡创业与万众创新对接。并明确提出六大政策措施支持：①降低返乡创业门槛。例如，优化返乡创业登记方式，简化创业住所（经营场所）登记手续，推动"一址多照"、集群注册等住所登记制度改革，放宽经营范围，鼓励返乡农民工等人员投资农村基础设施和在农村兴办各类事业等。②落实定向减税和普遍性降费政策。例如，农民工等人员返乡创业，符合政策规定条件的，可适用财政部、国家税务总局相关政策规定，享受减征企业所得税、免征增值税、营业税、教育费附加、地方教育附加、水利建设基金、文化事业建设费、残疾人就业保障金等税费减免和降低失业保险费率政策。③加大财政支持力度。例如，对返乡农民工等人员创办的新型农业经营主体，符合农业补贴政策支持条件的，可按规定同等享受相应的政策支持；对农民工等人员返乡创办的企业，招用就业困难人员、毕业年度高校毕业生的，按规定给予社会保险补贴；对符合就业困难人员条件，从事灵活就业的，给予一定的社会保险补贴。④强化返乡创业金融服务。例如，加强政府引导，运用创业投资类基金，吸引社会资本加大对农民工等人员返乡创业初创期、早中期的支持力度；在返乡创业较为集中、产业特色突出的地区，探索发行专项中小微企业集合债券、公司债券，开展股权众筹融资试点，扩大直接融资规模。⑤完善返乡创业园支持政策。例如，农民工返乡创业园的建设资金由建设方自筹；以土地租赁方式进行农民工返乡创业园建设的，形成的固定资产归建设方所有；物业经营收益按相关各方合约分配。

《国务院办公厅关于支持农民工等人员还乡创业的意见》中还提出了 2015—2017 年鼓励农民工等人员返乡创业的七大行动计划：提升基层创业服务能力行动计划、整合发展农民工返乡创业园行动计划、开发农业农村资源支持返乡创业行动计划、完善基础设施支持返乡创业行动计划、电子商务进农村综合示范行动计划、创业培训专项行动计划和返乡创业与万众创新有序对接行动计划。

📖 延伸阅读：

《国务院办公厅关于支持农民工等人员返乡创业的意见》（国办发〔2015〕47

号），2015 年 6 月 21 日，中华人民共和国中央人民政府网，http://www.gov.cn/zhengce/content/2015 - 06/21/content_9960.htm。

（七）《人力资源社会保障部关于在打赢脱贫攻坚战中做好人力资源社会保障扶贫工作的意见》（2016 年 8 月 4 日）

《人力资源社会保障部关于在打赢脱贫攻坚战中做好人力资源社会保障扶贫工作的意见》明确提出："十三五"时期，通过帮助有就业意愿的建档立卡农村贫困劳动力（以下简称"贫困劳动力"）实现转移就业，解决 1 000 万人脱贫。使每个有参加职业培训意愿的贫困劳动力每年都能接受至少 1 次免费职业培训。引导建档立卡农村贫困人口（以下简称"贫困人口"）积极参保、续保，实现法定人员参加基本养老保险、医疗保险全覆盖。强化贫困地区人事人才支撑服务。力争实现贫困地区县级劳动就业和社会保障服务平台基本覆盖。

《人力资源社会保障部关于在打赢脱贫攻坚战中做好人力资源社会保障扶贫工作的意见》还提出从五大方面实施政策措施：①促进贫困劳动力就业创业。具体包括：分类提供精准就业服务、加强劳务协作和拓宽贫困劳动力就业渠道。②加强贫困劳动力职业培训。具体包括加大职业技能提升计划实施力度和开展技能脱贫千校行动。③提高贫困人口社会保险水平。具体包括促进贫困人口参加城乡居民基本养老保险和不断提高贫困人口医疗保障水平。④引导各类人才服务贫困地区。具体包括：加强贫困地区基层公务员队伍建设，加强贫困地区基层专业技术人才队伍建设，持续落实向贫困地区、艰苦边远地区和基层倾斜的工资政策，提供智力支持和人才服务，做好扶贫开发表彰奖励工作。⑤提升贫困地区劳动就业和社会保障公共服务能力。具体包括加强基层劳动就业和社会保障服务平台建设、提高公共就业服务能力、加强基层社会保险经办能力建设和利用信息化手段推送服务。

延伸阅读：

《人力资源社会保障部关于在打赢脱贫攻坚战中做好人力资源社会保障扶贫工作的意见》（人社部发〔2016〕71 号），2016 年 8 月 4 日，中华人民共和国人力资源和社会保障部网，http://www.mohrss.gov.cn/SYrlzyhshbzb/jiuye/zcwj/201608/t20160810_245212.html。

（八）《关于做好新时期易地扶贫搬迁工作的指导意见》
（2014 年 9 月 25 日）

《关于做好新时期易地扶贫搬迁工作的指导意见》中明确了易地扶贫搬迁工作的实施范围、搬迁对象、搬迁方式、安置方式以及资金筹措，并指出在以下三个方面要加强管理：①资金使用方向。国家易地扶贫搬迁资金主要用于搬迁群众的住房以及安置区（点）基本生产生活设施建设，不得用于机械设备和运输工具购置、生产加工和流通等领域项目建设，以及土地和房屋的征用补偿费。国家易地扶贫搬迁资金补助住房建设的面积原则上控制在 40～60 平方米/户。地方政府要统筹解决自筹资金困难的特困户以及鳏寡孤独、"五保"等丧失劳动能力户的安置问题。各地立足安置区资源环境特点，按照现行制度规定，统筹安排到省（区、市）的中央财政专项扶贫资金对搬迁贫困户后续产业发展予以重点支持。地方资金的使用范围按照地方政府相关规定执行。②投资计划管理，各地依据易地扶贫搬迁实施规划建立项目库，储备项目。年度投资计划中安排的建设项目，原则上从项目库中选择。相关市（县）在确定年度实施项目前，必须开展实地调查、安置条件摸底，并落实安置用地、地方资金等建设条件。省级发展改革部门对市县上报的拟建易地扶贫搬迁项目审查后，汇总形成易地扶贫搬迁工程年度投资计划草案，报送国家发展和改革委员会。国家发展和改革委员会按照中央预算内投资计划安排的总体要求，根据各地上报的投资计划草案，综合考虑贫困状况和政策因素，编制下达易地扶贫搬迁工程年度投资规模计划和目标任务等。接到国家投资规模计划后，省级发展改革部门原则上按照报送的投资计划草案落实具体建设项目，下达本省（区、市）年度投资项目计划，并抄报国家发展和改革委员会备案。备案后，不得擅自调整或变更计划内容，如确需调整或变更，应按程序报备。③项目实施管理。省级发展改革部门对项目的审批管理和合规性负责，根据安置区（点）规模和投资规模大小确定审批权限，并制定具体管理办法，依据权限履行项目可研报告等审批手续。各地应按照国家的有关规定强化项目建设进度、质量、资金、档案等管理，加强项目建设、资金使用等环节的稽查检查工作力度，防止转移、挤占挪用、虚报冒领建设资金以及擅自变更项目建设内容、标准等行为的发生。

📖 延伸阅读：

《国家发展改革委印发关于做好新时期易地扶贫搬迁工作的指导意见的通知》（发改地区〔2014〕2174 号），2014 年 9 月 25 日，中华人民共和国国家发展和改革委员会网，http://www.ndrc.gov.cn/zcfb/zcfbtz/201411/t20141102_635872.html。

（九）《新一轮退耕还林还草总体方案》（2014 年 8 月 7 日）

《新一轮退耕还林还草总体方案》中明确了新一轮退耕还林还草补助政策：①中央根据退耕还林还草面积将补助资金拨付给省级人民政府。退耕还林每亩补助 1 500 元，其中，财政部通过专项资金安排现金补助 1 200 元，国家发展和改革委员会通过中央预算内投资安排种苗造林费 300 元；退耕还草每亩补助 800 元，其中，财政部通过专项资金安排现金补助 680 元，国家发展和改革委员会通过中央预算内投资安排种苗种草费 120 元。②中央安排的退耕还林补助资金分三次下达给省级人民政府，每亩第一年 800 元（其中，种苗造林费 300 元）、第三年 300 元、第五年 400 元；退耕还草补助资金分两次下达，每亩第一年 500 元（其中，种苗种草费 120 元）、第三年 300 元。③省级人民政府可在不低于中央补助标准的基础上自主确定兑现给退耕农民的具体补助标准和分次数额。④地方各级人民政府有关政策宣传、作业设计、技术指导、检查验收、政策兑现、确权发证、档案管理等工作所需经费，主要由省级财政承担，中央财政给予适当补助。

延伸阅读：

（1）《中央财政支持启动新一轮退耕还林还草》，2014 年 10 月 10 日，中华人民共和国中央人民政府网，http://www.gov.cn/xinwen/2014-10/10/content_2761817.htm。

（2）《中央财政累计安排 165 亿元支持新一轮退耕还林还草 3010 万亩》，2016 年 11 月 26 日，中华人民共和国中央人民政府网，http://www.gov.cn/xinwen/2016-11/28/content_5139075.htm。

（3）沈茂英，《退耕还林工程的农村扶贫影响与持续性研究》，《四川林勘设计》，2016 年第 1 期，第 1—7 页。

（十）《国务院办公厅关于健全生态保护补偿机制的意见》（2016 年 4 月 28 日）

《国务院办公厅关于健全生态保护补偿机制的意见》中明确了森林、草原、湿地、荒漠、海洋、水流和耕地等重点领域的重要任务，从以下七个方面推进体制机制创新：建立稳定投入机制、完善重点生态区域补偿机制、推进横向生态保护补偿、健全配套制度体系、创新政策协同机制、结合生态保护补偿推进精准脱贫和加快推进法制建设。其中，在结合生态保护补偿推进精准脱贫方面，在生存条件差、生态系统重要、需要保护修复的地区，结合生态环境保护和治理，探索生态脱贫新路子；生态保护补偿资金、国家重大生态工程项目和资金按照精准扶贫、精准脱贫的要求向贫困地区倾斜，向建档立卡贫困人口倾斜；重点生态功能区转移支付要考虑贫困地区实际状况，加大投入力度，扩大实施范围；加大贫困地区新一轮退耕还林还草力度，合理调整基本农田保有量；开展贫困地区生态综合补偿试点，创新资金使用方式，利用生态保护补偿和生态保护工程资金使当地有劳动能力的部分贫困人口转为生态保护人员；对在贫困地区开发水电、矿产资源占用集体土地的，试行给原住居民集体股权方式进行补偿。

📚 **延伸阅读：**

《国务院办公厅关于健全生态保护补偿机制的意见》（国办发〔2016〕31号），2016 年 4 月 28 日，中华人民共和国中央人民政府网，http://www.gov.cn/zhengce/content/2016-05/13/content_5073049.htm。

（十一）《教育部　财政部关于落实 2013 年中央 1 号文件要求对在连片特困地区工作的乡村教师给予生活补助的通知》（2013 年 9 月 12 日）

《教育部　财政部关于落实 2013 年中央 1 号文件要求对在连片特困地区工作的乡村教师给予生活补助的通知》中指出：各地自主实施连片特困地区乡村教师生活补助政策，具体实施时间、补助范围和对象、补助标准和资金来源等，由各地结合实际情况确定。各地制定补助标准时，要根据教师工作、生活条件的艰苦程度等因素合理分档确定，重点向村小和教学点倾斜、向条件艰苦地区倾斜，不搞平均主义。教师在岗时享有生活补助，离岗（包括退休）后自然取消。中央财政在农村义务教育经费保障机制改革经费中增列综合奖补资金，将义务教育乡村教师生活补助政策落实情况作为奖补因素之一，对已经实施这一政策的地方给予奖补。综合奖补资金可以由省级财政统筹用于农村义务教育经费保障机制改革的相关支出。

📚 **延伸阅读：**

《教育部　财政部关于落实 2013 年中央 1 号文件要求对在连片特困地区

工作的乡村教师给予生活补助的通知》（教财函〔2013〕106 号），2013 年 9 月 12 日，中华人民共和国教育部网，http://www.moe.gov.cn/s78/A10/s7058/201402/t20140212_163752.html。

（十二）《教育部　国家发展改革委　财政部关于全面改善贫困地区义务教育薄弱学校基本办学条件的意见》（2013 年 12 月 31 日）

《教育部　国家发展改革委　财政部关于全面改善贫困地区义务教育薄弱学校基本办学条件的意见》指出：改善贫困地区义务教育薄弱学校基本办学条件的实施原则为覆盖贫困地区和聚焦薄弱学校。主要面向农村，立足改善薄弱学校基本办学条件，不得将教育资金资源向少数优质学校集中。坚持勤俭办学，满足教育教学和生活的基本需要，杜绝超标准建设。

加强省级统筹，分步逐校实施。由省级人民政府统筹使用中央、省级财政投入资金；地市和县级人民政府以校为单位制定年度工作目标、制订分步实施计划，确保按期完成任务。

改善贫困地区义务教育薄弱学校基本办学条件的实施范围和主要目标是：以中西部农村贫困地区为主，兼顾东部部分困难地区；以集中连片特困地区为主，兼顾其他国家扶贫开发工作重点地区、民族地区、边境地区等贫困地区。经过 3~5 年的努力，使贫困地区农村义务教育学校教室、桌椅、图书、实验仪器、运动场等教学设施满足基本教学需要；学校宿舍、床位、厕所、食堂（伙房）、饮水等生活设施满足基本生活需要；留守儿童学习和寄宿需要得到基本满足，村小学和教学点能够正常运转；县镇超大班额现象基本消除，逐步做到小学班额不超过 45 人、初中班额不超过 50 人；教师配置趋于合理，数量、素质和结构基本适应教育教学需要；小学辍学率努力控制在 0.6% 以下，初中辍学率努力控制在 1.8% 以下。

📖 延伸阅读：

（1）《教育部　国家发展改革委　财政部关于全面改善贫困地区义务教育薄弱学校基本办学条件的意见》（教基一〔2013〕10 号），2013 年 12 月 31 日，中华人民共和国教育部网，http://www.moe.gov.cn/srcsite/A06/s3321/201312/t20131231_161635.html。

（2）《教育部、国家发展改革委、财政部下发意见　全面改善贫困地区义务教育薄弱学校基本办学条件》，2014 年 1 月 1 日，中华人民共和国教育部网，http://www.moe.gov.cn/jyb _ xwfb/gzdt _ gzdt/s5987/201401/t20140102 _ 161647. html。

（十三）《乡村教师支持计划实施办法（2015—2020 年）》

（2016 年 1 月 12 日）

《乡村教师支持计划实施办法（2015—2020 年）》从九个方面落实乡村教师支持计划：①大力加强师德师风建设；②拓展乡村教师补充渠道；③提高乡村教师生活待遇；④加强乡村学校教师编制管理；⑤完善乡村教师职务（职称）评聘办法；⑥促进城镇教师向乡村学校流动；⑦提升乡村教师专业水平；⑧增强乡村教师职业荣誉感；⑨落实各级政府主体责任。其中部分措施对贫困地区乡村教师有所倾斜。例如，将集中连片特殊困难地区和国家扶贫开发工作重点县农村教师生活补助政策实施范围扩大至"四大片区"贫困县，最低补助标准为每人每月 400 元，所需经费由省、市、县三级财政共同承担，省财政按每人每月 220 元给予定额补助；加快边远艰苦地区乡村教师周转宿舍建设，按规定将符合条件的乡村教师住房纳入当地住房保障范围，统筹予以解决；在现行制度架构内，对符合救助条件的贫困乡村教师家庭给予救助，以解决其实际困难；要定期组织乡村教师进行体检，组织专家到艰苦边远的乡村学校巡诊；充分考虑村小、教学点、寄宿制学校以及农村边远地区和贫困地区学校的特殊实际，教职工编制配备予以倾斜；实施好"三区支教"计划，选派城镇学校有经验的管理人员和骨干教师到贫困地区、民族地区、革命老区的乡村学校支教讲学，帮助转变教育理念、更新教育教学手段、提高教育教学质量。

延伸阅读：

（1）《国务院办公厅关于印发乡村教师支持计划（2015—2020 年）的通知》（国办发〔2015〕43 号），2015 年 6 月 1 日，中华人民共和国中央人民政府网，http://www.gov.cn/zhengce/content/2015 - 06/08/content _ 9833. htm。

（2）《乡村教师支持计划实施办法（2015—2020 年）》，2016 年 1 月 12 日，中华人民共和国教育部网，http://www.moe.gov.cn/jyb _ xwfb/xw _ zt/moe _ 357/jyzt _ 2015nztzl/2015 _ zt17/15zt17 _ gdssbf/gdssbf _ sc/201601/t20160112 _ 227672. html。

（3）《西安出台乡村教师支持计划 提高乡村教师生活待遇》，2017 年 1

月3日，中华人民共和国中央人民政府网，http://www.gov.cn/xinwen/2017-01/03/content_5156052.htm。

（4）《刘延东：切实落实乡村教师支持计划　开创教师队伍建设新局面》，2016年9月7日，中华人民共和国中央人民政府网，http://www.gov.cn/guowuyuan/2016-09/07/content_5106277.htm。

（十四）《关于免除普通高中建档立卡家庭经济困难学生学杂费的意见》（2016年8月31日）

《关于免除普通高中建档立卡家庭经济困难学生学杂费的意见》指出，按照"中央政策引导、地方统筹实施"的原则，从2016年秋季学期起，免除公办普通高中建档立卡等家庭经济困难学生（含非建档立卡的家庭经济困难残疾学生、农村低保家庭学生、农村特困救助供养学生）学杂费。其中，建档立卡家庭经济困难学生是指符合国务院扶贫开发领导小组办公室发布的《扶贫开发建档立卡工作方案》相关规定，在全国扶贫开发信息系统中建立电子信息档案，持有《扶贫手册》的普通高中学生。各省（区、市）免学杂费学生人数由各省（区、市）根据全国中小学学生学籍信息管理系统和全国扶贫开发信息系统等有关数据确定。西藏自治区、四省藏区和新疆维吾尔自治区喀什、和田、阿克苏、克孜勒苏柯尔克孜四地（州）学生继续执行现行政策。

免学杂费标准按照各省级人民政府及其价格、财政主管部门批准的学费标准执行（不含住宿费）。对在政府教育行政管理部门依法批准的民办普通高中就读的符合免学杂费政策条件的学生，按照当地同类型公办普通高中免除学杂费标准给予补助。民办学校学杂费标准高于补助的部分，学校可以按规定继续向学生收取。

对因免学杂费导致学校收入减少的部分，由财政按照免学杂费学生人数和免学杂费标准补助学校，以保证学校正常运转。免学杂费补助资金由中央与地方按比例分担。其中：西部地区为8∶2，中部地区为6∶4；东部地区除直辖市外，按照财力状况分省（区、市）确定。

中央财政逐省（区、市）核定免学杂费财政补助标准，原则上三年核定一次。各省（区、市）应充分考虑本行政区域内普通高中学杂费收费标准、已实施免学杂费政策补助标准等因素，合理确定免学杂费财政补助标准，并报财政部、教育部核定。各地普通高中免学杂费政策范围宽于或标准高于本意见要求的，可继续执行。

（十五）《国务院关于全面建立困难残疾人生活补贴和重度残疾人护理补贴制度的意见》（2015 年 9 月 22 日）

《国务院关于全面建立困难残疾人生活补贴和重度残疾人护理补贴制度的意见》中明确提出：①补贴对象。困难残疾人生活补贴主要补助残疾人因残疾产生的额外生活支出，对象为低保家庭中的残疾人，有条件的地方可逐步扩大到低收入残疾人及其他困难残疾人。低收入残疾人及其他困难残疾人的认定标准由县级以上地方人民政府参照相关规定、结合实际情况制定。重度残疾人护理补贴主要补助残疾人因残疾产生的额外长期照护支出，对象为残疾等级被评定为一级、二级且需要长期照护的重度残疾人，有条件的地方可扩大到非重度智力、精神残疾人或其他残疾人，逐步推动形成面向所有需要长期照护残疾人的护理补贴制度。长期照护是指因残疾产生的特殊护理消费品和照护服务支出持续 6 个月以上时间。②补贴标准。残疾人两项补贴标准由省级人民政府根据经济社会发展水平和残疾人生活保障需求、长期照护需求统筹确定，并适时调整。有条件的地方可以按照残疾人的不同困难程度制定分档补贴标准，提高制度精准性，加大补贴力度。③补贴形式。残疾人两项补贴采取现金形式按月发放。有条件的地方可根据实际情况详细划分补贴类别和标准，采取凭据报销或政府购买服务形式发放重度残疾人护理补贴。《国务院关于全面建立困难残疾人生活补贴和重度残疾人护理补贴制度的意见》中给出不同补贴对象的政策衔接措施。同时明确申请程序和管理办法以及相应的保障措施。

（2）《你的"生老病死"，政府如何保障？——聚焦〈"十三五"推进基本公共服务均等化规划〉八大亮点》，2017 年 3 月 1 日，中华人民共和国中央人民政府网，http://www.gov.cn/xinwen/2017-03/01/content_5172332.htm。

（3）《四川：到 2020 年农村残疾人全部如期脱贫》，2017 年 3 月 30 日，中华人民共和国中央人民政府网，http://www.gov.cn/xinwen/2017-03/30/content_5182131.htm。

（十六）《关于扎实推进农村卫生和计划生育扶贫工作的实施方案》（2014 年 7 月 17 日）

《关于扎实推进农村卫生和计划生育扶贫工作的实施方案》根据政府主导、部门联动，规划引导、分步实施，因地制宜、分类指导和精准扶贫、群众受益的原则，明确了主要工作目标和八大工作任务：①采取有效措施逐步解决因病致贫、因病返贫问题；②进一步健全基层卫生计生服务体系；③加大卫生计生人才培养培训力度；④稳定和优化基层卫生计生人才队伍；⑤全面加强公共卫生工作；⑥切实加强计划生育工作；⑦着力扶持中医药（民族医药）事业发展；⑧扎实推进对口帮扶工作。各项任务均有详细要求。《关于扎实推进农村卫生和计划生育扶贫工作的实施方案》中还提出六项保障性措施：加强组织领导、保障经费投入、积极推进试点、动员社会力量、实施考核评估和加大宣传力度。

延伸阅读：

《关于印发扎实推进农村卫生和计划生育扶贫工作实施方案的通知》（国卫财发〔2014〕45 号），2014 年 7 月 17 日，财务司网，http://www.nhfpc.gov.cn/caiwusi/s3577c/201408/2cd269ccc6d24234be1e3c36f178d469.shtml。

（十七）《关于加强三级医院对口帮扶贫困县县级医院的工作方案》（2016 年 3 月 1 日）

《关于加强三级医院对口帮扶贫困县县级医院的工作方案》根据相关原则明确帮扶时间、帮扶目标和帮扶工作任务等。帮扶时间为 2016—2020 年，期间无特殊原因不得变更对口帮扶关系。具体包括六大帮扶任务：签订对口帮扶责任书、提升临床专科服务能力、大力培养合格专业人才、显著提高医院管理水平、方便人民群众看病就医和积极开展远程医疗服务，各项任务均做出详细要求。《关于加强三级医院对口帮扶贫困县县级医院的工作方案》指出四个方面的工作要求：①加强组织领导，各部门强化帮扶意识、健全相关制度等；②建立分工协作与保障机制，明确不同帮扶单位的帮扶对象和帮扶任务；③完善激励约束机制，制定相关考核制度，加强监督和考核评估等；④加强宣传引导，要做好政策解读、宣传引导、典型挖掘和经验推广等。

> **延伸阅读：**
>
> 《关于印发加强三级医院对口帮扶贫困县县级医院工作方案的通知》（国卫医发〔2016〕7号），2016年3月1日，医政医管局网，http://www.nhfpc.gov.cn/yzygj/s3593g/201603/fa3116cd386d4c7e983a8baddb5d8332.shtml。

（十八）《关于实施健康扶贫工程的指导意见》（2016年6月20日）

《关于实施健康扶贫工程的指导意见》中提出九大重点任务：①提高医疗保障水平，切实减轻农村贫困人口医疗费用负担。②对患大病和慢性病的农村贫困人口进行分类救治。例如，为农村贫困人口家庭提供相关签约服务，对需要治疗的大病和慢性病患者进行分类救治，实施光明工程，为农村贫困白内障患者提供救治，对贫困地区基层医疗卫生机构医务人员开展康复知识培训等。③实行县域内农村贫困人口住院先诊疗后付费。例如，贫困患者在县域内定点医疗机构住院实行先诊疗后付费，定点医疗机构设立综合服务窗口，探索市域和省域内农村贫困人口先诊疗后付费的结算机制等。④加强贫困地区医疗卫生服务体系建设。例如，相关医疗卫生场所标准化建设，完善贫困地区公共卫生服务网络，加强贫困地区远程医疗能力建设等。⑤实施全国三级医院与连片特困地区县和国家扶贫开发工作重点县县级医院一对一帮扶。例如，组织全国三级医院与贫困县县级医院建立稳定持续的"组团式"对口帮扶机制。⑥统筹推进贫困地区医药卫生体制改革。例如，推进医疗服务价格调整、医保支付方式改革、医疗机构控费、公立医院补偿机制改革，提高乡村医生的养老待遇，健全贫困地区药品供应保障机制等。⑦加大贫困地区慢性病、传染病、地方病防控力度。⑧加强贫困地区妇幼健康工作。例如，在贫困地区全面实施免费的相关妇幼检查项目。⑨深入开展贫困地区爱国卫生运动。

延伸阅读：

（1）《关于实施健康扶贫工程的指导意见》（国卫财务发〔2016〕26号），2016 年 6 月 20 日，中华人民共和国中央人民政府网，http://www. gov. cn/xinwen/2016 - 06/21/content _5084195. htm。

（2）《对准因病致贫顽疾 "十三五" 七种地方病防治再加强》，2017 年 3 月 28 日，中华人民共和国中央人民政府网，http://www. gov. cn/xinwen/2017 - 03/28/content _5181513. htm。

（3）左停，徐小言，《农村"贫困-疾病"恶性循环与精准扶贫中链式健康保障体系建设》，《西南民族大学学报》（人文社科版），2017 年第 1 期，第 1—8 页。

（十九）《关于做好农村最低生活保障制度与扶贫开发政策有效衔接的指导意见》（2017 年 9 月 17 日）

《关于做好农村最低生活保障制度与扶贫开发政策有效衔接的指导意见》中指出重点任务是加强政策衔接、对象衔接、标准衔接和管理衔接。在政策衔接上，加强农村低保、临时救助、医疗救助等社会救助制度与扶贫开发政策相衔接；在对象衔接上，加强农村低保和扶贫开发在对象认定上的衔接；在标准衔接上，实施动态调整，确保所有地方农村低保标准逐步达到国家扶贫标准；在管理衔接上，同级民政部门与扶贫部门在农村低保对象和建档立卡贫困人口管理上及时加强信息核对，实施动态管理。《关于做好农村最低生活保障制度与扶贫开发政策有效衔接的指导意见》中还明确了相关保障措施：①明确职责分工。各地民政、扶贫、农村工作、财政、统计等部门和残联要各负其责。②加强资金统筹，推进社会救助资金统筹使用和优化财政支出结构等。③提高工作能力。④强化舆论引导。

延伸阅读：

（1）《国务院办公厅转发民政部等部门关于做好农村最低生活保障制度与扶贫开发政策有效衔接指导意见的通知》，2016 年 9 月 17 日，中华人民共和国民政部网，http://www. mca. gov. cn/article/zwgk/tzl/201609/20160900001897. shtml。

（2）《把农村低保和扶贫政策合起来》，2016 年 10 月 26 日，中华人民共和国中央人民政府网，http://www.gov.cn/xinwen/2016-10/26/content_5124282.htm。

（3）《织牢困难群众保障"安全网"——国务院第三次大督查发现典型经验做法之十六》，2017年2月10日，中华人民共和国中央人民政府网，http://www.gov.cn/xinwen/2017-02/10/content_5167079.htm。

（4）《民政部举办农村低保制度与扶贫开发政策有效衔接培训班》，2016年11月19日，中华人民共和国民政部，http://www.mca.gov.cn/article/zwgk/mzyw/201611/20161100002382.shtml。

（5）江彬，左停，《中国农村扶贫开发政策与最低生活保障制度衔接问题研究——基于湖南省新化县和陕西省柞水县的实地调查》，《湖南农业科学》，2016年第17期，第4612—4618页。

（6）左停，《开发式扶贫与低保之衔接互嵌》，《中国经济报告》，2016年第10期，第34—36页。

（二十）《关于实施光伏发电扶贫工作的意见》（2016年3月23日）

《关于实施光伏发电扶贫工作的意见》中提出八大重点任务：①准确识别确定扶贫对象。各级地方扶贫管理部门根据国务院扶贫开发领导小组办公室确定的光伏扶贫范围，并在该范围内以县为单元建立光伏扶贫人口信息管理系统。②因地制宜确定光伏扶贫模式。根据扶贫对象数量、分布及光伏发电建设条件，在保障扶贫对象每年获得稳定收益的前提下，因地制宜确定光伏扶贫模式。③统筹落实项目建设资金。地方政府可整合产业扶贫和其他相关涉农资金，统筹解决光伏扶贫工程建设资金问题，政府筹措资金可折股量化给贫困村和贫困户。④建立长期可靠的项目运营管理体系。地方政府应依法确定光伏扶贫电站的运营、维护及技术服务企业，可采取特许经营等政府和社会资本合作方式进行管理。⑤加强配套电网建设和运行服务。电网企业要加大贫困地区农村电网改造工作力度，为光伏扶贫项目接网和并网运行提供技术保障。⑥建立扶贫收益分配管理制度。各贫困县所在的市（县）政府应建立光伏扶贫收入分配管理办法，对扶贫对象精准识别，并进行动态管理，原则上应保障每位扶贫对象获得年收入3 000元以上。⑦加强技术和质量监督管理。⑧编制光伏扶贫实施方案。

《关于实施光伏发电扶贫工作的意见》指出，要从四个方面实施配套措施：①优先安排光伏扶贫电站建设规模；②加强金融政策支持力度；③切实保障光伏扶贫项目的补贴资金发放；④鼓励企业履行社会责任。并且提出从建立光伏扶贫协调工作机制和明确各部门职责分工两方面加强组织协调工作。

📚 **延伸阅读：**

（1）《关于实施光伏发电扶贫工作的意见》（发改能源〔2016〕621号），2016年3月23日，中华人民共和国生态环境部网，http://zfs.mep.gov.cn/hjjj/hjjjzcywxz/201608/t20160824_362766.shtm。

（2）装机跃居全球第一　产业水平不断提升——我国光伏产业发展综述之一》，2016年4月13日，中华人民共和国中央人民政府网，http://www.gov.cn/xinwen/2016-04/13/content_5063752.htm。

（二十一）《乡村旅游扶贫工程行动方案》（2016年8月11日）

《乡村旅游扶贫工程行动方案》中明确"十三五"期间，力争通过发展乡村旅游带动全国25个省（区、市）2.26万个建档立卡贫困村、230万贫困户、747万贫困人口实现脱贫。同时提出要完成五个方面的任务：①科学编制乡村旅游扶贫规划。将乡村旅游扶贫规划与其他相关规划有效衔接。②加强旅游基础设施建设。例如，集中精力解决好乡村旅游扶贫重点村旅游基础和公共服务设施，加快具备条件的建制村通硬化路，推进"厕所革命"，开展"六小工程"建设，实施"三改一整"工程等。③大力开发乡村旅游产品。例如，发展一批主题乡村度假产品，建成一批有特色的乡村旅游景区，策划一批参与型的旅游娱乐活动等。④加强旅游宣传营销。通过电商平台、节庆推广、主题活动等一系列载体，开展乡村旅游扶贫公益宣传。⑤加强乡村旅游扶贫人才培训。例如，积极开展乡村旅游经营户、乡村旅游带头人、能工巧匠传承人、乡村旅游创客四类人才和乡村旅游导游、乡土文化讲解等各类实用人才培训，实施"乡村旅游扶贫培训种子工程"等。

《乡村旅游扶贫工程行动方案》中提出要实施乡村旅游扶贫八大行动：乡村环境综合整治专项行动、旅游规划扶贫公益专项行动、乡村旅游后备箱和旅游电商推进专项行动、万企万村帮扶专项行动、百万乡村旅游创客专项行动、金融支持旅游扶贫专项行动、扶贫模式创新推广专项行动和旅游扶贫人才素质提升专项行动。

(1)《关于印发乡村旅游扶贫工程行动方案的通知》(旅发〔2016〕121号),2016 年 8 月 11 日,中华人民共和国文化和旅游部网,http://www.cnta.gov.cn/zwgk/tzggnew/201609/t20160929_785056.shtml。

(2)《"十三五"甘肃旅游将带动四十六万人口脱贫》,2017 年 2 月 20日,中华人民共和国中央人民政府网,http://www.gov.cn/xinwen/2017-02/20/content_5169271.htm。

(二十二)《国家旅游局办公室关于实施旅游万企万村帮扶专项行动的通知》(2016 年 9 月 30 日)

《国家旅游局办公室关于实施旅游万企万村帮扶专项行动的通知》中提出较为全面的八个帮扶方式:①强化大型旅游企业示范带动,进行结对帮扶;②发挥旅游景区对邻近贫困地区和交通沿线贫困村的辐射带动作用,实现景区带村;③旅游企业要优先招录乡村旅游扶贫工程重点村的建档立卡贫困户从事保安、保洁等工作,实现安置就业;④旅游企业根据自身发展方向和战略,加大对贫困地区旅游资源的投资开发投入,鼓励旅游项目开发;⑤鼓励开发乡村旅游线路,合理串联贫困地区旅游产品,或打造乡村旅游扶贫专线,保证客源输送;⑥推进"农旅对接",进行农产品定点采购;⑦旅游企业和旅游院校加大对相关经营户的教育培训和开发指导,开设乡村旅游开发专题培训班,进行培训指导;⑧在线旅游企业合理利用自身平台宣传贫困地区旅游产品,鼓励旅游规划设计单位组织开展乡村旅游的专题会议和论坛,对贫困地区旅游资源和产品进行宣传营销。

(1)《国家旅游局办公室关于实施旅游万企万村帮扶专项行动的通知》(旅办发〔2016〕272 号),2016 年 9 月 30 日,中华人民共和国文化和旅游部,http://www.cnta.gov.cn/zwgk/201610/t20161008_785867.shtml。

(2)《陕西制订旅游万企万村帮扶脱贫工程实施方案》,2016 年 11 月 21日,中华人民共和国中央人民政府网,http://www.gov.cn/xinwen/2016-11/21/content_5135338.htm。

(3)《重庆市 613 个贫困村被纳入乡村旅游扶贫工程》,2016 年 10 月 14

日，中华人民共和国中央人民政府网，http://www.gov.cn/xinwen/2016 -
10/14/content_5118897.htm。

（4）《黑龙江：361个村成为全国乡村旅游扶贫重点村》，2016年10月
16日，中华人民共和国中央人民政府网，http://www.gov.cn/xinwen/
2016 - 10/16/content_5119801.htm。

（二十三）《贫困地区水电矿产资源开发资产收益扶贫改革试点方案》（2016年9月30日）

《贫困地区水电矿产资源开发资产收益扶贫改革试点方案》中指出在集中
连片特困地区县和国家扶贫开发工作重点县（以下统称"贫困县"）开展水电
矿产资源开发资产收益扶贫试点，优先选择革命老区和民族地区贫困县。重点
围绕以下七方面开展试点：①准确界定入股资产范围。按照"归属清晰、权责
明确、群众自愿"的原则，合理确定以土地补偿费量化入股的农村集体土地数
量、类型和范围，并将核定的土地补偿费作为资产入股试点项目，形成集体股
权。入股资产应限于农村集体经济组织所有的耕地、林地、草地、未利用地等
非建设用地的土地补偿费。②明确入股主体和受益主体。农村集体经济组织为
股权持有者，其成员为集体股权受益主体，建档立卡贫困户为优先受益对象。
③规范集体股权设置办法。股权设置方法、程序等具体事项由试点项目所在地
省级人民政府研究确定。股权设置结果须经项目所在地县级人民政府、项目投
资建设单位、被占地农村集体经济组织共同确定。④保障集体股权收益。集体
股权保障收益水平由项目投资建设单位和被占地农村集体经济组织根据项目实
际情况共同协商确定。⑤健全收益分配制度。农村集体经济组织要制订经成员
认可并符合相关财务制度的收益分配方案；收益分配方案应明确建档立卡贫困
户享有优先分配权益，并保证其收益不得以任何方式被截留、挪用、扣减；已
脱贫农户享有与本集体经济组织其他成员平等的收益分配权。⑥保障农村集体
经济组织成员权益。依法保障农村集体经济组织成员相关权利，建立健全相关
制度等。⑦建立风险防控机制。强化政府相关作用，建立相关利益申诉机制，
并加强监督。

📖 延伸阅读：

（1）《国务院办公厅关于印发贫困地区水电矿产资源开发资产收益扶贫
改革试点方案的通知》（国办发〔2016〕73号），2016年9月30日，中华人

民共和国中央人民政府网，http://www.gov.cn/zhengce/content/2016 -
10/18/content_5120613.htm。

（2）《让贫困群众共享资源开发"红利"——聚焦〈贫困地区水电矿产资
源开发资产收益扶贫改革试点方案〉》，2016年10月18日，中华人民共和国
中央人民政府网，http://www.gov.cn/zhengce/2016 - 10/18/content_5121033.
htm。

（二十四）《中国人民银行　财政部　银监会　证监会　保监会　扶贫办　共青团中央关于全面做好扶贫开发金融服务工作的指导意见》（2014年3月6日）

《中国人民银行　财政部　银监会　证监会　保监会　扶贫办　共青团中央关于全面做好扶贫开发金融服务工作的指导意见》中提出，扶贫开发金融服务重点支持贫困地区基础设施建设、推动经济发展和产业结构升级、促进就业创业和贫困户脱贫致富、支持生态建设和环境保护。具体工作从以下十个方面展开：①进一步发挥政策性、商业性和合作性金融的互补优势。充分发挥农业发展银行、国家开发银行、中国农业银行、中国邮政储蓄银行、农村信用社和其他商业银行的优势，积极培育村镇银行等新型农村金融机构。②完善扶贫贴息贷款政策，加大扶贫贴息贷款投放。发挥中央财政贴息资金的杠杆作用，支持各地根据自身实际需求增加财政扶贫贷款贴息资金规模，支持金融机构积极参与发放扶贫贴息贷款等。③优化金融机构网点布局，提高金融服务覆盖面。例如，支持和鼓励银行、证券、保险机构在贫困地区设立分支机构，进一步向社区、乡镇延伸服务网点。④继续改善农村支付环境，提升金融服务便利度。例如，扩展和延伸支付清算网络的辐射范围，大力推广非现金支付工具。⑤加快推进农村信用体系建设，推广农村小额贷款。例如，深入开展"信用户""信用村""信用乡（镇）"以及"农村青年信用示范户"创建活动。⑥创新金融产品和服务方式，支持贫困地区发展现代农业。相关金融机构要积极探索开发适合贫困地区现代农业发展特点的贷款专项产品和服务模式。⑦大力发展多层次资本市场，拓宽贫困地区多元化融资渠道。例如，支持符合条件的贫困地区企业首次公开发行股票并上市。⑧积极发展农村保险市场，构建贫困地区风险保障网络。主要包括创新农业保险险种，加大农业保险支持力度，拓宽保险资金运用范围。⑨加大贫困地区金融知识宣传培训力度。⑩加强贫困地区金融消费权益保护工作。金融机构要加强对金融产品和服务的信息披露和风险提示，依法合规向贫困地区金融消费者提供服务。

此外,《中国人民银行　财政部　银监会　证监会　保监会　扶贫办　共青团中央关于全面做好扶贫开发金融服务工作的指导意见》中还从加大货币政策支持力度、实施倾斜的信贷政策、完善差异化监管政策和加大财税政策扶持力度等几个方面提出保障政策措施,从加强部门协调和完善监测考核两个方面提出加强组织领导。

延伸阅读:

《中国人民银行　财政部　银监会　证监会　保监会　扶贫办　共青团中央关于全面做好扶贫开发金融服务工作的指导意见》,2014 年 3 月 6 日,中国人民银行网,http://www.pbc.gov.cn/jinrongshichangsi/147160/147289/147301/2806151/index.html。

(二十五)《人民银行　发展改革委　财政部　银监会　证监会　保监会　扶贫办关于金融助推脱贫攻坚的实施意见》(2016 年 3 月 16 日)

《人民银行　发展改革委　财政部　银监会　证监会　保监会　扶贫办关于金融助推脱贫攻坚的实施意见》中提出,主要从五个方面全面改进和提升扶贫金融服务:①精准对接脱贫攻坚多元化融资需求。具体内容包括:精准对接贫困地区发展规划,找准金融支持的切入点;精准对接特色产业金融服务需求,带动贫困人口脱贫致富;精准对接贫困人口就业就学金融服务需求,增强贫困户自我发展能力;精准对接易地扶贫搬迁金融服务需求,支持贫困人口搬得出、稳得住、能致富;精准对接重点项目和重点地区等领域金融服务需求,夯实贫困地区经济社会发展基础。②大力推进贫困地区普惠金融发展。具体内容为:深化农村支付服务环境建设,推动支付服务进村入户;加强农村信用体系建设,促进信用与信贷联动;重视金融知识普及,强化贫困地区金融消费者权益保护。③充分发挥各类金融机构助推脱贫攻坚主体作用。具体内容为:完善内部机构设置,发挥好开发性、政策性金融在精准扶贫中的作用;下沉金融服务重心,完善商业性金融综合服务;强化农村中小金融机构支农市场定位,完善多层次农村金融服务组织体系;加强融资辅导和培育,拓宽贫困地区企业融资渠道;创新发展精准扶贫保险产品和服务,扩大贫困地区农业保险覆盖范围;引入新兴金融业态支持精准扶贫,多渠道提供金融服务。④完善精准扶贫金融支持保障措施。具体包括以下内容:设立扶贫再贷款,发挥多种货币政策工具引导作用;加强金融与财税政策协调配合,引导金融资源倾斜配置;实施差异化监管政策，优化银行机构考核指标。⑤持续完善脱贫攻坚金融服务工作机制。具体包括以下内容：加强领导组织，健全责任机制，建立和完善人民银行、银监、证监、保监、发展改革、扶贫、财政、金融机构等参与的脱贫攻坚金融服务工作联动机制；完善精准统计，强化监测机制，人民银行总行及时出台脱贫攻坚金融服务专项统计监测制度；开展专项评估，强化政策导向，建立脱贫攻坚金融服务专项评估制度，定期对各地、各金融机构脱贫攻坚金融服务工作进展及成效进行评估考核；加强总结宣传，营造良好氛围，通过报纸、广播、电视、网络等多种媒体，金融机构营业网点，以及村（组）、社区等公共宣传栏，大力开展金融扶贫服务政策宣传。

延伸阅读：

《人民银行　发展改革委　财政部　银监会　证监会　保监会　扶贫办关于金融助推脱贫攻坚的实施意见》（银发〔2016〕84号），2016年3月16日，中华人民共和国中央人民政府网，http://www.gov.cn/gongbao/content/2016/content_5088784.htm。

（二十六）《中国证监会关于发挥资本市场作用服务国家脱贫攻坚战略的意见》（2016年9月8日）

《中国证监会关于发挥资本市场作用服务国家脱贫攻坚战略的意见》中指出，从以下五个方面充分发挥资本市场在服务国家脱贫攻坚战略中的作用：①支持贫困地区企业利用多层次资本市场融资。例如，对符合相关条件的企业在申请首次公开发行股票并上市、在全国中小企业股份转让系统挂牌、发行公司债和资产支持证券等方面可分别享受"即报即审、审过即发"政策，政策。②支持和鼓励上市公司履行社会责任服务国家脱贫攻坚战略。例如，鼓励上市公司支持贫困地区的产业发展，结对帮扶贫困县或贫困村，或主动对接建档立卡贫困户等。③支持和鼓励证券基金经营机构履行社会责任服务。例如，鼓励证券公司开展专业帮扶，鼓励相关市场主体设立或参与市场化运作的贫困地区产业投资基金和扶贫公益基金，以及优先录用建档立卡贫困毕业生等。④支持和鼓励期货经营机构履行社会责任服务国家脱贫攻坚战略。例如，鼓励期货公司开展专业帮扶，将期货公司参与扶贫工作情况纳入分类评价标准，支持贫困地区符合条件的仓储企业申请设立交割仓库等。⑤切实加强贫困地区投资者保护工作。例如，对贫困地区企业的各项审核事项坚持"三公"（公开、公正、公平）原则，坚持标准不降、条件不减，确保市场稳定健康发展；加强对贫困地区金融监管干部、企业管理人员资本市场知识的培训，通过多种手段加强贫困地区投资者风险防范教育。

> **延伸阅读：**
>
> 　　（1）《中国证监会关于发挥资本市场作用服务国家脱贫攻坚战略的意见》（中国证券监督管理委员会公告〔2016〕19号），2016年9月8日，中国证券监督管理委员会网，http://www.csrc.gov.cn/pub/zjhpublic/G00306201/201609/t20160909_303259.htm。
>
> 　　（2）《证监会就部分公司为了IPO迁址贫困县等问题答问》，2017年2月10日，中华人民共和国中央人民政府网，http://www.gov.cn/xinwen/2017-02/10/content_5167153.htm。

（二十七）《国务院关于加强困境儿童保障工作的意见》
（2016年6月13日）

　　《国务院关于加强困境儿童保障工作的意见》中提出，坚持家庭尽责、政府主导、社会参与和分类保障的原则，从五个方面加强困境儿童分类保障：①保障基本生活。将符合相应条件的困境儿童纳入特困人员救助供养或最低生活保障的范围。②保障基本医疗。医疗救助对符合条件的重病、重残儿童，适当提高报销比例和封顶线，相关医疗康复项目纳入基本医疗保障范围政策，困境儿童参加城乡居民基本医疗保险可享受政策补贴，并且实施多项医疗救助政策相衔接。③强化教育保障。例如，对于家庭经济困难儿童，要落实教育资助政策和义务教育阶段"两免一补"政策；对于残疾儿童，要建立随班就读支持保障体系，为其中家庭经济困难的提供包括义务教育、高中阶段教育在内的12年免费教育；对于农业转移人口及其他常住人口随迁子女，要全面落实在流入地参加升学考试政策和接受中等职业教育免学费政策；完善义务教育控辍保学工作机制等。④落实监护责任。对于不同类型的儿童群体采取不同的监护方式。⑤加强残疾儿童福利服务。对于0～6岁视力、听力、言语、智力、肢体残疾儿童和孤独症儿童、社会散居残疾孤儿，采取设立相应服务和措施。此外，《国务院关于加强困境儿童保障工作的意见》还提出从四个方面建立健全困境儿童保障工作机制：构建县（市、区、旗）、乡镇（街道）、村（居）三级工作网络，建立部门协作联动机制，充分发挥群团组织作用，鼓励支持社会力量参与。

📖 **延伸阅读：**

（1）《国务院关于加强困境儿童保障工作的意见》（国发〔2016〕36 号），2016 年 6 月 13 日，中华人民共和国中央人民政府网，http://www. gov. cn/zhengce/content/2016－06/16/content＿5082800. htm。

（2）《图解：国务院关于加强困境儿童保障工作的意见》，2016 年 6 月 16 日，中华人民共和国中央人民政府网，http://www. gov. cn/xinwen/2016－06/16/content＿5082870. htm。

（3）《云南为困境儿童织起县乡村三级"保障网"》，2017 年 1 月 1 日，中华人民共和国中央人民政府网，http://www. gov. cn/xinwen/2017－01/01/content＿5155348. htm。

（二十八）《国务院关于加强农村留守儿童关爱保护工作的意见》（2016 年 2 月 4 日）

《国务院关于加强农村留守儿童关爱保护工作的意见》中提出，坚持家庭尽责、政府主导、全民关爱和标本兼治的原则，从强化家庭监护主体责任，落实县、乡镇人民政府和村（居）民委员会职责，加大教育部门和学校关爱保护力度，发挥群团组织关爱服务优势和推动社会力量积极参与五个方面完善农村留守儿童关爱服务体系；从建立强制报告机制、完善应急处置机制、健全评估帮扶机制和强化监护干预机制四个方面建立健全农村留守儿童救助保护机制；为农民工家庭提供更多帮扶支持和引导扶持农民工返乡创业就业，从源头上逐步减少儿童留守现象；从加强组织领导、加强能力建设、强化激励问责和做好宣传引导等方面强化农村留守儿童关爱保护工作保障措施。

📖 **延伸阅读：**

《国务院关于加强农村留守儿童关爱保护工作的意见》（国发〔2016〕13 号），2016 年 2 月 4 日，中华人民共和国中央人民政府网，http://www. gov. cn/zhengce/content/2016－02/14/content＿5041066. htm。

（二十九）《关于在全国开展农村留守儿童"合力监护、相伴成长"关爱保护专项行动的通知》（2016 年 11 月 8 日）

《关于在全国开展农村留守儿童"合力监护、相伴成长"关爱保护专项行动的通知》中明确提出，具体工作内容围绕落实家庭监护责任、落实强制报告责任、落实临时监护责任、落实控辍保学责任、落实户口登记责任以及依法打击遗弃行为六方面展开。其中，落实强制报告责任具体包括：各级教育、卫生计生、民政部门要指导学校、幼儿园、医疗机构、村（居）民委员会、社会工作服务机构、救助管理机构、福利机构及其工作人员树立强制报告意识，发现农村留守儿童脱离监护单独居住生活或失踪、监护人丧失监护能力或不履行监护责任等符合《国务院关于加强农村留守儿童关爱保护工作的意见》规定的强制报告情形的，应当第一时间向公安机关报告；乡镇人民政府（街道办事处）要指导村（居）民委员会按照"边排查、边发现、边报告"的原则，随时将父母一方外出另一方无监护能力或无人监护的农村留守儿童等重点对象有关情况向公安机关报告等。落实控辍保学责任主要包括：县级人民政府要完善控辍保学部门协调机制；地方各级民政部门要将摸底排查中发现的失学辍学农村留守儿童花名册通报给同级教育行政部门，县级民政部门同时将失学辍学农村留守儿童花名册通报给乡镇人民政府（街道办事处），再由各中小学校、村（居）民委员会逐一核查，并采取相关措施。

延伸阅读：

《关于在全国开展农村留守儿童"合力监护、相伴成长"关爱保护专项行动的通知》（民发〔2016〕198号），2016年11月8日，中华人民共和国民政部网，http://www.mca.gov.cn/article/gk/wj/201611/20161100002381.shtml。

（三十）《国务院关于印发"十三五"加快残疾人小康进程规划纲要的通知》（2016年8月3日）

《国务院关于印发"十三五"加快残疾人小康进程规划纲要的通知》中明确从五个方面开展工作：①保障残疾人基本民生。具体工作落实包括：提高残疾人社会救助水平、建立完善残疾人基本福利制度、确保城乡残疾人普遍享有基本养老保险和基本医疗保险、优先保障残疾人基本住房和加快发展残疾人托养照料服务。同时提出九项残疾人民生兜底保障重点政策：最低生活保障制度，困难残疾人生活补贴制度和重度残疾人护理补贴制度，残疾儿童康复救助制度，残疾人基本型辅助器具补贴，贫困残疾人家庭无障碍改造补贴，困难残疾人社会保险个人缴费资助，重度残疾人医疗报销制度，盲人、聋人特定信息消费支持和阳光家园计划。②大力促进城乡残疾人及其家庭就业增收。具体工作落实包括：确保农村贫困残疾人如期脱贫、依法大力推进残疾人按比例就业、稳定发展残疾人集中就业、多渠道扶持残疾人自主创业和灵活就业、大力发展残疾人辅助性就业和多种形式就业、加强残疾人就业服务和劳动权益保护。同时提出八项残疾人就业增收重点项目：残疾人职业技能提升计划、农村残疾人"阳光扶贫基地"和实用技术培训项目、农村基层党组织助残扶贫工程、党政机关按比例安排残疾人就业推进项目、残疾人创业孵化示范基地和文化创意产业基地建设项目、残疾人辅助性就业示范机构建设项目、支持性就业推广项目和低收入残疾人就业补助项目。③提升残疾人基本公共服务水平，具体工作落实包括：强化残疾预防、保障残疾人基本康复服务需求、加强辅助器具推广和适配服务、提高残疾人受教育水平、巩固特殊教育发展基础、丰富残疾人文化体育生活、全面推进无障碍环境建设和建立残疾人基本公共服务标准体系。同时提出八项残疾人基本公共服务重点项目：残疾人社区康复服务项目，残疾儿童、青少年教育项目，残疾人中等职业教育和高中阶段教育示范项目，残疾青壮年文盲扫盲项目，国家通用手语和通用盲文研究推广项目，文化进家庭"五个一"项目，残疾人体育健身计划和信息无障碍促进项目。④依法保障残疾人平等权益，具体工作落实包括：完善残疾人权益保障法律法规体系、加大残疾人权益保障法律法规的宣传执行力度和创新残疾人权益保障机制。⑤凝聚加快残疾人小康进程的合力，具体工作落实包括：大力发展残疾人慈善事业、有效开展志愿助残服务、加快发展残疾人服务业、加大政府购买助残服务力度、营造良好的扶残助残社会环境和加强残疾人事务国际交流合作。

《国务院关于印发"十三五"加快残疾人小康进程规划纲要的通知》中还提出要充分发挥政府主导作用、建立多元投入格局、加强基础设施和服务机构建设、加快专业人才队伍和基础学科建设、强化科技创新和信息化建设、增强基层综合服务能力、协调推进城乡区域残疾人小康进程以及充分发挥残疾人组织作用。并且提出九项保障条件和服务能力建设重点项目：残疾人服务设施建设项目、残疾人服务专业人才培养项目、"互联网＋科技助残"行动、"互联网＋助残服务"平台建设项目、志愿助残服务示范项目、助残社会组织培育项目、县域残疾人服务能力提升项目、"温馨家园"社区服务示范项目和中国特色残疾人事业研究项目。

📖 延伸阅读：

（1）《国务院关于印发"十三五"加快残疾人小康进程规划纲要的通知》（国发〔2016〕47号），2016年8月3日，中华人民共和国中央人民政府网，http://www.gov.cn/zhengce/content/2016-08/17/content_5100132.htm。

（2）《这三年，总理牵挂的残疾人群体，迎来哪些暖政？》，2016 年 8 月 21 日，中华人民共和国中央人民政府网，http://www.gov.cn/xinwen/2016-08/21/content_5100187.htm。

（3）许鹏飞，《湖北省农村残疾人小康进程影响因素的实证分析——基于湖北三地的调查》，《安徽农业科学》，2015 年第 43 卷第 9 期。

（4）朱毓松，《福建困难残疾人生活补贴覆盖率到 2020 年须达 98%》，2016 年 12 月 1 日，福州新闻网，http://news.fznews.com.cn/shehui/20161201/583f652738b2d.shtml。

（三十一）《大别山革命老区振兴发展规划》（2015 年 6 月 15 日）

《大别山革命老区振兴发展规划》指出，要打造核心发展区域，以黄冈、信阳、六安中心城区为龙头，依托黄冈高新技术开发区、六安经济技术开发区等平台，着力打造黄冈临港经济带、六安工业走廊和信阳宁西工业经济走廊，建设大别山革命老区核心增长极；要促进随（州）孝（感）武（汉）组团、驻（马店）南（阳）组团和安庆组团三大组团发展，从发展现代农业、促进产业结构优化升级、优化城乡建设布局、推进基础设施建设、加强生态建设和环境保护、完善基本公共服务、加快重点领域改革和加强组织实施八个方面明确具体发展措施。其中，在发展现代农业方面，要稳定发展粮食生产，大力发展畜禽、茶叶、油料、桑蚕、中药材和果蔬等特色农林业，鼓励发展规模适度的农户家庭农场和工商资本到农村发展适合企业化经营的现代种养业；在促进产业结构优化升级方面，要提升加工制造业水平，大力发展红色、生态和历史文化旅游，加快金融业、商贸流通业和新兴服务业等现代服务业，要有序承接产业转移；在优化城乡建设布局方面，要做大做强信阳、黄冈、六安、驻马店、随州、安庆、麻城等区域性中心城市，大力发展中小城市和小城镇，推进社会主义新农村建设；在推进基础设施建设方面，要完善铁路、公路、水运、民航等交通网络，强化能源保障，实施水利工程，加强信息基础设施建设；在加强生态建设和环境保护方面，要构筑生态屏障，加强环境保护，促进资源节约利用；在完善基本公共服务方面，要优先发展教育事业，提升医疗卫生服务水平，促进文化事业发展，完善就业和社会保障体系；在加快重点领域改革方面，要创新扶贫开发机制，健全城乡发展一体化机制，完善投融资机制，探索生态文明建设机制，构建开放合作新机制；在加强组织实施方面，安徽、河南、湖北省人民政府要加强组织领导。

📖 **延伸阅读：**

（1）《国家发展改革委关于印发大别山革命老区振兴发展规划的通知》（发改地区〔2015〕1400号），2015年6月15日，中华人民共和国国家发展和改革委员会网，http：//www.sdpc.gov.cn/zcfb/zcfbghwb/201506/t20150618_696377.html。

（2）《川2陕革命老区迎来加快振兴发展新契机》，2016年6月29日，中华人民共和国中央人民政府网，http：//www.gov.cn/xinwen/2016-06/29/content_5086878.htm。

（三十二）《川陕革命老区振兴发展规划》（2016年7月27日）

《川陕革命老区振兴发展规划》中提出川陕革命老区的发展目标为：到2020年，革命老区城镇居民人均可支配收入达到38 000元，农村居民人均可支配收入达到14 400元，建档立卡贫困人口占农村总人口比例不高于0.5%。并提出"三带三走廊"经济发展空间结构。其中，"三带"是指西安—汉中—巴中—南充—重庆/成都经济带、西安—汉中—广元—绵阳—成都经济带、西安—安康—达州—重庆经济带；"三走廊"是指兰州—广元—巴中—达州—万州经济走廊、成都—南充—达州—万州经济走廊、汉中—安康—商洛经济走廊。具体工作从破解基础设施瓶颈制约、促进资源开发与特色产业发展、推进精准扶贫精准脱贫、提升基本公共服务水平、推动区域合作与改革开放、加强生态建设与环境保护以及统筹城乡协调发展几方面展开。在破解基础设施瓶颈制约方面，要建设以普通公路为基础，以铁路、高速公路为骨干，以水路、民航为重要组成部分的综合交通运输网络，提升交通运输对老区经济社会发展的支撑作用，加快水利工程建，强化天然气和电力及新能源建设，大力推进三网融合，加快实施"宽带中国"战略，加快推进宽带网络升级改造，支持农村及偏远地区宽带建设和运行维护；在促进资源开发与特色产业发展方面，要发展特色农林业，推动天然气、石油化工、新材料、中药材等优势资源有序开发，促进装备制造、电子信息、轻纺服装等制造业转型升级，加快商贸旅游等现代服务业发展；在推进精准扶贫精准脱贫方面，要建立健全精准扶贫工作机制，改善贫困乡村生产生活条件，落实相关项目促进精准脱贫；在提升基本公共服务水平方面，优先发展教育，提升医疗卫生服务水平，构建现代公共文化服务体系，加强就业和社会保障以及加大扶优力度；在推动区域合作与改革开放方面，要拓展川陕革命老区的区域发展空间，加强相关区域协作，推动体制机制改革，提升对外开放水平；在加强生态建设和环境保护方面，要加大生态建设力度，推进环境污染防治，推动生产生活方式绿色化，加强环境影响评价；在统筹城乡协调发展方面，要增强巴中、广元、达州、南充、绵阳、汉中、安康、商洛等中心城市的辐射带动能力，大力发展中小城市和小城镇，推进农业人口市民化和城乡协调发展，建设美丽乡村。

延伸阅读：

《国家发展改革委关于印发川陕革命老区振兴发展规划的通知》（发改地区〔2016〕1644 号），2016 年 7 月 27 日，中华人民共和国国家发展和改革委员会网，http://www.sdpc.gov.cn/zcfb/zcfbghwb/201608/t20160803_813991.html。

（三十三）《关于支持四川省凉山彝族自治州云南省怒江傈僳族自治州甘肃省临夏回族自治州加快建设小康社会进程的若干意见》（2016 年 12 月 8 日）

《关于支持四川省凉山彝族自治州云南省怒江傈僳族自治州甘肃省临夏回族自治州加快建设小康社会进程的若干意见》中指出要落实以下几个方面的工作：①开展基础设施建设攻坚，突破瓶颈制约。具体包括：进一步完善完善铁路和公路网络，实施农村公路硬化工程，推进怒江（泸水段）澜沧江（怒江段）、金沙江（凉山段）等等重要水系干流航道建设研究论证，积极发展通用航空，支持低空空域改革试点，研究在怒江等地建设通用机场，构建交通基础设施网络；推进引黄济临等大中型水利工程项目、农田水利基础设施和微型水利工程的建设；升级改造电力和信息网络设施；加强城镇市政基础设施建设。②推动基本公共服务均等化，使各族群众共享发展成果。具体包括：优化教育事业，例如，加强学前教育、普通高中教育、职业教育、双语教育和学校标准化建设，推进教育信息化等；改善医疗卫生条件，例如，增加基本公共卫生服务经费投入，继续实施国家基本公共卫生服务项目和重大公共卫生项目，全科医生规范化培养、全科医生转岗培训、农村订单定向医学生免费培养等项目向三州倾斜，加快人口健康信息平台建设和开展远程医疗等能力建设等；构建公共文化服务体系；增强就业服务能力，例如，建设就业培训基地，提高职业技能培训补助标准，开发一批公益性岗位和见习岗，鼓励和支持外出人员返乡创业等；提升社会保障水平，例如，积极探索整合新型农村合作医疗和城镇居民医疗保险制度，提高失业保险基金统筹层次，建立健全工伤保险体系，加快建设标准化的县级中心敬老院和区域性养老服务中心，全面落实被征地农民社会保障政策，完善边民补贴机制，稳步提高边民社会保障水平等；加强禁毒防艾（滋病）工作；大力实施精准扶贫。③保护和恢复生态环境，有效维护生态安全。具体包括加强生态保护、继续实施重点生态工程、推动开展生态补偿试点、加强环境保护和地质灾害防治。④发展产业培育，提升内生发展能力。具体包括：优化提升资源能源产业，发展道地中药材、高山畜牧业、木本油料以及清真食品民族用品加工等特色优势产业，推进旅游商贸业发展；支持产业园区建设。⑤积极改革创新，激发区域经济活力。在行政、投资和人才体制、用地制度和财政金融方面进行创新。推进合作发展，例如，以"一带一路"建设、长江经济带发展、孟中印缅经济走廊建设为契机，加快与周边地区基础设施互联互通。

延伸阅读：

《国家发展改革委　国家民委关于公开〈关于支持四川省凉山彝族自治州云南省怒江傈僳族自治州甘肃省临夏回族自治州加快建设小康社会进程的若干意见〉的通知》（发改西部〔2016〕2575号），2016年12月8日，中华人民共和国国家发展和改革委员会网，http://www.ndrc.gov.cn/zcfb/zcf-btz/201612/t20161212_829870.html。

（三十四）《科技扶贫行动方案》（2016年10月13日）

《科技扶贫行动方案》中提出七大科技扶贫的重点任务：①关键技术攻关行动。组织高等学校、科研院所、企业调研贫困地区科技需求，开展技术攻关；加强卫星遥感、通信技术在贫困地区的应用，开展高分扶贫应用示范。②成果转移转化行动。面向贫困地区推介最新创新成果；围绕贫困地区支柱产业转化推广50 000项以上先进适用技术成果。③创业载体建设行动。指导贫困地区、革命老区、少数民族地区建设一批专业化、特色化的"星创天地"，支持有条件的贫困县建设科技园区；推动高等学校新农村发展研究院在贫困地区建设一批集科研中试示范、成果推广转化、农民技术培训为一体的农村科技服务基地，引进和孵化一批科技型企业；鼓励贫困地区、革命老区建立完善技术中介机构，发展技术市场，推动产学研合作。④创新要素对接行动。鼓励国家高新技术产业开发区、国家农业科技园区、国家可持续发展实验区与贫困地区对接，筹建科技园区；支持国家重点实验室、工程技术研究中心、国家临床医学研究中心、科技资源共享服务平台与贫困地区对接；加强科技援疆、援藏、援青工作与脱贫攻坚的有效衔接。⑤科技特派员创业扶贫行动。针对贫困地区需要就地脱贫的10万个贫困村，组织动员科技特派员进村入户；基本实现科技特派员对全国贫困村科技服务和创业带动的全覆盖。⑥脱贫带头人培养行动。以"三区"人才支持计划科技人员专项计划为抓手，发挥科技特派员作用，加强对贫困地区返乡农民工、大学生村官、乡土人才、科技示范户的培训，每年培养 15 000 名左右懂技术、会经营、善管理的脱贫致富带头人和新型职业农民；鼓励高等学校、科研院所和省（市）科技管理部门向贫困地区选派优秀干部和科技人才挂职扶贫，择优接收贫困地区优秀年轻干部到国家部委学习锻炼。⑦进乡入村科普行动。在贫困地区广泛开展科技列车行、院士行、百名教授兴百村、流动科技馆进基层、科技大篷车万里行、科技之光青年专家服务团活动；组织编写和发放《农村科技口袋书》；做好全国党员干部现代远程教育课件的制播工作，在贫困县电视台推广"星火科技 30 分"电视栏目；试点建立"科教卫同屏互动服务平台"。

📖 **延伸阅读：**

《科技部　教育部　中国科学院　中国工程院　自然科学基金会　国防科工局　国务院扶贫办关于印发〈科技扶贫行动方案〉的通知》（国科发农〔2016〕314 号），2016 年 10 月 13 日，中华人民共和国科学技术部网，http://www.most.gov.cn/mostinfo/xinxifenlei/fgzc/gfxwj/gfxwj2016/201610/t20161025＿128434.htm。

（三十五）《水利部　国务院扶贫办关于实施水利扶贫开发行动的指导意见》（2016 年 8 月 5 日）

《水利部　国务院扶贫办关于实施水利扶贫开发行动的指导意见》中指出，要实施农村饮水安全巩固提升工程、农田水利设施建设工程、水资源开发利用工程、防洪抗旱减灾保障工程、施水土保持和生态建设工程和农村小水电扶贫工程六大工程；从加强水资源管理与保护、强化水利工程建设管理、推进水利体制机制改革和健全基层水利服务体系四个方面提升贫困地区水利管理服务水平；要健全五大水利精准扶贫工作机制，即健全水利扶贫需求调查机制、水利扶贫项目储备机制、水利扶贫投资倾斜机制、水利扶贫统计分析机制和水利扶贫考核评价机制。

📖 **延伸阅读：**

《水利部　国务院扶贫办关于实施水利扶贫开发行动的指导意见》（水扶贫函〔2016〕319 号），2016 年 8 月 5 日，中华人民共和国水利部网，http://zwgk.mwr.gov.cn/zfxxgkml/201608/P020160908322438800739.ceb。

（三十六）《网络扶贫行动计划》（2016 年 10 月）

《网络扶贫行动计划》中提出要实施实施"网络覆盖工程、农村电商工程、网络扶智工程、信息服务工程、网络公益工程"五大工程。其中，网络覆盖工程具体包括：推进贫困地区网络覆盖，加快实用移动终端研发和应用，开发网络扶贫移动应用程序（APP），推动民族语言语音、视频技术的研发；农村电商工程具体包括：大力发展农村电子商务、建立扶贫网络博览会、推动互联网金融服务向贫困地区延伸；网络扶智工程具体包括：开展网络远程教育、加强干部群众培训工作、支持大学生村官和大学生返乡开展网络创业创新；信息服务工程具体包括：构建统一的扶贫开发大数据平台、搭建一县一平台、完善一乡（镇）一节点、培养一村一带头人、开通一户一终端、建立一户一档案、形成一支网络扶贫队伍和构筑贫困地区民生保障网络系统；网络公益工程具体包括：开展网络公益扶贫系列活动、推动网络公益扶贫行动、实施贫困地区结对帮扶计划和打造网络公益扶贫品牌项目。

📚 **延伸阅读：**

（1）《中央网信办、国家发展改革委、国务院扶贫办联合发文　加快实施网络扶贫行动》，2016 年 10 月 27 日，中华人民共和国国家互联网信息办公室网，http://www.cac.gov.cn/2016－10/27/c_1119837007.htm。

（2）《甘肃被国家确定为网络扶贫试点省》，2017 年 1 月 13 日，中华人民共和国中央人民政府网，http://www.gov.cn/xinwen/2017－01/22/content_5162126.htm。

（三十七）《住房城乡建设部　国家发展改革委　财政部关于做好 2015 年农村危房改造工作的通知》（2015 年 3 月 11 日）

《住房城乡建设　国家发展改革委　财政部关于做好 2015 年农村危房改造工作的通知》中明确，农村危房改造补助对象重点是居住在危房中的农村分散供养"五保"户、低保户、贫困残疾人家庭和其他贫困户。补助对象的确定要坚持公开、公平、公正原则，优先帮助住房最危险、经济最贫困农户解决最基本安全住房。2015 年农村危房改造中央补助标准为每户平均 7 500 元，在此基础上对贫困地区每户增加 1 000 元补助，对建筑节能示范户每户增加 2 500 元补助。各省（区、市）要依据改造方式、建设标准、成本需求和补助对象自筹资金能力等不同情况，合理确定不同地区、不同类型、不同档次的省级分类补助标准。

《住房城乡建设部　国家发展改革委　财政部关于做好 2015 年农村危房改造工作的通知》中还明确，农村危房改造补助对象审核要严格执行农户自愿申请、村民会议或村民代表会议民主评议、乡（镇）审核、县级审批等程序。同时建立健全公示制度。农村危房改造要符合基本建设要求，改造后的农房须建筑面积适当、主要部件合格、房屋结构安全和基本功能齐全。地震高烈度设防地区的农房改造后应达到当地抗震设防标准。原则上，改造后的农房人均建筑面积不低于 13 平方米；房屋建筑面积宜控制在 60 平方米以内，可根据家庭人数适当调整，但 3 人以上农户的人均建筑面积不得超过 18 平方米。县级住房和城乡建设部门要按照基本建设要求及时组织验收，逐户逐项检查和填写验收表。需检查项目全部合格的视为验收合格。凡验收不合格的，必须整改合格方能全额拨付补助款项。

延伸阅读：

（1）《住房城乡建设部　国家发展改革委　财政部关于做好 2015 年农村危房改造工作的通知》，2015 年 3 月 11 日，中华人民共和国住房和城乡建设部网，http://www.mohurd.gov.cn/wjfb/201503/t20150326_220568.html。

（2）张剑，隋艳晖，《农村危房改造扶贫的问题与对策研究——基于山东、河南的督导调研》，《经济问题》，2016 年第 10 期，第 73—76 页。

（3）《农村危房改造金，如何花在刀刃上》，2016 年 10 月 10 日，中华人民共和国中央人民政府网，http://www.gov.cn/xinwen/2016-10/10/content_5116530.htm。

（4）《湖南：农村危房改造形成示范带动效应》，2016 年 10 月 21 日，中华人民共和国中央人民政府网，http://www.gov.cn/xinwen/2016-10/21/content_5122622.htm。

（三十八）《中共国家烟草专卖局关于贯彻落实中央扶贫开发工作会议精神的意见》（2016 年 1 月 13 日）

《中共国家烟草专卖局关于贯彻落实中央扶贫开发工作会议精神的意见》中指出，烟草行业扶贫开发的总目标是老少边穷地区烟草工商税利实现稳定增长、烟农可支配收入持续提高、烟叶生产基础设施建设积极推进和烟叶生产专业服务更加完善。并提出，烟草行业扶贫开发的重点工作是：大力支持老少边穷地区烟草产业持续健康发展，大力支持老少边穷地区广大烟农脱贫致富，大力支持对口帮扶地区增强内生动力。此外，还要求全情投入做好对口支援西藏工作，加大对新疆和田地区扶贫搬迁工程的支持力度。

 延伸阅读：

（1）《中共国家烟草专卖局党组关于贯彻落实中央扶贫开发工作会议精神的意见》（国烟党〔2016〕12号），2016年1月13日，中国烟草网，ht-tp://www. tobacco. gov. cn/html/65/6520/82979253 _ n. html。

（2）《烟草局党组印发〈意见〉贯彻落实中央扶贫开发工作会议精神》，2016年1月20日，中华人民共和国中央人民政府网，http://www. gov. cn/xinwen/2016 - 01/21/content _ 5034940. htm。

（三十九）《农业部办公厅关于支持贫困县开展统筹整合使用财政涉农资金试点工作的通知》（2016 年 6 月 23 日）

《农业部办公厅关于支持贫困县开展统筹整合使用财政涉农资金试点工作的通知》中指出，贫困县统筹整合使用财政涉农资金中，涉及农业部门管理使用的主要是中央财政现代农业生产发展资金、农业技术推广与服务补助资金、农业资源及生态保护补助资金（对农民的直接补贴除外）等财政专项和中央预算内投资用于"三农"建设部分。并明确各级农业部门的职责：贫困县是统筹整合使用涉农资金的主体；中央和省级农业部门在下放资金项目审批权限的同时，坚持到位不越位、指导不指派；市县级农业部门做好农业生产指导和技术服务，深入贫困村、贫困户开展有针对性的帮扶，并及时总结贫困县统筹整合使用涉农资金的机制和模式。

 延伸阅读：

《农业部办公厅关于支持贫困县开展统筹整合使用财政涉农资金试点工作的通知》，2016年6月23日，中国农业部网，http://www. moa. gov. cn/zwllm/tzgg/tfw/201606/t20160624 _ 5185877. htm。

（四十）《关于进一步完善社会救助和保障标准与物价上涨挂钩联动机制的通知》（2016 年 8 月 22 日）

《关于进一步完善社会救助和保障标准与物价上涨挂钩联动机制的通知》

从以下几个方面对"联动机制"作了进一步完善：

（1）明确保障对象。联动机制保障对象为：享受国家定期抚恤补助的优抚对象、城乡低保对象、特困人员、领取失业保险金人员。各地可根据实际适当扩大保障范围，但不得缩小保障范围。

（2）调整优化启动条件。满足以下任一条件即启动联动机制：①居民消费价格指数（CPI）单月同比涨幅达到 3.5％。采用城镇低收入居民基本生活费用价格指数（SCPI）的地方可继续沿用，并参考 CPI 同比涨幅 3.5％合理设定临界值。②CPI 中的食品价格单月同比涨幅达到 6％。各地可结合实际降低启动条件，但原则上不得提高启动条件。

（3）提高补贴发放的时效性。价格临时补贴实行"按月测算、按月发放"。达到启动条件的，要在锚定价格指数发布后及时启动联动机制，并确保在指数发布后 20 个工作日内完成价格临时补贴发放。在通过现有渠道向困难群众发放价格临时补贴时，要注明所发补贴为"价格临时补贴"。当月所有启动条件均不满足时，即中止联动机制，停止发放价格临时补贴。

📖 延伸阅读：

（1）《关于进一步完善社会救助和保障标准与物价上涨挂钩联动机制的通知》（发改价格规〔2016〕1835 号），2016 年 8 月 22 日，中华人民共和国中央人民政府网，http：//www. gov. cn/xinwen/2016 - 08/25/content_5102282. htm。

（2）《国家发展改革委等五部门联合发布新的社会救助和保障标准与物价上涨挂钩联动机制》，2016 年 8 月 26 日，中华人民共和国国家发展和改革委员会网，http：//www. ndrc. gov. cn/xwzx/xwfb/201608/t20160826_815851. html。

（3）《辽宁省完善社会救助和保障标准与物价上涨挂钩联动机制》，2016 年 12 月 26 日，中华人民共和国国家发展和改革委员会网，http：//www. ndrc. gov. cn/fzgggz/tzgg/ggkx/201612/t20161226_832711. html。

（4）《海南启动物价联动机制对低收入群体发放临补》，2017 年 1 月 14 日，中华人民共和国中央人民政府网，http：//www. gov. cn/xinwen/2017 - 01/14/content_5159796. htm。

第四部分　社区贫困的调研与分析方法

一、社区调研的基本方法

(一) 沟通与协助

1. 协助的目的　农村社区调查是在当地群众的充分参与下完成的，调查组成员的一个重要角色就是协助当地群众更好地发挥出自己的潜力去分析、研究他们所面临的问题，并最终找出解决问题的思路和办法，而并非仅仅是让村民来帮助我们作调查。

协助的目的主要是：①帮助当地贫困人口认识自己的潜能；②激励当地贫困人口主动分析自己的情况，提出解决问题的办法，制订相应的计划并采取行动；③帮助当地贫困人口重塑对自己的认识和定位。

2. 协助者的行为和态度　协助者的行为和态度在参与的过程中有着非常重要的影响。那些令人愉快的性格特征如和蔼可亲、尊重他人、幽默等才能确保真正的参与。所以协助者要不断地评价自己的行为和态度。

(1) 协助者应具备的基本素质。主要包括：①态度，多为开放式、幽默、好奇、接收、敏锐、耐心和真诚；②行为，多为共享、友好、尊重、倾听、包容、中立、鼓励和自我批评。

(2) 协助的要点。主要包括：①诚实及开放；②表示尊重；③介绍自己，说明来意；④与当地人建立友善关系；⑤寻求不同人的意见；⑥放弃你的偏见；⑦观察、倾听和学习；⑧让村民制图；⑨当你需要帮忙时，不妨向当地人求助；⑩不要问诱导性问题。

3. 偏见问题　偏见是指在一定程度上与事实不符的看法甚至误解。

(1) 偏见产生的原因。原因主要在于：①知识结构的不同；②价值观的不同；③文化背景的不同；④个性和心理因素。

(2) 农村工作中常见的一些偏见。偏见主要包括：①认为贫困农民是愚昧落后的；②认为贫困农民没有市场观念；③认为商品经济是农村唯一的发展道路；④认为农民没有参与意识和决策能力；⑤认为上级领导是父母官，什么都得管；⑥认为把农村发展的工作交给农民来做只能是失败；⑦认为只有规模化了才能有更高的经济效益等。

（二）半结构式访谈

半结构式访谈是评估中所使用的主要手段。它不是预先准备一些详细的问题，而是首先提出非常一般性的问题，这样可以使研究者在深究某些问题和更深入地了解当地情形时具有较大的灵活性。

半结构式访谈体现了参与性农村评估的以下几个基本特征：①大多数活动是循环或反复进行的，在初步获得新信息的基础上，逐渐对问题和假设进行合理修改；②所获得的最新信息中最重要的部分往往是在研究开始时未曾料到的；③绝大部分新信息是从和农村居民的交谈中得到的。

1. **访谈开始**

（1）接近被访者。为了取得较好的访谈效果，在接近被访者时应该注意：①尽可能避免乘坐高级交通工具，以免给人以某些官员到来的错觉；②尽可能步行；③不要拿出看上去像官方使用的调查表来；④必须对人们对你可能产生的怀疑保持敏感。

（2）访谈的时间至关重要。研究者应注意当地的日常工作和生活规律，如季节性农事活动、工作习惯、气候及地方习俗等。以当地的习惯热情接触被访者（农民），并且使用礼貌的称呼。研究者应避免将自己放在高人一等的位置上，更不应该在汽车上进行访谈。

（3）在向被访者作介绍时，应该说明以下内容：①告诉被访者你们（研究者）是谁，代表哪个部门等；②告诉被访者你们打算干什么，包括告诉他为什么要进行这一研究，以此激发他的兴趣；③告诉他他是如何被选择作为访问对象的，强调绝不是故意给他个人添麻烦或者对他进行强迫；④取得农民的信任与合作，其中很重要的一点就是你自己应该谦虚、诚恳地表明农民才是从事农事活动的专家，而你是来向他学习的；⑤为了得到合理且可靠的答案，研究者不应该向被访者暗示或许诺将来他或这个村子会得到什么好处；⑥征得农民的同意再作笔记；⑦小组成员中应有一位比较了解当地情况的负责人向农民介绍来访目的。

2. **进行访谈**　为了不在访谈开始时就冷场，可以首先谈及当地人易接受的话题，如天气、作物收成、某些作物的价格变化等。

合乎逻辑的访谈应该是从家庭结构（家中人员数量、姓名、年龄、受教育程度等）、生计情况、土地权属、作物种植面积、畜禽的种类和养殖数量这几方面开始。这样做，一方面，可以使农民消除疑虑，增强其自信心；另一方面，从谈话结果中可得到一些有价值的信息，用来引入将要涉及的主题。负责某一个具体次级主题的研究者应引导话题围绕在这一个主题上。当这一次级主题的所有问题问完以后，小组的其他成员可接着进行另外一个次级主题的访谈。对于每一个次级主题的访谈可以反复若干次。问话者应当在一个合理的地方停下，以便让另外的人自然地接上话题。当大家对某一个次级主题的访谈结束以后，才可进入别的次级主题。

每个小组成员必须做到不要随意打断别人的访谈，随意插话会中断问话者和被访者的思绪。可以将你想插话的内容在笔记本上记录下来，等轮到你问话时再提及。另外，不应当帮助问话者向被访者解释某个问题，也不能对被访者的回答进行解释或下结论。

在整个访谈过程中，每个人必须认真地听取并详细记录谈到的所有问题，包括其他人问的问题。这样做有助于检查笔记，并有助于发现新的问题，所记录下的不完整的答案可通过互相对照来填补，还可避免重复。

3. **访谈结束**　当所有的话题都完成以后，应该自然地而不是很突然地结束谈话。同时，要以当地的方式向被访者表示感谢。

4. **整理笔记**　访谈结束，在准备访问下一个农民之前，小组成员要立即在一起讨论和整理笔记。这样做必要性在于：①所有的访谈细节在被忘却之前就把它记录下来；②如果发现有的信息不确定或有遗漏，可以马上回到被访者那儿予以求证或补充；③在进行下一个访谈之前，对某些问题的性质或访谈技巧予以修改或改进。小组成员讨论和整理笔记时应当远离村民，不要让其他人听到讨论的内容。

整理笔记有好几种方法，其中之一就是：访谈组的所有成员在一起整理，选择全组中记得最完整的笔记作为主体，由小组其他成员进行补充、核对，最后形成一份完整的记录。

5. **半结构式访谈的有关技巧及注意事项**

（1）找谁访谈？一般是找知情人进行访谈。知情人除了贫困人口自身外，还包括乡镇领导、村干部（包括前任村干部）、村中长者、种田能手、专业户主等。农户家中最合适的被访者不一定是户主，应尽可能地找具体从事某种劳动或者可做决定的家庭成员，他可能对研究者所希望了解的事情知道得更多一些。

（2）在何处访谈？如果可以，研究者应尽可能到农民正在从事某种劳动的地方进行访谈。这样做的优点是：能够通过观察发现新的问题，并且对回答进行核实。如果不方便到实地进行访谈，研究者应请被访者带他们到农民从事某项活动的地方去实地看一看。

（3）如何对待被访贫困农民？研究者在任何场合都要对农民表示热情和尊重，要时刻注意地方习俗；研究者应面对被访农民而坐，并保持适当的、舒适的"社会距离"；研究者不要表露出对农舍里的条件不满意，包括不要拒绝主人倒给你的饮用水或者主人为了表示热情好客而呈上的当地小吃等；为了增强被访农民的自信心，研究者对他的回答可以做出相应的反应，如同情、赞许或欣赏等；研究者应当彻底避免任何轻视或不相信农民回答的迹象或做法，如研究者发出假笑甚至批评农民等。

（4）进行访谈时应掌握的技巧。访谈时应注意以下几点：①所提的问题必须做到语句精练、通俗易懂；②在访谈中不应该使用诱导性、敏感性的问题或答案为"对或错""是或不是"之类的问题；③问问题时尽量保持中立，不要暗示你期望得到某种回答，使农民投你所好地给你提供答案；④不要强迫或催促农民立即回答。

6. 深究技巧　深究的作用主要是鼓励农民回答得更加准确、更加全面，或者使农民回答研究者感兴趣的某个问题的有关细节。常用的技巧包括：①以"谁、什么、在哪里、什么时候、为什么、怎么样"（通常称为"六助手"）开始的问题总是有助于了解基本情形；②为了获得更详细的信息，可以将问题扩展开或使问题更有比较性，如"以前有什么不同""别的人是怎么做的""在年景不好的时候呢"；③避免对农民的回答下结论或帮农民完成某一句话，即使在看上去他解释某件事有困难的时候；④尽可能使用当地语言（当地说法）。

7. 判断答案　判断答案的技巧包括：①注意农民的非语言暗示的含义，如音调、手势等；②如果回答得太快或太慢，或者答案模糊不清，说明农民在回避或者根本不知道但又佯装知道；③如果农民反复要求研究者对所问的问题进行解释时，有可能说明他不想回答这个问题而在磨时间、找借口逃脱。

8. 群体访谈与个人访谈或农户访谈

（1）群体访谈。通过群体访谈可以更准确地得到涉及决策的一些具有普遍性或争议性问题的有关信息，例如农药或肥料的使用、在不同类型的土地上种植的水稻品种等。

（2）个人访谈或农户访谈。个人访谈或农户访谈适用于获得某一具体农户的农事活动和决策等方面的信息。尤其是在试图找出不同条件下的农户生产活动的共性和差异时更为适用。在涉及较为敏感的或隐私的问题（如家庭计划、计划生育、收入和债务等）时，有必要将被访者与其他人隔离开。

9. 控制访谈　控制访谈的技巧包括：①有许多旁听者或观望者在场时，对访谈组进行限制，例如请被访者靠近一些或直接向被访者提问；②研究者间保持"默契"；③控制访谈方向，使访谈不要偏离主题；④当访谈由于某些原因（如被访农民不能很干脆地回答，访谈被别的事情打扰等）而进行不下去时，最好礼貌地停止，告诉被访者访谈已经结束。

10. 记录信息　记录信息时应注意：①不要用录音机作记录；②在访谈全过程中，每一个小组成员都要认真做好笔记；③被访农民所说的任何一个特别的名词、当地俗语、民间分类用语和流传的说法等，都应该如实记录下来。

（三）常用的调研辅助工具

1. 作图（平面草图）

（1）描述：一小组农民或一户农户中的成员把村集体或家庭所拥有的地块特征通过不同颜色画出来，画好后，作图者进行详细的解释，记录员记录整理。

（2）主要内容：土地利用；资源分布（森林、水、矿产）；村集体或各户家庭的地块分布或作物种植；社会因素，例如道路、灌渠、土地权属等；环境灾害，例如泥石流、滑坡、水土流失；冲突，例如土地纠纷、资源利用矛盾；历史变化，例如过去、现状或将来的规划；村庄农户分布或社会关系。

（3）注意事项：如果是一组人，应详细记录不同人的不同观点；应结合其他工具作图，如村史、树种、矩阵排列等；根据平面草图决定调研走访路线。

2. 流程图（产品、资源）

（1）描述：根据不同村民的叙述画产品流程图，包括村民从什么地方采集、收获产品，产品是自己消费还是出售，到哪里出售或交换，多长时间出售一次等。

（2）主要内容：资源的利用；资源的消费；市场出售或交换产品。

（3）注意事项：产品的流动常常包括信息的流动；产品流动包括流入和流出；产品的流出包括市场出售及其亲朋间的交换；利用"六助手"（即谁、什么、在哪里、什么时候、为什么、怎么样）作流程图。

3. 剖面图

（1）描述：明确剖面走访任务，尽量覆盖不同土地利用类型或农业生态带，详细记录不同植物、土壤、水资源、土地利用状况，以及冲突与问题等；讨论不同地带存在的问题和解决途径；在完成剖面走访后，让村民画出剖面图并列出每一地带的特征。

（2）主要内容：土壤、气候、水资源；植被、物种、树种；土地利用；技术；作物及作物搭配；宗教或保护地带；冲突及问题区；坡度、海拔。

（3）注意事项：剖面图不包括定量资料，如产量等；尽量选择覆盖多样的地带；花时间，边走边讨论；剖面图是双方（外来者和当地人）的共同观察。

4. 大事记

（1）描述：找到村中的老人，让他讲讲个人的经历（从能记忆起开始），大事记的记录需配合有直观形象的描述图；完成后，检查一下描述图并就记录中的大事进行讨论。

（2）主要内容：家庭史；社会发展给个人带来的变化；土地利用上的变化；技术上的变化（技术革新）；历史大事，植物病害；气候变化；环境的变化；经济环境；村史。

（3）注意事项：尊重老人，提老人熟悉的问题，使老人乐于合作；从老人记忆中的事情开始，或自然地从某一件大事开始；也可以从村中的事开始，让老人描述村子的历史。

5. 历史图

（1）描述：历史图需要与村中的老人一起完成；根据时间的顺序进行讲解，将主题分成环境变化和社会变化；讲解完成后，让老人说说哪些是重要的变化等；讨论结果；用符号记录下答案。

（2）主要内容：扶贫发展历程；环境、土地利用系统；农业（农作物）；家庭生活；村子的情况；组织的变化；政策的变化。

（3）注意事项：描述人可用符号表示内容，用颜色标出数量的变化；注意描述人可能会提供更多的内容，可以留出大一点的地方，以便补充内容；要和描述人达成一致。

6. 农事历

（1）描述：明确内容，与被访谈人（男或女）商量用何种方式画农事历（如饼图、线图等）；详细讨论将图中所画的植物、气候等用文字标明。

（2）主要内容：农业、林业、畜牧业、手工业；节日；劳力和外出打工；每个内容还可再细分成气候、农事活动、作物品种、播种和收获的时间、农民合作社、市场、食物等。

（3）注意事项：用不同的颜色来绘图；不要在一张图上画很多内容；如果你要画的内容非常多，可以用不同农事历表示。

7. 矩阵图

（1）描述：绘图时应预约村中知识丰富的人进行访谈，最好是村中的长者，熟悉村中某一方面的情况；将所选话题的实物列在上边的行中，询问如何作比较（如区分不同的用途等），最后对每一个实物评分（1～5分，或1～10分等）；乡土知识基本上可通过矩阵法进行收集；可以写一本小册子专门论述某一问题。

（2）注意事项：矩阵可以在地上做，用树叶、石头和符号等来填充该矩阵；当绘图人提供的知识得到别人的认可，绘图人会很高兴。

8. 机构关系图

（1）描述：访谈村中了解村级组织的人；根据重要性，用不同大小的卡片表示不同的机构（内部或外部的）；然后根据机构间的相互的关系，将代表不同机构的卡片按照彼此之间的关系放在不同的位置；之后将卡片固定在纸上。

（2）主要内容：村级组织；外部机构（国家或私人的）；人物（村领导）；不同的项目或小项目；经济活动。

（3）注意事项：共同讨论，得出结论；将代表不同机构的卡片作为图例放入图中；注意区别重要性（卡片的大小）和相互关系（卡片间的距离）。

9. 日常活动

（1）描述：记录一个人在一天中，从早上起床到晚上睡觉前，具体做了什么；按小时记录下不同的活动，记录下有多少时间是从事劳动活动和社区活动；和描述人讨论一下，在日常生活中，是否有需要变化的地方。

（2）主要内容：家庭决策；培训需求及空闲时间；比较不同性别、不同年龄的人的不同日常活动会很有意义。

（3）注意事项：用一个小时的时间来记录，不要着急；每天都不一样；重要的是可以回忆一天是如何过的，有无需要改进的地方；你也可以列出不同的时间；不要忘记写上描述人的姓名及其看法。

10. 不同性别劳动分工和资源利用

（1）描述：比较一个家庭中不同的男性和女性分别单独做的活动有哪些；将活动分别列出；问他们分别在活动中使用什么样的资源；研究不同问题，用不同颜色表示不同资源。

（2）主要内容：可以用于研究社区发展中对机构支持的需求；强调两个问题，即资源权属，资源的使用。

（3）注意事项：最后拿出一个半小时的时间分别询问男性和女性对访谈结果的看法；不要忘记记录受访者的姓名、年龄、地址，访谈日期或季节，以及访谈时的气氛。

二、农村评估资料的证实、组织与分析

在完成调查后，需要对调查的资料进行及时处理，使这些资料可靠、全面、系统和有意义，这一处理过程包括资料的证实、资料的组织与资料的分析三个部分。这里需要指出的是：调查重在过程，对收集的资料一般不做定量的处理；调查的重点在于理解问题、发现问题并找出解决问题的办法。

（一）资料的证实

证实资料的目的是检验资料的可靠程度。在调查中，由于调查人员时间紧、调查工具不适应、被调查人不愿推心置腹、收集理解记录过程中的信息损耗等原因，调查得到的资料可能不全面、不准确，所以调查完成后（甚至在调查过程中）要对资料进行证实。三角检验法（或称交叉检验法）是农村贫困调查中常用的一种资料证实方法，三角检验法要求至少从三个来源来检验资料的重要性、完整性和真确性。一般可以从三个层次上运用三角检验法来检验证实资料。

1. **对同一问题在不同的小组成员之间进行交叉检验**　对访谈得到的资料，同一个调查小组内部负责提问的组员、记录的组员和观察的组员就应该相互检验，看在记录过程中有没有错误、遗漏。

小组中具有不同专业背景的组员也是一个很好的检验三角，由于他们对某一领域有特别的敏感性、能从不同的角度来观察某一问题，不同学科组员之间的交叉检验能保证信息的完整。女性组员在调查中经常会发现一些特别的信息，在交叉检验时要特别给予注意。

2. **对同一问题利用不同的调查方法进行检验**　不同的调查方法会有不同侧重的调查结果，利用不同的调查方法进行三角交叉检验，可以使调查结果更为明确。例如，通过访谈、直接观察、二手资料都发现了某村有偷猎现象，那么这就是一个确实的调查结果；如果在直接观察时没有发现这一现象，那么偷猎也许是一个曾发生过的现象。

3. **对同一问题利用不同的被调查对象进行检验**　在农村社区调查中要特别注意在不同信息源之间进行三角交叉检验。实际上由于农村问题的复杂性，村与村之间以及一个村子内部不同村民之间都有不少差别，因此要有意识地选择不同类型的村庄和农户作为调查对象。对一些专门问题在抽样调查时，要特别注意保证有代表少数群体的样本。

有时候上述的三种类型的三角交叉检验可以综合起来使用。例如，一个农民告诉调查组说，在他的田间不能种植桉树，因为桉树会影响田里的种植作物产量。那么调查组就必须向有类似田块的农民提问，并就这个问题进行集体会谈，从而来检验这一说法是否真实，同时，还必须查阅一些研究报告对这个问题的阐述，并在其他田块中检测桉树对作物的影响。如果反复听到这个信息，那就可能是真的。

资料证实的结果并不是简单的对或错，它有多种可能性：一种可能性是几种资料比较一致，说明资料比较可信；另一种可能性是几种资料相互矛盾，这种情况需要进一步研究或调查；还有一种可能性是几种资料相互补充。

要特别注意避免把正常的差异当成矛盾。例如，在许多问题上，男人与女人之间、穷人与富人之间、领导与群众之间的观点就有所差别，通过三角检验也有助于揭示这种差别。

（二）资料的组织

资料的组织就是把零散的、无序的资料进行系统整理。例如，调查中各个小组都会涉及森林资源管理问题，但涉及的角度可能不一样：农户访谈可能得到的是关于森林管理方面的信息；直接观察得到的是关于森林面积方面的信息；小组会议中谈论较多的是木材市场的问题。把这些问题联系起来进行比较和综合就是资料的组织。简单的资料组织包括以下几个方面：

1. **空间性的资料组织**　资料的空间组织就是把有关资料放置在一定的空间位置上。根据调查得到的二手资料和直接观察资料可以绘制有关多种性质的平面图，如村落或农户分布图、土地利用现状图、地形图、学校和医疗点等公共机构分布图等。把这些图进行对比（如分别绘制在透明胶片上，再进行叠加），可以形象地揭示要素之间的内在联系。

除了平面图的叠加外，剖面图也可以用来进行资料的立体组织。根据实地勘查或者以地形图上有代表性的区域绘制成的剖面图为基础，将调查的其他环境和社会经济资料有序地、分层地放置在剖面图下方，从而揭示问题与问题之间的联系。

2. **时序性的资料组织**　资料的时序组织就是把有关资料放置在一定的时间阶段上。这里的时间阶段既可以是历史时段也可以是周期时段。

通过历史时段的资料组织，可以将历史上发生的重大事件联系起来。例如，可以把森林的生长或管理情况同政策演变、人口增长、农业开发、自然灾害、市场价格变化等资料在同一个时间轴上列出来（也可以用不同长度的时间轴，如中华人民共和国成立后或改革开放以来），通过简单的对比和比较可以看出这些因素与森林管理之间的相互影响。

周期时段的资料有以年为单位的，也有以天为单位的。组织以年为时段单位的资料时，常以一年的气候变化为基础，同时附上农作物节令，农、林、牧业活动，主要节日，以及劳动力外出做工等情况。

组织以天为时段单位的资料时，通常以小时为单元，按不同性别列出劳动力的活动类型、活动强度等资料。

3. **流程性的资料组织**　流程性的资料组织以某一种或某一类重要的物品为对象，追踪其各个部分或阶段的流向、流量和流速。这里的流向既可以是流入性的，也可以是流出性的，例如农民的收入就是流入性的；这里的流量既可以是实物性的，也可以是价值性的，例如收入与支出一般是价值性的。

资料的流程组织可以较好地体现事物发展变化的过程，有助于更好地理解事物的前因后果和逻辑顺序。

4. **结构性的资料组织**　始终要记住，单一的数量资料常常是没有多少意义的。例如，某村农、林、牧、渔业总产值为 1 000 万元，它带给我们的信息就非常有限，而如果我们还知道该村的农、林、牧、渔业总产值占社会总产值的 2/3，我们就大体知道这是一个以农业为主的村庄。结构型的资料组织就是明确有关资料所反映的指标在整个系统中的地位。资料的结构组织可以比较形象地用"圆饼图"表示，也可以用矩阵表来表示，更复杂一些的可以用交叉表来表示。

农村调查中的许多资料可以纳入以下的各种结构框架中：①土地利用结构，主要指林地、农地、草地、荒地、其他用地的比重。其中林地、农地等还可以按不同标准进一步结构化。例如，林地按权属分为集体林、国有林，或按林种分为用材林、防护林、薪柴林等。②劳动力类型、劳动分工与劳动时间结构。③经济收入结构，可以分为农业、工业、交通业、商业、建筑业等。其中，农业又可分为种植业、林业、畜牧业、渔业等。④消费支出结构。其中，食品支出占总支出的比重是一个重要指标，常被用来衡量贫困状况。⑤人口结构。人口结构通常可按性别、年龄、民族、受教育程度、经济发展水平、主业等进行分类。

5. 多样性的资料组织 由于地理、气候、历史的共同作用，许多农村地区在生态、社会、经济方面表现出千差万别、千变万化，表现出丰富的生物多样性和民族多样性，如我国云南山区。资料的收集和组织要能够反映这些多样性、变异性。

枚举法是反映事物多样性和差异性的一种资料组织方式，它把事物表现出的所有方式都列举出来。例如，调查乡土树种时，就应该将村子里村民栽种的所有树种列出，为了确认不同树种之间的差异性，可以在列出树种的名称后面附以该树种的出现频度。又如，调查云南地区的农村时，各民族生产、生活方式的具体描述也是非常重要的，从中可以揭示出民族多样性与差异性。

关于贫困的资料总结可以包括以下几个方面：贫困的认知，贫困的影响，贫困的表现，贫困的时空分布，贫困的广度与深度，贫困群体的表征，导致贫困的原因，导致贫困的深层原因，过去贫困人口应对贫困的措施，反贫困的政策措施，反贫困措施的效果，贫困人口对政策的期待，其他人群的相关认知等。至于描述的深度与宽度则取决于调查的主题与目的。

当一项调查涉及不同村子时，要充分说明这些村庄的特点，如不同海拔高度、不同民族、不同地理特征等；同样，在一个村子里调查不同农户时，也要充分说明这些被调查农户的特点，如不同民族、不同经济发展水平、不同职业、不同家庭结构等。这些特点的存在可以使调查更有代表性，使调查资料更有意义。这些特点可以用一张矩阵图表示。

(三) 资料的分析

资料的分析是指针对某一个主题（如扶贫或森林保护），根据已掌握的资料，列举、筛选并确认有关该主题的问题、机遇、解决问题的战略、可能采取的干预措施等。

资料分析的目的是要发现问题。资料分析工作在资料组织时就应同时开始，根据预设的主题，通过列举的办法写出所有存在的问题，并及时记下当时的发现。这里需要注意的是：既不要把不同主题的问题弄混淆（即要弄清楚是谁的问题），也不要把问题与问题的原因、问题的表现或影响弄混淆，要注意问题的层次。问题列出之后（可能有很多），要从中筛选出主要问题。在筛选中要注意问题之间的相互联系和相互替代，当一个问题得到解决时，另一问题也自然得到解决时，这两个问题可以归并为一个问题。

为了清楚地分析问题及导致问题产生的原因，可以采用问题树分析（或网络分析）的办法。问题树有不同层次，注意第一层次的原因就是第二层次的问题，依次类推。也可通过列表的办法来表示。

针对找出的问题及其原因（即第二层次的问题），可以进行目标分析，即把解决这个问题作为目标，看需要采取哪些具体对策。如果把问题树反过来，就是目标树分析。目标树也有不同层次，上一层次的措施是下一层次的目标。

资料分析的另一个目的是要发现存在的机会（或有利条件）。机会不一定同问题有直接的因果关联，但利用这些机会有助于确立解决问题的战略，是确定战略的依据。所以机会是同战略联系在一起的。

在问题分析、机会分析的基础上，要利用调查资料进行解决问题战略的列举、筛选和确认，这些战略为采取的干预措施提供框架。但在分析战略时不完全依据调查的信息，它同调查者的哲学思想、发展观、环境意识、多样性敏感程度都有密切关系，也同调查者的经历与背景有关。一般而言，一个具体项目的战略是一种平衡的产物，它综合考虑了当地的需求、项目的出发点和项目的干预能力，最终采取的战略是"需做什么""该做什么"和"能做什么"的结合点。一般来说，当地人总对外来项目有很高的期望，但任何一个项目总有自己的侧重点，不可能涉及所有方面，而且任何一个项目都有比较确定的边界和时限。在筛选和确认战略的过程中，必须把这些因素考虑进去。

(四) 资料的反馈

农村社区调查报告完成前，应该把调查的主要结论向村民、地方干部和技术人员做一个反馈，听取他们对调查结果的看法和意见。这一步是非常重要的，有时，在这个阶段会有意想不到的收获。资料的反馈要注意以下几点：

①选择公开的场合，如村民大会；②使用可视性的方式；③少说、多听；④对村民的协助表示感谢，并征求他们对报告处理方式的意见。

三、农村贫困分析框架

（一）公共政策分析框架

公共政策分析是指对政府为解决各类公共政策问题所采取的政策的本质、产生原因及实施效果的研究。目前，公共政策分析有三种基本模式：①麦考尔-韦伯模式。美国学者麦考尔与韦伯提出，政策分析就是对政策内容与政策过程的研究。其中，政策内容包括"政策将要影响的特定目标或集合，期望的特定事件过程，选择的特定行动路线，提出的说明意图的特定陈述，以及采取的特定行动"。政策过程包括"一些行动和相互影响，这些行动和相互影响对一个最好的特定政策内容做出权威的最终选择"，以及"还包括政策的事实结果及政策的评价"。②沃尔夫的分析模式。美国学者沃尔夫从政策过程的角度进行公共政策分析，提出了政策分析的七步法，即定义问题、搜集证据、分析因为、评估政策、开发方案、结果预测和择优选择。③邓恩的分析模式。美国学者邓恩侧重从政策信息的转换过程去分析公共政策，认为政策分析基本上要解决三类问题：事实、价值、规范。由此产生了与之相关的三种政策分析方法，即经验方法、评价方法、规范方法。其中，经验方法主要是描述某一公共政策的因果关系，指出某事物是不是存在的，因而提供的信息是描述性的；评价方法主要是决定某项措施的价值，即是否值得这样做，与之相关的信息是评价性的；规范方法是对解决之问题提供引导性方向，即告诉人们应该做什么。

公共政策分析的基本形式是规范性分析与描述性分析。规范性分析主要是应用各种规范性原则以提供政策性建议；描述性分析是在"价值自由"下给出描述性的或解释性的叙述。从传统的研究看，规范性分析主要集中在政策内容上，描述性分析主要集中在政策过程上。他们又可以分成四种不同的分析类型：政策内容的规范性分析、政策内容的描述性分析、政策过程的规范性分析和政策过程的描述性分析。

公共政策分析框架可概括为以下四个方面：

1. **公共政策问题的构成**　主要内容包括：①社会现实中的某个（些）问题怎样成为公众在政治上主义的对象？②社会问题或公共问题如何成为进入政策议程成为政策问题？③政策问题的基本内容是什么？④不同的政策内容主要采取哪些分析方法？⑤建立政策议程的基本条件有哪些？

2. **公共政策方案的制订与通过**　主要内容包括：①建立政策方案的基本

原则是什么？②实现政策方案的目标是什么？③可供选择的方案是如何制订的？④怎样对所选择的政策方案进行优化？⑤相关利益群体如何影响政策方案的制订过程？⑥政策方案是怎样被正式通过和颁布的？⑦正式通知的政策的基本内容是什么？

3. 公共政策内容的实施　主要内容包括：①有效的政策实施必须具备哪些条件？②在政策实施中采取了哪些具体的行动措施？③这些行动措施对政策内容产生了何种影响？

4. 公共政策效果的评价　主要内容包括：①按照什么样的标准去评价政策的实施效果与影响？②由谁去评价政策结果？③政策评价的结果是什么？④政策是继续执行、发展还是终止？①

（二）常规因果联系分析框架

因果联系分析法是公共政策分析中最基本的、最常用的一种分析方法，是为了确定引起某一现象变化原因而进行的分析，主要解决"为什么"的问题。按照唯物辩证法的观点，事物之间存在着因果联系，因果之间既有先行后续，又有引起和被引起的关系，原因与结果既相互区别又相互联系。因果联系是普遍和必然的联系，没有一个现象不是由一定的原因引发的；而当原因和一切必要条件都存在时，结果就必然产生。原因和结果是因果联系分析方法的两个内容，一般来说，因果指一系列因素（因）和一个现象（果）之间的关系。对某个结果产生影响的任何事件都是该结果的一个因素。直接因素是直接影响结果的因素，即无需任何介入因素（介入因素有时又称中介因素）。从这个角度来讲，因果之间的关系也可以称为因果联系。

此外，原因和结果通常和变化或事件有关，还包括客体、过程、性质、变量、事实、状况。因果关系分析类型包括以下几种形式：一因一果、一因多果、多因一果和多因多果等。因果关系还可归纳为单因果关系、双因果关系、多因果关系。在实际运用中，因果联系对应的因果关系分析主要有：①主要原因和次要原因；②直接原因、间接原因和根本原因；③异因同果、同因异果和互为因果。

常规因果关系经常运用于"贫困问题-致贫原因"分析中。但在农村贫困中种种相关的因素可能是互为因果的，在分析中需要注意。

（三）参与式发展分析框架

参与式发展方法是指目标群体（在很多情形下尤其要注意包括穷人和妇女）全面地参与到发展项目和发展活动的规则、实施和监测与评价过程中去。

---

① 陈庆云.1996.公共政策分析［M］.北京：中国经济出版社.

参与式发展的原则是：建立伙伴关系、社区需求导向、尊重乡土知识、群众的技术与技能和执行者主人翁地位、重视发展过程。参与式发展的核心是赋权，即鼓励目标群体，尤其是弱势群体参与到项目中去。参与式发展主要表现为：①决策及选择过程中的介入；②在全部项目循环中的介入，即参加发展项目的全部循环过程，包括项目确立，可行性研究，项目设计，项目实施、监测与评估；③贡献努力，发展项目中的参与还指受益群体尽可能地对发展项目贡献自己的努力；④承诺及能力，发展项目中的参与要求受益人对项目的成功具有相当的承诺，并要求受益人具有一定的能力来实施项目，他们应该参加项目计划，并对实施项目具有主动性和责任感；⑤动力及责任，发展项目的受益人应主动参加发展项目，对实施项目具有主动性和责任感；⑥乡土知识及创新；⑦对资源的利用和控制；⑧能力建设，参与式项目的重要目标之一就是要帮助农村群众进行自我教育、自我培训，这样才能够更好地衡量、评价自己的状况，并进行自我组织，从而推动社区的发展；⑨利益分享，人们要从参与的项目中分享利益，即不能只参与投入，还要参与利益分享；⑩自我组织及自立，参与式项目也是为了促进各种形式的自助小组或组织的建立；⑪权力及民主的再分配；⑫机制促进，一系列正式和非正式的机制能较大地促进人们在发展活动中的参与。这里涉及的机制不仅包括社会和经济方面的机制手段，还包括文化、政治和法制方面的机制①。

（四）可持续生计分析框架

可持续生计分析始于 20 世纪 90 年代初期，是世界各地非政府组织、发展工作者及学界总结多年经验后，在参与式工作理念的基础上开发出的理论框架。它强调从对象人群日常生产生活的角度来理解生计问题，并寻找适合本地情况、用好本地资源、符合当地人意愿的解决方法。目前，使用较多的可持续生计分析框架主要有联合国开发计划署（UNDP）提出的可持续生计分析框架、国际关怀（CARE）提出的可持续生计分析框架和英国海外发展部（DFID）提出的可持续生计分析框架。其中 DFID 提出的可持续分析框架得到最为广泛的应用，该框架具有以下特征：可持续生计是建立在微观个体基础之上的研究，是在一定的历史时空环境下进行的，是以人为中心动态的研究，是从能力分析出发而非从需求或供给出发的分析，是包括了经济、社会、制度等方面的多维度的分析研究。

DFID 提出的可持续生计分析框架由脆弱性环境/背景、生计资本、组织结构和制度程序、生计策略、生计结果五个部分组成（图 4-1）。其中，脆弱

---

① 李小云，左停，唐丽霞 . 2009. 中国自然保护区共管指南［M］. 北京：中国农业出版社 .

性环境/背景是指影响灾害移民生计资本状况和追求生计结果所面临的选择，主要包括外部打击、变化趋势和周期性变化，如自然灾害和强制性搬迁等。生计资本在可持续生计框架中居于核心地位，包括自然资本、物质资本、金融资本、人力资本和社会资本。其中，自然资本是人们能够利用和用来维持生计的土地、水和生物资源，包括可再生资源和不可再生资源；物质资本是通过人类生产过程所创造出来的资本，包括房屋、基础设施、生产工具及设备等；金融资本通常指实际收入，包括用于购买消费品和生产资料的现金以及可以获得的贷款或个人借款的能力；人力资本指个人所拥有的用于谋生的知识、技能、劳动能力和健康状况；社会资本指人们为了追求生计目标所利用的社会资源，如社会关系网和社会组织等[①]。组织结构和制度程序是指影响对象人群生计的组织、制度和政策等。其中，组织结构是框架的硬件，是指与对象人群生计相关的政府组织、非政府组织和民间组织等；制度程序是框架的软件，是指与对象人群生计相关的政策、法律、制度、文化和地方性知识等。生计策略是指通过对生计资本的组合，实现生计目标而进行的活动和做出的选择范围，如生产活动、投资策略、再生产选择、婚姻策略和消费策略等。生计成果是指生计活动所达到的效果，如收入提高、幸福感增加、脆弱性减少、安全感增加、子女享受良好教育等[②]。

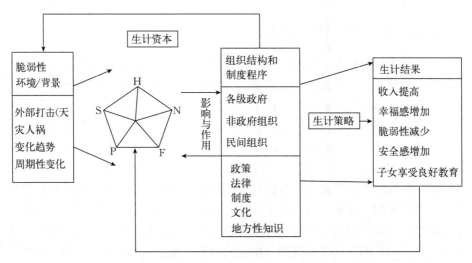

H：人力资本　S：社会资本　N：自然资本　P：物质资本　F：资金资本

图4-1　DFID可持续生计分析框架

<hr />

① 李斌，李小云，左停. 农村发展中的生计途径研究与实践 [J]. 农业技术经济，2004 年第 4 期.

② 贺莉. 汶川地震灾害移民可持续生计研究 [D]. 西北农林科技大学硕士学位论文，2015 年.

（五）可行能力分析框架

"可行能力"这一概念是由 1998 年诺贝尔经济学奖获得者、著名经济学家阿马蒂亚·森提出的。"一个人的可行能力是指，此人有可能实现的、各种可能的功能性活动组合。可行能力由此是一种自由，是实现各种可能的功能性活动组合的实质自由。"而所谓的"功能性活动""可以包括吃、穿、住、行、读书、看电视、社会参与（投票选举、在公共媒体上发表言论观点、上教堂做礼拜）等等。""把这些活动列成一个清单，一个人的'可行能力'，就是对于此人是可行的、列入清单的所有活动的各种组合。"① 可行能力标志了个人能够做什么或不能做什么。个人的可行能力越大，他过某种生活的自由也就越大。可行能力着重强调的是人们主导自己生活的能力。美国学者玛莎·努斯鲍姆设计出一个包括十个类别的可行能力菜单：生命、身体健康、身体完整、感觉、想象力、思考、情感实际理性、从属关系其他物种、娱乐和控制环境（政治的与物质的）②。

"贫困是对基本的可行能力的剥夺，而不仅仅是收入低下。"阿马蒂亚·森对此从三个方面进行了论述：①贫困可以用可行能力的被剥夺来合理地识别。"可行能力"视角关注的是实质自由的剥夺，实质自由自身就是目的，就是价值目标。而"收入低下"只具有工具性意义。所以，"可行能力"视角与"收入低下"标准相比较，更具合理性。②收入对于产生人的可行能力具有工具性意义，但它不是产生人的可行能力的唯一工具，还有其他一些因素也会影响可行能力的被剥夺。所以，"收入低下"标准具有明显的狭隘性缺陷。③低收入可以造成低可行能力，而低收入与低可行能力之间的这种工具性联系，在不同的地方，甚至不同的家庭和不同的个人之间，是可变的。也就是说，收入对可行能力的影响是随境况而异的，是有条件的。所以，"收入低下"标准是不准确的③。可行能力分析框架对贫困研究所做出的贡献在于，它把注意力从手段（并且是经常受到排他性注意的一种特定手段，即收入），转向人们有理由追求的目的，并相应地转向可以使目的得以实现的自由，为这一基本拓展增添洞见提供了说明④。

---

①④　〔印〕阿马蒂亚·森，著．任赜，于真译．2002. 以自由看待发展［M］. 北京：中国人民大学出版社．

②　王春萍．2008. 可行能力视角下城市贫困与反贫困研究［M］. 西安：西北工业大学出版社．

③　刘晓靖．阿马蒂亚·森以"权利"和"可行能力"看待贫困思想论析［J］. 郑州大学学报（哲学社会科学版），2011 年第 1 期．

（六）脆弱性分析框架

脆弱性分析最早运用于灾害学之中，20 世纪 80 年代初，Robert Chambers 提出了脆弱性的"外部-内部"因素分析框架。其中，外部因素是指一个人可能遇到的风险、冲击和压力等；内部因素是指没有防御能力，即缺乏应对外部因素带来损失的能力和机制[①]。根据世界银行的定义，脆弱性是指个人或家庭面临某些风险的可能，并且由于遭遇风险而导致财富损失或生活质量下降到某一社会公认的水平之下的可能，脆弱性高是贫困的特征之一[②]。从这一定义可以看出，脆弱性包含两个方面的内容：受到的风险和抵御冲击的能力。一般来说，当受到的风险相同时，抵御能力强的脆弱性低，抵御能力弱的脆弱性高[③]。

世界粮食计划署 1995 年推出关于贫困人口脆弱性的分析框架，指出贫困人口的脆弱性受三个方面因素的影响：①风险因素，即面临食物不足的风险，风险越高，脆弱性越高；②抵御风险的能力，抵御风险的能力越强，脆弱性越低；③社会服务体系，它反映某一地区的社会发展水平，地区社会发展水平越高，越有利于贫困人口抵御各种风险。三者综合起来，则能较为全面地反映出研究对象的脆弱性[④]。从脆弱性的角度考察贫困，有助于深刻分析贫困的历史成因以及今后的发展变化趋势，能够动态地考察贫困问题，做出前瞻性的政策建议。

（七）权利为基础的发展框架

以权利为基础的发展框架将权利和发展紧密结合起来，权利是发展的基础，发展是权利进一步实现的途径。目前。权利为基础的发展在各方的概念表述上略有不同，但是其内涵以及所体现的以权利为基础的发展的要素是一致的，其核心都在于人权和发展。以权利为基础的发展包括下列要素：①权利，包括公民权、文化权、经济权、政治权和社会权利；②责任，权利所有者的表达和责任承担者的回应；③赋权，以人为中心，让人们具有能够改变自己生活、促进社区发展的权利、能力和机会；④参与，社区、公民社会、少数民族、妇女、土著人、妇女和其他群体的"积极、自由有目的"的参与；⑤非歧

---

① 李小云，董强，饶小龙，等．农户脆弱性分析方法及其本土化应用［J］．中国农村经济，2007年第 4 期．

② 世界银行．2001.2000/2001 年世界发展报告——与贫苦作斗争［M］．北京：中国财政经济出版社．

③ 韩峥．脆弱性与农村贫困［J］．农业经济问题，2004 年第 10 期．

④ 韩峥，广西西部十县农村脆弱性分析及对策建议［J］．农业经济，2002 年第 5 期．

视和关注弱势群体。

　　以权利为基础的发展框架主要有以下几个步骤：①现状评估，即评估一个国家和社区人群状况，包括制度、行动和法律依据，以及推进、实施、监测和调整等情况；②分析，分析所收集到关于人权的数据信息和项目目标之间的差距；③项目计划和设计，将国际人权标准整合到项目实施文件中；④项目实施；⑤项目监测及评估，以国际人权标准为监测与评估的依据。可以说，以权利为基础的发展框架和传统的发展框架在程序上没有本质的差异，其不同之处在于将人权作为项目工作的起点和项目过程以及项目评估的原则和依据。

　　通俗来讲，以权利为基础的发展方法主要包括：①根据人权框架确定谁是权利拥有者，谁是责任承担者；②分析人们的权利和义务；③分析和评估人们权利和义务不能实现的原因和结果；④进行能力建设，提高权力所有者表达权利和责任承担者履行义务的能力；⑤以人权标准和原则作为项目监测和评估的指南和依据；⑥征求国际人权主体和机构的建议。以权利为基础的发展途径的基本框架如图 4-2 所示。

　　以权利为基础的发展项目还要具有下列特征和条件：①人们必须认知到自己是发展的主体，而不单纯是商品和服务的接受者；②参与不仅仅是手段，同时也是目标；③发展战略有赋权的特征；④各种分析要包括不同的相关者；⑤项目要关注边缘化的弱势群体；⑥发展过程是内生的；⑦发展的目的是有利于减少社会不公平；⑧同时使用自上而下和自下而上的方法；⑨用形势分析法分析问题出现的原因；⑩要制定可测量的目标；⑪其战略合作伙伴是可发展的并且可持续的；⑫项目支持所有的相关者的责任[①]。

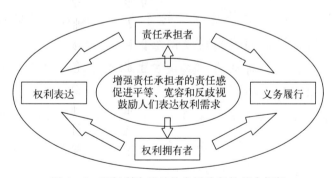

图 4-2　以权利为基础的发展途径的基本框架

---

　　①　李小云，左停，唐丽霞 . 2009. 中国自然保护区共管指南［M］. 北京：中国农业出版社 .

打赢脱贫攻坚战正在全国各地全面深入地展开，但面对各地不同的贫困问题和扶贫需求，我们也需要在扶贫的供给侧为一线工作人员提供更多的装备、措施甚至战略和战术选择。

本指南基于课题组过去和近期的扶贫工作经验，通过课题专家组和地方工作人员在真实情景下共同工作，进行需求调研和探索性、行动性干预的研究，记录相关工作过程，最后整理、开发出来这个指南，也可称为手册或工具包（toolbox），回应精准扶贫中涉及的政策与技术问题，提出应对不同致贫原因和贫困家庭资源禀赋的可能选项（menu）和清单（checklist），以及各种主要选项的实施要点（关键点、适用范围、优势和劣势、条件、风险）和相关案例介绍。

本指南包括四个方面的内容：精准扶贫的基本工作程序、备选清单、国家打赢脱贫攻坚占相关政策摘编、社区贫困的调研与分析方法。重点是村组层次扶贫方案的备选清单及主要微观帮扶模式，力图改革和创新扶贫领域的措施供给。

本指南主要服务对象为一线扶贫工作人员，包括乡（村）干部、驻村扶贫干部、村（组）扶贫骨干。

中国各地的贫困表现、致贫原因、社会经济条件的差异很大，本指南只是纲领性的，难以涵盖各地所有村庄的情况。使用者应该结合各地的具体条件进行适应性的修改。

本指南由左停教授主持编写，李博、李卓、贺莉、徐加玉、赵梦媛、田甜、金菁、苏武峥、王琳瑛等参与编写。初稿完成后，北京师范大学张琦教授和国家行政学院教材处卓翔处长对书稿进行了评审，提出了修改意见。编写人员根据这些意见对初稿进行了修改，左停教授承担了最后的审稿、定稿工作。另外，中国农业出版社在本教材审校过程中给予了专业指导和大力支持，在此一并表示衷心的感谢！

编　者

2018 年 5 月

图书在版编目（CIP）数据

贫困村精准扶贫实施指南／全国扶贫宣传教育中心
组织编写．—北京：中国农业出版社，2018.8（2018.12 重印）
全国扶贫教育培训教材
ISBN 978-7-109-24125-1

Ⅰ．①贫…　Ⅱ．①全…　Ⅲ．①农村-扶贫-中国-干
部培训-教材　Ⅳ．①F323.8

中国版本图书馆 CIP 数据核字（2018）第 091293 号

Pinkuncun Jingzhun Fupin Shishi Zhinan

中国农业出版社出版
（北京市朝阳区麦子店街 18 号楼）
（邮政编码 100125）
责任编辑　黄向阳
文字编辑　蔡雪青

北京中兴印刷有限公司印刷　新华书店北京发行所发行
2018 年 8 月第 1 版　2018 年 12 月北京第 2 次印刷

开本：700mm×1000mm　1/16　印张：13.5
字数：240 千字
定价：48.00 元
（凡本版图书出现印刷、装订错误，请向出版社发行部调换）